光明社科文库
GUANGMING DAILY PRESS:
A SOCIAL SCIENCE SERIES

·教育与语言书系·

新时代大学生文化自信培育研究

王　君 ǀ 著

光明日报出版社

图书在版编目（CIP）数据

新时代大学生文化自信培育研究 ／ 王君著 . -- 北京：光明日报出版社，2024.5

ISBN 978 - 7 - 5194 - 7965 - 7

Ⅰ.①新… Ⅱ.①王… Ⅲ.①大学生—文化素质教育—研究 Ⅳ.①G645.5

中国国家版本馆 CIP 数据核字（2024）第 102011 号

新时代大学生文化自信培育研究
XINSHIDAI DAXUESHENG WENHUA ZIXIN PEIYU YANJIU

著　　者：王　君

责任编辑：李　倩　　　　　　　责任校对：李壬杰　董小花

封面设计：中联华文　　　　　　责任印制：曹　净

出版发行：光明日报出版社

地　　址：北京市西城区永安路 106 号，100050

电　　话：010-63169890（咨询），010-63131930（邮购）

传　　真：010-63131930

网　　址：http://book.gmw.cn

E - mail：gmrbcbs@gmw.cn

法律顾问：北京市兰台律师事务所龚柳方律师

印　　刷：三河市华东印刷有限公司

装　　订：三河市华东印刷有限公司

本书如有破损、缺页、装订错误，请与本社联系调换，电话：010-63131930

开　　本：170mm×240mm

字　　数：248 千字　　　　　　印　　张：16.5

版　　次：2024 年 5 月第 1 版　　印　　次：2024 年 5 月第 1 次印刷

书　　号：ISBN 978 - 7 - 5194 - 7965 - 7

定　　价：95.00 元

目 录
CONTENTS

第一章　新时代大学生文化自信培育的理论概述 …………… 1

一、新时代大学生文化自信培育的意涵界定 …………………… 1

（一）文化的内涵 ………………………………………………… 1

（二）文化自信的内涵 …………………………………………… 5

（三）大学生文化自信培育的内涵 ……………………………… 10

二、新时代大学生文化自信培育的价值意蕴 …………………… 13

（一）大学生文化自信培育是培养时代新人的基础工程 ……… 14

（二）大学生文化自信培育是文化强国建设的关键抓手 ……… 16

（三）大学生文化自信培育是意识形态安全的重要保障 ……… 18

三、新时代大学生文化自信培育的理论基础 …………………… 21

（一）马克思主义文化观 ………………………………………… 21

（二）中华优秀传统文化 ………………………………………… 25

（三）马克思主义中国化关于文化建设的理论 ………………… 28

（四）习近平关于文化自信和文化建设重要论述 ……………… 34

（五）教育学、心理学理论借鉴 ………………………………… 38

第二章　新时代大学生文化自信培育的要素构成 ················· **50**

一、新时代大学生文化自信培育的目标方向 ················· 50

（一）形成科学的文化认知 ················· 50

（二）树立浓厚的文化情感 ················· 52

（三）塑造鲜明的文化态度 ················· 54

（四）谱写积极的文化实践 ················· 57

二、新时代大学生文化自信培育的基本原则 ················· 58

（一）主导性和主体性相统一 ················· 58

（二）历史性和时代性相统一 ················· 60

（三）理论性和实践性相统一 ················· 63

（四）科学性和价值性相统一 ················· 65

三、新时代大学生文化自信培育的主要内容 ················· 67

（一）"四个自信"系统教育 ················· 67

（二）中华优秀传统文化教育 ················· 71

（三）社会主义核心价值观教育 ················· 73

（四）中国共产党人的精神谱系教育 ················· 78

（五）中国特色社会主义先进文化教育 ················· 80

第三章　新时代大学生文化自信培育的现实背景 ················· **84**

一、新时代大学生文化自信培育的现实之基 ················· 84

（一）中国特色社会主义现代化建设的伟大实践 ················· 84

（二）基于百年未有之大变局的国内外形势研判 ················· 87

二、新时代大学生文化自信培育的自身逻辑 ················· 92

（一）大学生文化自信培育的发展历程 ················· 92

（二）大学生文化自信培育的发展特点 ················· 97

（三）新时代大学生文化自信培育的现实必然 ………………… 98

第四章　新时代大学生文化自信培育的现状分析 …………… **104**

一、新时代大学生文化自信培育的实证研究 ………………… 105

（一）调查设计和具体实施 ………………………………… 105

（二）调查结果分析 ………………………………………… 113

二、新时代大学生文化自信培育的成绩分析 ………………… 115

（一）大学生文化自信理论认知水平较高 ………………… 115

（二）大学生文化自信情感认同整体较高 ………………… 119

（三）大学生文化自信意志行为较为坚定 ………………… 122

三、新时代大学生文化自信培育的问题分析 ………………… 124

（一）大学生文化自信群体内差异性较明显 ……………… 124

（二）大学生文化自信理论行为间存在隔膜 ……………… 126

（三）大学生文化自信培育受多元文化冲击 ……………… 127

四、新时代大学生文化自信培育存在问题的原因分析 ……… 130

（一）世界大变局的冲击 …………………………………… 130

（二）网络消极生态影响 …………………………………… 132

（三）多元社会思潮干扰 …………………………………… 134

第五章　新时代大学生文化自信培育的体系构建 …………… **138**

一、明确需求体系 ………………………………………………… 138

（一）明确大学生文化自信培育的内在需求基点 ………… 138

（二）明确大学生文化自信培育的内容需求层次 ………… 141

（三）明确大学生文化自信培育的条件需求 ……………… 144

二、强化供给体系 ……………………………………… 146

　　（一）强化大学生文化自信培育内容供给 ……………… 146

　　（二）强化大学生文化自信培育方法供给 ……………… 151

　　（三）强化大学生文化自信培育平台供给 ……………… 153

　　（四）强化大学生文化自信培育师资供给 ……………… 158

三、完善保障体系 ……………………………………… 160

　　（一）完善大学生文化自信培育组织保障体系 ………… 160

　　（二）完善大学生文化自信培育协同保障体系 ………… 162

四、优化评价体系 ……………………………………… 167

　　（一）大学生文化自信培育实效性评价体系的系统设计 … 168

　　（二）大学生文化自信培育实效性评价体系的原则和方法 … 169

　　（三）大学生文化自信培育实效性评价机制思考 ……… 171

第六章　新时代大学生文化自信培育的对策建议 ……… **174**

一、完善新时代大学生文化自信培育机制 …………… 174

　　（一）完善领导统筹机制 ………………………………… 174

　　（二）完善协同培育机制 ………………………………… 180

　　（三）完善监督考核机制 ………………………………… 184

二、夯实新时代大学生文化自信培育主渠道 ………… 191

　　（一）创新文化自信培育课堂教学 ……………………… 191

　　（二）拓宽文化自信培育线上平台 ……………………… 200

　　（三）优化文化自信培育"文化场" …………………… 207

三、立足新时代大学生文化自信培育"需求侧" ……… 213

　　（一）从大学生需求出发提升文化自信理性认知 ……… 213

　　（二）运用情感教育写好文化自信价值内化文章 ……… 216

（三）把握主体性教育促发文化自信思想转化 ……………… 217

四、做优新时代大学生文化自信培育"供给侧" ……………… 224

（一）文化自信理论认同：加强理论认知教育的牵引作用 ……… 224

（二）文化自信情感认同：提升和谐师生关系的影响效力 ……… 228

（三）文化自信行为认同：发挥实践育人重要功能 …………… 235

主要参考文献 ……………………………………………… **240**

第一章　新时代大学生文化自信
培育的理论概述

　　文化自信是对民族和国家文化的深刻认知与强烈认同，进而在实际行动中表现出的精神底气和高度文化自觉。明确基本理论概念是研究文化自信的逻辑前提。从基本概念入手，逐层解析什么是文化、什么是文化自信，分析大学生文化自信培育的内涵和特点，为深入理解中国特色社会主义文化自信奠定坚实学理基础。

一、新时代大学生文化自信培育的意涵界定

（一）文化的内涵

　　中华文明绵延数千年，产生了辉煌灿烂的文化成果。从词源来看，"文化"很早就出现在古汉语中，最早可追溯到春秋战国时期的文献。"文"与"化"本是分开的，各有其意义所指。《周易·系辞下》称"爻有等，故曰物；物相杂，故曰文"。明代学者王世贞在《艺苑卮言》中对此解释"'物相杂，故曰文'，文须五色错综，乃成华采"。《礼记·乐记》称："五色成文而不乱"。这里所说的"文"都是意指事物或物质的条理、纹理。因其有条理，进而具有了美好的意思。"化"是一个动词，原意是造化、变化、生成。《礼记·乐记》中所说的"乐者，天地之和也；礼者，天地之序也。和，故百物皆化"，以及《黄帝内经·素问》中所说的"化不可代，时不可违"都是这个意思。在本意之上，其后"化"具有了教化的意思。

　　"文"与"化"由分论而合用最早出现在《周易·贲卦》，象辞上称"刚柔交错，天文也；文明以上，人文也。关乎天文，以察时变，观乎人文，以化成天下"。意指如果治国者能够观察和意识到社会人文的变化，就能引导天下百姓向好的方向发展。孔颖达在《周易正义》中所作的解释"观乎人文以化成天下者，言圣人观察人文，则诗书礼乐之谓，当法此教而化成天下也"，明确表明了现代语义上所说的"以文教化"思想。第一次将"文化"两个字连用的是西汉刘向。刘向在《说苑·指武》中说"圣人之治天下也，先文德而后武力。凡武之兴，为不服也，文化不改，然后加诛"。西晋学者束皙说"文化内辑，武功外悠"，南齐学者王融在《三月三日曲水》诗序中也写到"设神理以景俗，敷文化以柔远。"这里的"文化"与"武功"相对应，具有浓厚的政治色彩，彰显了文化服务政治统治的功能。

　　"文"与"化"合用之后，其含义就非常明确，指的是诗书礼乐、道德风俗、政治制度，从文献研究中可以看出，古代学者思考"文化"始终脱离不了政治指向。近代以来，随着东西方文化交织碰撞，文化的解释也逐渐具有了"近代"意义。蔡元培不再从政治角度，而是从社会发展角度定义文化，他认为"文化是人生发展的状况"①。梁漱溟持有类似的观点，也从人类社会的角度看待文化，认为文化"包括物质生活、社会生活和精神生活三大领域"②。他认为文化总括起来"（一）精神生活方面，如宗教、哲学、科学、艺术等。（二）社会生活方面，家庭、朋友、社会、国家、世界之间的生活方式都属于社会生活的一方面，如社会组织、伦理习惯、政治制度和经济关系。（三）物质生活方面，如饮食、起居种种享用"③。总结起来，文化作为民族的灵魂伴随着这个民族的产生和消亡，伴随着它的发展和崛起。文化是精神生产行为和精神现象，比如语言、文学、艺术以及一切意识形态等精神现象。近代学者强调文化内涵的包容性、丰富性、社会性，对文化领

---

　　① 蔡元培. 蔡元培美学文选 ［M］. 北京：北京大学出版社，1983：113.
　　② 梁漱溟. 东西文化及其哲学 ［M］. 北京：商务印书馆，2010：53.
　　③ 梁漱溟. 东西文化及其哲学 ［M］. 北京：商务印书馆，2010：20.

域、文化范畴、具体内容、产生条件等方面进行研究阐释，对文化自信理论研究具有重要启示作用。

当今，"文化"一词具有丰富的内涵和宽广的外延。文化是人类劳动的成果与产物，是人民群众思维方式、价值观念、理想人格及审美情趣的有机统一体，凝聚着人民认识世界与改造世界的智慧，是在社会变迁和历史沉浮后难以泯灭的、稳定的、深层的、无形的东西。文化是人创造的，准确地说是在一定的生产生活实践中创造的。人总是在特定的自然环境中、在既定的历史文化传承体系中、在具体的社会生产与实践中创造和发展文化的。马克思指出："人们自己创造自己的历史，但他们并不是随心所欲地创造，也不是在他们自己选定的条件下创造，而是在直接碰到的、既定的、从过去继承下来的条件下创造"①，文化的创造同样如此，不是随心所欲、凭空创造出来的，而是特定历史条件下特定的时代产物，正如毛泽东所说的"一定的文化是一定社会的政治和经济的反映，又给予伟大影响和作用于一定社会的政治和经济。"② 文化同样也为特定历史条件下人民群众的发展提供强大的精神动力。

文化由人民群众在生产生活实践中创造，具有相对稳定性，但并不意味着他只遵循着自身发展规律，也会随着时间、地点、条件等客观因素的发展变化，在一定范围内发展变化。绵延 5000 多年的中华文明是人类文明史发展演进的瑰宝，在各时代范畴内被深深打上了时代的烙印，以不同的形式展现出时代特色。可以说，文化是特定时代的产物，特定时代下不同民族的思维方式、价值观念、思想人格、审美价值旨趣等呈现出不同的表现方式。文化具有横向上的包容性以及纵向上的继承与发展嬗变的特性，因而是一个宽泛的概念。对文化概念的理解要放到实践和时代中去，从实践变化中把握文化产生、发展和消亡的内在规律。从时代变迁中了解文化的特色和演变特点。

---

① 中共中央马克思恩格斯列宁斯大林著作编译局. 马克思恩格斯文集（第8卷）[M].
　北京：人民出版社，2009：470-471.
② 毛泽东. 毛泽东选集（第2卷）[M]. 北京：人民出版社，1991：663.

概括起来，文化广义指的是人类在社会实践过程中所获得的物质、精神的生产能力和创造的物质、精神财富的总和。狭义指精神生产能力和精神产品，包括一切社会意识形式：自然科学、技术科学、社会意识形态。有时又专指教育、科学、文学、艺术、卫生、体育等方面的知识与设施。

从文化形态看，文化可以简单分为理论形态的文化和世俗形态的文化。二者相互影响、相互作用。文化是创造出来的，是人的精神生产的观念形态的产品，它表现在人类创造的哲学、宗教、文学、艺术、音乐等文化形态之中，也表现在人类日常生活的世俗形态之中。日常生活的文化观念、民间文化、当代大众文化都是文化的世俗形态。世俗形态与人民生产生活实践和社会变化紧密相连。世俗生活为理论形态的文化形成提供深厚土壤和现实背景，造成了理论形态的文化形成的条件；理论形态的文化又是世俗生活的理论升华、凝练，并对世俗生活产生影响。

从文化结构来看，文化分为物质文化、制度文化、精神文化，分别与对象化了的劳动所指的外层文化，关于自然和社会的理论、社会组织制度所指的中层文化，包括价值观念、思维方式、审美趣味、道德情操、宗教情绪、民族性格等在内的核心层文化相对应。物质层面的文化变化快、传播快；制度层面的文化具有权威性，对普通人具有约束性和规范性；精神层面的文化是文化结构最核心的部分，具有较高的稳定性。物质、制度和精神三个层面的文化具有不同的内容指向，因而地位不同，作用也各有侧重。

从文化属性来看，文化可以分为主流文化与非主流文化。主流文化与社会主流意识形态一致，影响力大，是文化发展走向的引领者，为多数人普遍接受。非主流文化影响较小，为一部分社会成员或某一社会群体所接受，是具有特定功能的文化。

文化是由人们在生产生活实践过程中以认识世界和改造世界的方式形成、发展起来的。在这个过程中经积累和总结而成的人文文化、科技文化、自然文化等包含了人们对人类社会发展经验的感性和理性认识，体现了文化的认知功能。有助于帮助人们认知和协调人与自然、人与人、人与社会、人与自身的关系。文化是实践的产物，具有鲜明的历史性特征，与一个国家、一个民族的历史紧密相连，突显出国家特色、民族特征、群体共性。文化是不同国家和民族相互区别的重要标志，经由文化可以识别国家和民族间的区别。文化在思维方式、价值观念、传统习俗、规范制度、语言文字等维度所表现出的差别，是识别不同国家和民族的重要的参照标准和价值依归，彰显出文化的识别功能。文化具有传承功能，中华文明数千年非但经久不衰，反而愈发灿烂辉煌，靠的就是文化的传承。文化通过文字、语言等各种符号，文物、建筑、风俗等各种载体，文学、哲学、自然科学等各种学科，产生了代代传承、生生不息。文化具有引领功能。

总之，文化是一个国家和民族的重要标识，是民族延续和国家发展的精神支柱，也是社会化个体安身立命的价值追求。在新时代，文化是高校落实立德树人根本任务、进行培根铸魂的重要精神资源。研究文化内涵，把握物质文化、制度文化、精神文化、行为文化等维度的内容和意蕴，抓住物质文化生活需要、制度文化生活需要、精神性文化生活需要、行为文化生活需要的重点，能够为新时代大学生文化自信培育注入新的动力。

（二）文化自信的内涵

党的十八大以来，习近平总书记提出了一系列关于文化建设的纲领性文件、战略性命题，多次谈到了文化自信问题，彰显了文化自信的重大时代意义。培育文化自信是关乎国家和民族发展、意识形态安全、中华优秀传统文化和社会主义先进文化传承创新的必由之路。界定文化自信的内涵是培育新时代大学生文化自信的基本前提。

自，即自己，强调的是自我锻炼、自我完善、自我优化、自我提升，要求以自身实际为落脚点与出发点，依靠自己的力量，展示自己的特色，坚持走符合自己发展的文化道路；信，即信任。自信，指的是对自己的充分相信或者自我确信，属于心理范畴。自信一词在日常生活中经常被谈到，是一种人伦日用而不觉的话语表达，也就是说人人皆谈、人人皆知。但从学术角度来说，自信的概念却并未形成一个共识。著名心理学家 Maslow 从个体需要实现的角度对自信加以理解，认为"自信是在个体的自尊需要获得满足时所产生的一种情感体验。"① 也就是自信是建立在自尊的情感基础上。Coopper Smith 认为"自信是个体对自己做出的、并且会经常保持的认为自己能干、重要和有价值的评价"②，它可以表明个体认为自己重要、有能力和有价值的程度，体现为对自我能力、身份、成就及价值的肯定态度。虽然关于自信概念的界定没有统一认识，但总结起来大致可以肯定的是自信是一个多维度多层次的心理系统，是个体对自己的积极肯定和确认程度，是对自身能力、价值等做出正向认知与评价的一种相对稳定的人格特征。

自信是一种针对个体来说的心理学概念，强调的是个体的心理上的自我确信。文化自信是在自信前面加了定语，它强调的是群体现象，指的是"是一个国家、一个民族、一个政党对自身文化价值的充分肯定，对自身文化生命力的坚定信念"③。文化自信突出的是人对所处其中的文化源头的肯定和对文化发展的信任，它是人特有的文化生命机能，是人类社会实践在个体生命内部建构的高级文化结构，也是人类主观能动性和文化创造性的具体表现。文化自信既包括对自身文化的自豪感，也包括对外来文化吸收借鉴改造的气度，同时还指向对文化发展未来的自信心。就概念意指来说，文化自信可以理解为是一个文化主体建立在高度自觉基础之上的对自身文化价值的客观认同，体现的是对自身文化的历史担当，它是一个文化主体对外来文化的理性"扬弃"，体现的是对外来文化的辩证吸收与借鉴，更是一个文化主体对自身文化生命力的确信。

从本质上说，文化自信是一种文化心态，抑或是客观积极的心理状态在文化层面的体现，外显为文化主体对文化价值和生命力的信念、信心、认同与肯定。本文指涉的文化自信应从主体、客体和主客体关系三个维度来把

---

① Zellner, M. Self-esteem, reception, and influenceability [J]. Journal of Personality and Social Psychology, 1970, 15 (1)：87-93.

② Coopper S. The Antecedents of Self-esteem [M]. San Francisco：Freeman, 1967.

③ 云杉. 文化自觉文化自信文化自强——对繁荣发展中国特色社会主义的文化的思考（中）[J]. 红旗文稿, 2010 (16)：4-8.

握。从主体上说，文化自信主体更多强调国家、民族、政党；从客体上说，"文化"指向中国特色社会主义文化，着重强调文化的社会制度属性，明确社会主义意识形态导向；从主客体关系上说，主要是主客体的认识关系、实践关系、价值关系，两者在这一方面具有一致性。主体对客体的认知、实践、继承、创新，让客体对主体文化需求的满足就是三个关系的展现。

一个文化主体对文化的认知、情感、意志、行为的有机组合，具体来说，认知水平的差异、情感认同程度的不同、意志程度的强弱以及行为方式的差别客观上决定着多样性和复杂化的文化自信的组合样态。认知是文化自信的起点，文化认知是建立在文化自觉的基础之上，对文化及其相关问题全面、客观、理性的认识；认同是文化自信的情感催化剂，高度的文化情感认同能够最大限度地激发文化主体对文化认知的积极性和主动性，能够促进文化主体形成坚定的文化意志品质，促使文化主体在情感上对文化达成高度认同；意志是文化自信的关键，强化着积极的情感认同，影响着文化实践行为，体现为对待民族传统文化的坚守程度，对待外来文化的包容程度，对待未来文化的期待程度；行为是文化自信的落脚点，是文化认知水平、文化情感认同程度、文化意识强弱的综合体现，是传承和弘扬传统文化、吸收借鉴外来文化、创新发展未来文化的实践过程。因此，文化自信四方面要素是密切联系的有机整体，构成了一脉相承的文化自信生成机理。

习近平总书记高度重视文化自信，多次强调"坚定文化自信，是事关国运兴衰、事关文化安全、事关民族精神独立性的大问题"① "没有高度的文化自信，没有文化的繁荣兴盛，就没有中华民族伟大复兴"②。把文化自信摆在了关乎中华民族伟大复兴的战略高度。从习近平总书记的多个讲话精神中，我们能够领悟到文化自信的本质是对中国特色社会主义文化的坚定自

---

① 习近平在中国文联十大、中国作协九大开幕式上的讲话 [N]. 人民日报，2016-12-01 (02).

② 习近平. 决胜全面建成小康社会 夺取新时代中国特色社会主义伟大胜利——在中国共产党第十九次全国代表大会上的报告 [R]. 新华社，2017-10-27.

信，也就是对"源自于中华民族 5000 多年文明历史所孕育的中华优秀传统文化，熔铸于党领导人民在革命、建设、改革中创造的革命文化和社会主义先进文化，植根于中国特色社会主义伟大实践"① 的文化的自信。文化自信是在文化交流与冲突中展现出来的对自我文化历史、现在和未来的正确认知与科学践行，是"不忘本来、吸收外来、面向未来"② 的辩证统一。文化自信具体表现在对自我文化存在形态、理想追求的高度认同，对自我文化价值作用、生命活力的坚定信心，对自我文化创造性转化、创新性发展的积极践行。"不忘本来、吸收外来、面向未来"是我们理解中国特色社会主义文化自信内涵的三个重要维度。

"不忘本来"回答了从哪里来的问题。"本来"是传统，更是传承。正如马克思主义所说的，人们自己创造自己的历史，但这种创造不是随心所欲的，而是在从过去承继下来的条件下创造的。这一真理告诉我们，无论走多远，都不能忘记来时的路，忘记了从哪里来，就失去了枝繁叶茂的"根"。习近平总书记强调："中华优秀传统文化是中华文明的智慧结晶和精华所在，是中华民族的根和魂，是我们在世界文化激荡中站稳脚跟的根基。"③ 中华优秀传统文化中蕴藏着丰富的哲学思想、人文精神、教化思想，对人们认识世界、改造世界提供思想智慧，它积淀着中华民族最深层的精神追求，代表着中华民族独特的精神标识。习近平总书记基于对中华优秀传统文化的深刻认识作出的一系列部署明确阐述了文化自信"从哪里来"的问题。文化自信从中华优秀传统文化中来，"不忘本来"就是把根深深扎在了对优秀传统高度认同的土壤中。

"吸收外来"突出了文化自信包容、开放和博大的属性，它解决了怎样

---

① 习近平. 决胜全面建成小康社会 夺取新时代中国特色社会主义伟大胜利——在中国共产党第十九次全国代表大会上的报告［R］. 新华社，2017-10-27.

② 习近平. 坚持以人民为中心创作导向 坚定人民信心振奋人民精神［N］. 人民日报，2017-09-28（01）.

③ 习近平. 把中国文明历史研究引向深入 增强历史自觉坚定文化自信［J］. 求是，2022（14）：4-8.

丰富和发展的问题。"吸收外来"指的就是吸收人类文明的一切有益的成果，通过取其精华去其糟粕，达到为我所用的目的。外来文化中以马克思主义为核心，兼以各国优秀文化，中国革命文化和社会主义先进文化就是"马克思主义等外来文化在中国的重新整合"和"中国优秀传统文化在中国革命建设实践过程中创造性的转化"①。马克思主义等外来文化是中国特色社会主义文化自信的"脉"，缺之则不全或者很难形成大的文化气象。在马克思主义指导下，中国共产党领导中国人民在革命、建设和改革时期形成了内涵意蕴极为丰富的革命文化、社会主义先进文化，指引着广大人民从胜利走向胜利。革命时期，共产党人将马克思主义与中国实际相结合，探索出了"农村包围城市"等中国化的道路理论，形成了坚定理想、不怕牺牲、艰苦奋斗、无私奉献的宝贵精神。革命文化既继承了中华优秀传统文化的精髓，又吸收了马克思主义等外来文化。社会主义先进文化是党领导人民在社会主义现代化建设的伟大实践中立足本土、吸收外来基础上形成的文化，社会主义先进文化以马克思主义为指导，以培养有理想、有道德、有文化、有纪律的公民为目标，以发展面向现代化、面向世界、面向未来的，民族的、科学的、大众的文化为旨归。"大众性""民族性""世界性"是其重要表征，体现了文化自信的发展路径和方向。

"面向未来"强调的是文化自信的开放包容的胸怀，有命运共同体的自信担当。"未来"指的是建设中国特色社会主义现代化强国，实现中华民族伟大复兴，并着力于构建人类命运共同体。实现"未来"目标，文化是关键的推动力量。比如构建人类命运共同体，靠的不仅仅是经济、军事，更要靠人类文明的相互交流，以文化的相互认同消弭文明的偏见，真正实现共同体。正如习近平总书记所强调的"在5000多年文明发展进程中，中华民族创造了博大精深的灿烂文化，要使中华民族最基本的文化基因与当代文化相适应、与现代社会相协调，以人们喜闻乐见、具有广泛参与性的方式推广开

---

①　张岱年，汤一介. 文化的冲突与融合 [M]. 北京：北京大学出版社，1997：127.

来，把跨越时空、超越国度、富有永恒魅力、具有当代价值的文化精神弘扬起来，把继承传统优秀文化又弘扬时代精神、立足本国又面向世界的当代中国文化创新成果传播出去。"① 面向未来，要清醒认识世情、国情、党情，创新发展创造转化中华优秀传统文化，大力弘扬革命文化，积极培育和践行社会主义先进文化，需要运用马克思主义立场、观点认识文化、发展文化，建设中国话语体系，增强中国的国际话语能力，用文化的力量迎接挑战。这是文化自信深厚的底气来源。

总之，文化自信是自我确认、自我坚定的心态在文化层面的体现，它包含了诸多要素，是认知、情感、意志和行动的综合统一体。中国特色社会主义文化自信区别于一般的文化自信，具有浓郁的中国特色，是中华优秀传统文化、革命文化和社会主义先进文化的集中彰显。在不忘本来、吸收外来和面向未来中，中国特色社会主义文化自信得以建立、巩固和发展。

（三）大学生文化自信培育的内涵

大学生文化自信培育的内涵当做两个维度分析，一个是大学生文化自信的内涵，另一个是培育的内涵，整合两者得出大学生文化自信培育的内涵。

当今世界正处于百年未有之大变局之中，世界经济大变革，国际秩序大调整，旧的国际关系加速瓦解崩溃，新型国际关系正在加快构建的步伐。在这个"世界仍不太平，地区冲突和热点问题一波未平、一波又起"② 的时代，除经济、军事的直接冲突外，文化领域的暗战也是一波未平一波又起。多元文化相互交织、碰撞交融，意识形态斗争从未停歇，并且在经济全球化阶段性调整环境下呈现越发激烈的趋势。一些西方国家忌惮于中国的发展，不断抛出"中国威胁论"，加紧对中国的文化渗透，意识形态斗争异常严峻。大学生正处在"拔节孕穗期""小麦灌浆期"，思想意识、价值观念尚未成

---

① 习近平. 建设社会主义文化强国 着力提高国家文化软实力 [N]. 人民日报，2014-01-01 (01).

② 习近平. 共同开创金砖合作第二个"金色十年" [N]. 人民日报，2017-09-04 (02).

熟，易受外来文化和价值观念影响。因之，大学生正确认识本民族传统文化，坚定文化自信至关重要。大学生文化自信指的是对中华优秀传统文化、革命文化、社会主义先进文化的历史逻辑、发展理路的全面了解和正确认知，清楚认识文化的"本来、外来、未来"及其相互辩证关系，对其文化价值、文化精神的高度认同和坚定信仰，对其文化生命力的坚定信心和执着信念，对文化创新发展、创造转化的积极践行。

大学生文化自信是"大学生"和"文化自信"的结合，在这样一个话语体系中，大学生是主体。就宏观层面来说，中国特色社会主义文化自信的主体是中国共产党、中华人民共和国、中华民族。正如习近平总书记所明确指出的："当今世界，要说哪个政党、哪个国家、哪个民族能够自信的话，那中国共产党、中华人民共和国、中华民族是最有理由自信的。"① 习近平总书记的讲话道出了文化自信的主体不是别的什么人，而是中国共产党、中华人民共和国、中华民族的当代中国人，尤其是共产人的文化自信。党自成立以来，以实现民族复兴的历史使命感，自觉肩负起传统文化传承与创新的历史重任，坚持科学理论指导，运用辩证思维正确处理中国文化与外国文化的关系，不断推动马克思主义中国化进程。以高度的文化自信，增强国家文化软实力、实现文化的伟大复兴。大学生文化自信则是大学生对传统文化、革命文化和社会主义先进文化的信心，以及对实现文化伟大复兴和经由文化之手段而实现中华民族伟大复兴的坚定信念。

"培育"指的是培养教育，原是指通过对幼小生物的精心培养，使之发育成长。"培育"突出强调的是外在力量的作用，是通过教育者、培育者等外界作用对个体成长发展产生的积极影响的教化行为。"培育"的实质是发展与壮大，途径是一切可以促进发展的教育行为。生物体通过"培育"实现茁壮成长的发展目标，对于人而言，培育的目的是实现人的全面发展。"培育"是一个动态的过程，必然经历由小到大、由弱到强的过程。比如大学生

① 习近平. 在庆祝中国共产党成立 95 周年大会上的讲话［N］. 人民日报, 2016-07-02（02）.

文化自信培育，必然指的是大学生对中国特色社会主义文化的认知、情感、意志和行动程度的不断加深。"培育"的内容具有明确的目的性和实践性。与"教育"相比，"培育"带有明确的目的性，"教育"往往是按照惯例和习惯执行。对大学生进行文化自信培育要求的目的性，是指按照党和国家的教育方针和政策要求，为国家社会主义现代化事业培养建设者、接班人，培养出新时代全面发展的优秀人才。

大学生正处在成长成才的关键阶段，他们的思维、价值观念正在不断发展。由于受当今社会多元价值观的影响，在外来文化的冲击下，容易对大学生的思想价值观念造成扭曲、侵蚀。因此，高校必须加强对大学生文化自信的积极培育工作。大学生的心理并不成熟且容易被不良舆论颠倒是非，所以只有加强"培育"工作，才能引导大学生正确对待外来文化，树立高度的文化自信。因此，国家对培育工作高度重视，高校应重视培育工作体系的不断完善。除此之外，与"教育"相比，"教育"是理论性的，而"培育"是实践性。"培育"更注重将理论付诸实际行动。大学生文化自信培育的内容包括理论教育和实践教育。理论教育的目的是通过必要的思想文化教育，使学生形成正确的文化观。实践教育的目的是将内化的理论外化为具体的实际行动，以解决学生在生活中遇到的文化侵蚀、文化的领导权问题。培育实践性贯穿于培育工作始终，通过开展丰富多彩的实践活动，大学生能够在实践活动中加深对文化自信的理解，有利于提高大学生辨别是非的能力，使大学生在面临多元文化冲击时能够做出正确的选择。通过具体的实践培育可以使大学生对文化自信的认识、情感、意志、信念转化为现实行动的养成，从而引导大学生为实现中华民族伟大复兴而努力学习，做一个合格的社会主义建设者和社会主义接班人。

"培育"的形式是多样性的，且内容具有鲜明的层次性。对大学生的教育培养，必须针对大学生的学习能力特点，必须采用多种多样的教育教学形式。培育形式的多样性有利于激发大学生的学习兴趣，可以从各方面提高他们学习中华民族优秀文化的积极性，不断提高学生的文化自信。针对大学生学习能力的特点，可以通过以思想政治、思想品德课为主的教育教学、第二课堂实践活动、校园文化熏陶、红色网站传播以及学校各部门的教育管理等形式对大学生的文化自信进行培育。培育形式的多样性不仅能调动学生学习传统文化、传承中华文化的积极性，还能促进大学生将文化自信培育真正内化于心，外化于行。因此，高校在大学生文化自信的培育工作中要注重培育形式的多样性，多创造一些大学生喜闻乐见的培育形式，从而激发学生的学习热情，使文化自信培育的工作完成得更彻底、更有效。

大学生文化自信培育内容的层次性主要有两层含义。一是指大学生文化自信培育的工作不是社会层面、学校层面或个人层面，仅靠单方面力量就能够完成的，大学文化自信培育的工作需要社会层面、学校层面、个人层面三者的相互配合、分工协作才得以顺利完成。从社会层面出发，社会可多为大学生提供一些公共文化设施，如图书馆、博物馆以及一些红色基地、革命圣地的免费参观等，从而拓宽大学生文化视野的同时也让大学生切身感受到社会对他们的密切关注与殷切期望；从学校层面出发，学校要从教育者的角度出发，在引导在课堂施教的同时也要将培育工作渗透到日常生活的每一个环节中，积极开发有利于培育工作的校园网站，积极发展学生喜闻乐见的校园文化，使学生在无声润物中不断感受培育的熏陶；从个体层面出发，相比社会、学校的培育而言，个人的培育工作的主要是学生依靠个人的意志通过一切手段对自身能力的不断完善，更强调主动性与自发性。二是指大学生文化自信培育是一个长期、艰巨的过程，因此培育的内容具有层次性，每一阶段根据具体的实际，有每一个阶段应达成的目标。培育内容的层次性要求培育过程是一个不断改进并完善的过程。

二、新时代大学生文化自信培育的价值意蕴

大学生文化自信培育是一项关涉多个要素的育人工程，具有鲜明的历史意义、理论意义和现实意义等，它是立德树人的基础工程、文化强国的关键抓手、意识形态安全的重要保障。

（一）大学生文化自信培育是培养时代新人的基础工程

大学生是社会主义现代化建设的主力和可靠的"未来力量"，中华民族伟大复兴中国梦的实现需要一代又一代中国人的接续奋斗。历史的接力棒传到今天的大学生手里，接好力跑下去是每一个新时代的大学生肩上的重任，就如习近平总书记所说的"广大青年要肩负历史使命，坚定前进信心，立大志、明大德、成大才、担大任，努力成为堪当民族复兴重任的时代新人"①。如何担负起这一重任？决定因素和影响因素很多，其中文化自信是非常关键的精神支撑，培育文化自信就是培养时代新人的基础工程。党和国家要通过各种培育形式，将青年大学生培育成理想的时代人才。引导学生学习文化知识，鼓励学习优秀传统文化很关键。文化自信的底气归根到底源于文化的优秀。要充分认识传统文化，既要汲取传统文化的精华，又要摒弃传统文化中的糟粕。既要吸收世界的优秀文明成果，又要适应社会主义发展需求。只有坚定对民族传统文化的自信，才能增强对本民族的文化认同感。

另外，社会主义核心价值观教育是大学生文化自信培育的重要内容和重要载体，它对于立德树人具有重要托举意义。核心价值观是一个国家一个民族优秀文化的浓缩与灵魂。文化是发展的，不同时期的文化有不同的表现形式，其具有灵活和发展的性质；核心价值观作为一个国家、一个民族价值观念的内核，它是稳定的、具体的。发达、健全的文化体系需要核心价值观担当起主心骨的作用，为文化建设发展提供其价值指引，而核心价值观同时也是对国家高度健全文化体系的彰显。高度的文化自信可以推动社会主义核心价值观的践行，社会主义核心价值观的培育又能增强文化的自信，"我们必须坚定历史自信、文化自信，坚持古为今用、推陈出新，把马克思主义思想精髓同中华优秀传统文化精华贯通起来、同人民群众日用而不觉的共同价值

---

① 习近平. 坚持中国特色世界一流大学建设目标方向 为服务国家富强民族复兴人民幸福贡献力量 [N]. 人民日报，2021-04-20（01）.

观念融通起来"①。于新时代大学生而言，树立和增强文化自信，须自社会主义核心价值观自信始。培育大学生社会主义核心价值观自信，有助于大学生文化自信的树立。

社会主义核心价值观涵盖了对国家、社会、个人不同主体的要求，凝聚了中华民族的先进文化，构成了我国文化的核心内容。习近平总书记指出："培育和弘扬社会主义核心价值观必须立足中华优秀传统文化"②。中华传统文化博大精深，源远流长，它是有意识地对客观存在的物质生活的精神反映，是中华民族五千多年来最深层的精深追求。这一精神文化现象具有传承性，根深蒂固地存在于人们的头脑中。经历了几千年的文化洗礼，我们的民族不断从优秀传统文化中汲取养分，形成了璀璨夺目的中华文化，构成了我国文化自信的基石，使得我国的文化自信更有底气。它是社会主义核心价值观的土壤，两者互为前提和基础。高校是广大学生培育和践行社会主义核心价值观的主要场所，是加强学生道德修养、形成学生世界观，树立其文化自信的主要阵地。要抓住这一契机，通过学习传统文化，不断培养学生的文化自信，以达到践行社会主义核心价值观和立德树人的目的。

大学生是国家的希望、民族的未来，成为担负民族复兴大任的时代新人，应该具备综合素质，其中坚定的理想信念和对共产主义的远大理想是"牛鼻子"。信念不牢，地动山摇。为什么说文化自信培育是培养时代新人的基础工程呢？就是因为文化自信是抵御各种"动摇"因素的心理上的铜墙铁壁，没有这堵心理上的铜墙铁壁，处于各种错误思潮影响的环境中是很危险的。在经济全球化的大背景下，各种西方思潮不断涌入。享乐主义、消费主义、历史虚无主义等非马克思主义思想逐渐侵蚀着大学生的思想。在这些错误文化的强烈冲击下，部分青年大学生对中华民族传统文化和社会主义先进

---

① 习近平. 高举中国特色社会主义伟大旗帜 为全面建设社会主义现代化国家而团结奋斗——在中国共产党第二十次全国代表大会上的报告［N］. 人民日报，2022-10-26（01）.

② 坚定文化自信，建设社会主义文化强国——学习《习近平关于社会主义文化建设论述摘编》［N］. 人民日报，2017-10-16（07）.

文化产生怀疑,继而发生理想信念的动摇。因此,新时代要求大学生正确对待传统文化,体验中国五千年文化的博大精深,主动从传统文化中汲取精华,去除糟粕,汲取传统文化的优秀精髓,挖掘符合时代内涵的价值理念,在潜移默化的熏陶中感受文化自信,为自己是中国人而倍感自豪。大学生还要在吸收中外优秀文化的基础上对传统文化进行创新和发展。在继承传统优秀文化、纳入社会主义革命文化和先进文化、借鉴有益外来文化的基础上,推进社会主义文化,以海纳百川的文化内涵、饱富人文精神的文化形态得以呈现和彰显。文化是一个民族的根,是维系民族的精神纽带。文化的本质在于精神塑造、情感阐释。一个有情感、有力量的民族一定要站在历史舞台的角度去审视自己的文化,只有在大学生群体中建立起文化自信才能增强大学生的民族自豪感,也才能确保其"新人"的属性。

(二)大学生文化自信培育是文化强国建设的关键抓手

文化是一个国家、一个民族的灵魂。文化兴国运兴,文化强民族强。建设社会主义文化强国是全面建设社会主义现代化国家、实现中华民族伟大复兴的重要基础和前提。党的二十大报告强调,"全面建设社会主义现代化国家,必须坚持中国特色社会主义文化发展道路,增强文化自信,围绕举旗帜、聚民心、育新人、兴文化、展形象建设社会主义文化强国"①,为我们在新时代新征程上推进文化建设提供了根本遵循、指明了目标方向、明确了方法路径。依靠谁是文化强国建设必须解决好的问题,这个问题的答案是清晰的,即新时代大学生。大学生是国家和民族的希望,是文化强国建设的生力军。大学生是否具有文化自信,直接影响了文化强国建设的方向和成效。

培育大学生文化自信有利于为实现中华民族伟大复兴中国梦凝聚磅礴伟力,巩固团结奋斗的共同思想基础,增强"向心力"。培育文化自信实质上是牢牢把握正确舆论导向,唱响主旋律,壮大正能量,做大做强主流思想舆

---

① 习近平. 高举中国特色社会主义伟大旗帜 为全面建设社会主义现代化国家而团结奋斗——在中国共产党第二十次全国代表大会上的报告 [N]. 人民日报,2022-10-26 (01).

论，把全党全国人民士气鼓舞起来、精神振奋起来，朝着党中央确定的宏伟目标团结一心向前进。自觉把大学生美好生活的向往作为使命担当，读懂新时代的需求，将服务、扎根、引导工作落细落小落实。用心用情用功书写美好生活，不断挖掘大学生中蕴藏的思想智慧"富矿"，发挥正确舆论导向功能，引导大学生追逐人生梦想，将个人的奋斗自觉融入新时代国家富强、民族振兴、人民幸福的伟大实践中。多贴近大学生的学习和生活实际，从大学生的最紧迫的关切出发，善于转换话语方式，把抽象的概念、艰深的理论转化为具象的表达、通俗易懂的道理，讲好中国人民追梦圆梦的精彩故事，汇聚成踔厉奋发、共同奋斗的最强音。

培育大学生文化自信有利于立德树人、以文化人，建设社会主义精神文明、培育和践行社会主义核心价值观，提高大学生思想觉悟、道德水准、文明素养，从而为文化强国建设注入鲜活动力。实现第二个百年奋斗目标，把我国建设成为富强民主文明和谐美丽的社会主义现代化强国，不断提高社会文明程度是题中之义与显著标志。社会主义核心价值观是凝聚人心、汇聚民力的价值支撑和价值引领，也是社会主义文化强国的重要标识。必须不断夯实制度基础、完善制度体系，推动大学生广泛践行社会主义核心价值观，将其转化为大学生的生活方式和行为习惯。"要以精神引领、典型示范、志愿服务、文明创建等为着力点，坚持重在建设、以立为本，坚持久久为功、持之以恒，着力推动形成适应新时代发展要求的思想观念、精神面貌、行为规范和文明风尚。"① 通过不断提高全社会文明程度来"育新人"，将国家、社会、个人层面的价值要求贯穿到精神文明建设、提高全社会文明程度的各环节，不断建构道德规范、强化道德认同、指引道德实践，从而培养好担当民族复兴大任的时代新人。

培育大学生文化自信能够确保大学生积极关注文化建设事业，朝着精神文明建设和物质文明建设两手抓的方向不断努力，奠定文化强国建设行稳致

---

① 陈俊秀. 增强文化自信 建设文化强国 ［N］. 光明日报，2023-05-18（06）.

远的基石。繁荣发展文化事业和文化产业是社会主义文化强国建设的重要内容，抓好精神文明建设是中国式现代化的本质特征，这些都有赖于建设主体的文化自信。要坚持中国特色社会主义文化发展道路，推动中华优秀传统文化创造性转化、创新性发展，继承革命文化，发展社会主义先进文化，激发全民族传统文化创新创造活力。大力发展文化事业和文化产业，为大学生提供更多、更好的文化产品和文化服务，通过繁荣发展社会主义文艺、深化文化体制改革、完善文化经济政策等一系列举措，在为经济社会高质量发展注入强劲动力的同时，也为社会主义文化发展夯实基础。坚持政府主导，加强文化基础设施建设，完善公共文化服务网。坚持把社会效益放在首位、社会效益和经济效益相统一，努力构建结构合理、门类齐全、科技含量高、富有创意、竞争力强的现代文化产业体系，不断满足大学生丰富多彩、健康有益的精神文化需求，从而坚定大学生的文化自信，为文化强国建设积蓄积极力量。

（三）大学生文化自信培育是意识形态安全的重要保障

意识形态工作是党的一项极端重要的工作。回顾百年党史，从新民主主义革命时期通过思想动员统一革命思想、凝聚革命力量，到社会主义革命和建设时期开展思想改造，到改革开放和社会主义现代化建设新时期开展真理标准问题大讨论、反对资产阶级自由化，再到中国特色社会主义新时代就意识形态领域许多方向性、战略性问题作出部署，确立和坚持马克思主义在意识形态领域指导地位的根本制度，我们党始终把意识形态工作放在极端重要的位置，把意识形态工作的领导权牢牢掌握在手中。历史和现实都告诉我们，能否做好意识形态工作，关系党的前途命运、国家长治久安、民族凝聚力和向心力。意识形态安全是国家安全的重要组成部分，没有意识形态的安全，其他的一切安全工作都将失去保障。

我们首先要充分认识意识形态工作的极端重要性。习近平总书记从我们党执政安危的高度进行了深刻阐述。他说，"我一直在思考一个问题，这就是：我们中国共产党人能不能打仗，新中国的成立已经说明了；我们中国共产党人能不能搞建设搞发展，改革开放的推进也已经说明了；但是，我们中国共产党人能不能在日益复杂的国际国内环境下坚持住党的领导、坚持和发展中国特色社会主义，这个还需要我们一代一代共产党人继续作出回答。"①他强调，做好意识形态工作，做好宣传思想工作，要放到这个大背景下来认识。我们要认识到意识形态关乎旗帜、关乎道路、关乎国家政治安全。历史和现实都警示我们，一个政权的瓦解往往是从思想领域开始的，思想防线被攻破了，其他防线就很难守住。我国正处在大发展大变革大调整时期，国际国内形势的深刻变化使我国意识形态领域面临着空前复杂的情况。各种敌对势力一直妄图颠覆中国共产党领导和我国社会主义制度，他们选中意识形态领域作为一个突破口，目的就是要同我们争夺阵地、争夺人心、争夺群众，把人们思想搞乱，然后浑水摸鱼、乱中取胜，最终推翻中国共产党领导和中国特色社会主义制度。这是我国政权安全面临的现实危险。在意识形态领域斗争上，我们没有任何妥协、退让的余地，一刻也不能放松和削弱意识形态工作，否则就要犯不可挽回的历史性错误。

如何维护意识形态安全，如何做好意识形态工作？这个问题需要在探索中不断寻找答案。但有一点是明确的，当前意识形态工作的对象和未来意识形态安全的维护主体是新时代的大学生。大学生是否具有意识形态安全观念，很大程度上影响了意识形态安全。意识形态说到底是思想文化领域的深层次体现，意识形态安全有赖于对本民族、本国、本党文化的高度认知和认同。从这个角度说，培育大学生文化自信是维护意识形态安全的重要保障。也就是说大学生有坚定的文化自信，更倾向于成为主流意识形态的拥护者和自觉维护意识形态安全的践行者。文化自信的重要构成要素是马克思主义，而马克思主义是意识形态工作的根本指导思想，意识形态安全的一个重要向度是马克思主义指导思想的核心地位不动摇。培育大学生文化自信的重要方面就是对大学生进行马克思主义教育。所以，培育大学生文化自信与意识形

---

① 坚定文化自信，建设社会主义文化强国——学习《习近平关于社会主义文化建设论述摘编》[N]. 人民日报，2017-10-16（07）.

态建设是一致的。

据于此，要高度重视理论建设，巩固马克思主义在意识形态领域的指导地位。理论上清醒，政治上才能坚定。马克思主义是我们立党立国的根本指导思想。背离或放弃马克思主义，我们党就会失去灵魂、迷失方向。习近平总书记反复强调："在坚持马克思主义指导地位这一根本问题上，必须坚定不移，任何时候任何情况下都不能有丝毫动摇。"① 要引导大学生深入学习马克思列宁主义、毛泽东思想，深入学习邓小平理论、"三个代表"重要思想、科学发展观，深入学习十八大以来党的理论创新成果，特别要加强对习近平新时代中国特色社会主义思想的学习，不断领悟，不断参透，做到学有所得、思有所悟，注重解决好世界观、人生观、价值观这个"总开关"问题，真正做到对马克思主义，特别是对中国化、时代化的马克思主义虔诚而执着、至信而深厚。通过旗帜鲜明、大张旗鼓讲马克思主义、讲中国特色社会主义、讲共产主义，旗帜鲜明、大张旗鼓讲党的性质、讲党的宗旨、讲党的传统、讲党的作风，深入开展中国特色社会主义宣传教育，增强马克思主义对大学生的吸引力、感染力，把新时代大学生团结和凝聚在中国特色社会主义伟大旗帜之下。

习近平总书记强调："坚持不忘初心、继续前进，就要坚持马克思主义的指导地位，坚持把马克思主义基本原理同当代中国实际和时代特点紧密结合起来，推进理论创新、实践创新，不断把马克思主义中国化推向前进，不断开辟二十一世纪马克思主义发展新境界，让当代中国马克思主义放射出更加灿烂的真理光芒。"② 因此，引导大学生学习、信仰和坚持马克思主义，最重要的是引导他们坚持马克思主义的科学原理、科学精神、创新精神。在永无止境的实践中发展马克思主义，使大学生以追求真理永无止境的精神认识

---

① 坚定文化自信，建设社会主义文化强国——学习《习近平关于社会主义文化建设论述摘编》［N］. 人民日报，2017-10-16（07）.

② 坚定文化自信，建设社会主义文化强国——学习《习近平关于社会主义文化建设论述摘编》［N］. 人民日报，2017-10-16（07）.

真理和进行理论创新。做到这一点，各部门、各战线要增强阵地意识，把意识形态工作的领导权、管理权、话语权牢牢掌握在手中，必须守土有责、守土负责、守土尽责。坚持正确政治方向，站稳政治立场，坚定宣传党的理论和路线方针政策，坚定宣传党中央重大工作部署，坚定宣传党中央关于形势的重大分析判断，坚决同党中央保持高度一致，坚决维护党中央权威。由此维护意识形态安全。

三、新时代大学生文化自信培育的理论基础

新时代大学生文化自信培育不是凭空想象出来的，有其深厚的理论基础和文化支撑，系统梳理马克思主义文化观、中华优秀传统文化、马克思主义中国化关于文化建设的理论、习近平新时代文化自信和文化建设重要论述，能够夯实大学生文化自信培育研究的理论基石，同时可为中国特色社会主义文化建设提供理论指导。

（一）马克思主义文化观

文化观是马克思主义宏大理论体系中的重要组成部分。在马克思主义看来，文化是动态发展的，因社会、物质、精神等因素的变化而变化。文化有鲜明的阶级性、阶段性、民族性等特征，不同国家、不同民族、不同时期产生的文化是不同的，产生的作用也是有差异的。人们在对象化的社会实践中创造文化、实践文化，这一过程是双向的，人们在创造和实践文化的同时也被文化所对象化。由此形成了人—文化不断循环往复的逻辑过程。在马克思主义看来，文化的最终价值在于实现人的自由的、全面的发展，这与人的类本质是高度契合的，"人的类本质——无论自然界，还是人的精神的、类的能力——变成人的异己的本质，变成维持他的个人生存的手段。"[1] 在人的自由的全面的发展过程中，文化发挥着重要作用，它促使人们摆脱"物的"枷锁、从工具奴役中解放，从剥削中逃离，使人真正成为人自我的"主体"和

---

[1] 中共中央马克思恩格斯列宁斯大林著作编译局. 马克思恩格斯选集（第3卷）[M]. 北京：人民出版社，2012：775.

"主客体的统一"，人的个体性最大限度地"不受阻碍的发展"，要使人"获得充分的自由的发展"，完成精神生产和观念意识形态生产。

马克思主义充分关注文化的人民性，强调文化要从人民立场出发。1842年马克思在《莱茵报》工作期间就提出了报刊等文化产品应该且必须彰显人民性的概念。他认为，报刊作为文化的一种表现形式，应当遵循文艺的本质发展，从人民中来，也应到人民中去，报刊应该生活在人民当中，它真诚地和人民共患难、同甘苦、齐爱憎。从马克思的思想中可以推断出，人民性是文化生命持久性的根本保证，脱离了人民的文化是不会获得长久发展的。该思想早在1839年马克思的《关于伊壁鸠鲁哲学的笔记》中就所体现，其中清楚阐述道：所以这些哲人和奥林帕斯山上的诸神的塑像一样极少人民性；他们的运动就是自我满足的平静，他们对待人民的态度如同他们对待实体一样地客观。文化要从人民立场出发，要体现人民的文化需求，而不应该是"为了把这些造成人为的安定的企图结成一个普遍的体系，给予人民的精神食粮也都是经过最审慎周密的选择，而且极其吝啬"①。文化是人的对象化创造活动的结果，理所应当必须表现出人民性，并且能为人民服务，满足人民的多样需求。

文化的人民性决定了其服务于人的、自由而全面发展的理论逻辑和发展方向。马克思"人的全面发展理论"具体可以从人的全面性发展和自由性发展两个层面来理解。人的全面发展是指个体人作为一个"独立的完整的人"生存发展和生活发展，马克思以生活与生存作为人与动物的差别的重要标准，"动物是和它的生命活动直接同一的。它没有自己和自己的生命活动之间的区别。它就是这种生命活动。人则把自己的生活活动本身变成自己的意志和意识的对象。他的生活活动是有意识的。"②"有意识"三个字精准概括了人与动物生命活动的界限，使人和动物区别开来。人根据自己的意识从事

---

① 中共中央马克思恩格斯列宁斯大林著作编译局．马克思恩格斯全集（第8卷）[M]．北京：人民出版社，2009：158.

② 马克思．1844年经济学哲学手稿[M]．北京：人民出版社，2014：57.

自觉的生产劳动，这种生产劳动是"非异化"的，是实现人的价值性和目的性的对象化活动。人的智力和体力正是在这种全面性的对象化活动中才得到全面发展。人以全面发展为目的进行生产实践活动，而在生产实践中又促进了人的全面发展。人自由发展的前提是人与人的平等，它以思想自由、时间自由、个性自由构成人的全面发展的前提基础，全面发展又形成了自由发展的保障条件。马克思认为人的自由发展首先是时间的自由，有可供自己随意支配的时间，才能实现思维的独立思考，才能培养和激发人的创造性，为实现人的全面发展提供保障。而"每个人都有充分的闲暇时间去获得历史上遗留下来的文化——科学、艺术、社交方式——中的一切真正有价值的东西。"① 这成为人的自由而全面发展的前提条件和重要保证。

马克思主义文化思想阐明了文化是什么以及文化产生的根源是什么的问题。马克思主义认为文化是社会意识形态，在《〈政治经济学批判〉序言》中论述到："人们在自己生活的社会生产中发生一定的、必然的、不以他人意志为转移的关系，即同他们的物质生产力的一定发展阶段相适应的生产关系。这些生产关系的总和构成社会经济结构，即法律的和政治的上层建筑，竖立其上并有一定的社会意识形式与之相适应的现实基础。物质生活方式制约着整个社会生活、政治生活和精神生活的过程。不是人们的意识决定人们的存在，相反，是人们的社会存在，决定着人们的意识。"② 马克思、恩格斯将经济基础与社会制度看作是文化发展的基础，说明了文化对经济发展与社会进步具有重要的驱动作用。恩格斯指出："政治、法律、哲学、宗教、文学、艺术等的发展是以经济的发展为基础的。但是，它们又相互作用并对经济基础发生作用"③。这说明文化是较为活跃的影响因素，文化发展有其物质

---

① 中共中央马克思恩格斯列宁斯大林著作编译局. 马克思恩格斯选集（第3卷）［M］. 北京：人民出版社，2012：150.

② 中共中央马克思恩格斯列宁斯大林著作编译局. 马克思恩格斯选集（第1卷）［M］. 北京：人民出版社，2012：73.

③ 中共中央马克思恩格斯列宁斯大林著作编译局. 马克思恩格斯选集（第4卷）［M］. 北京：人民出版社，2012：506.

因素与物质力量，并在一定的程度上影响着社会的发展。文化的社会意识形态论科学地论证了文化与经济、政治之间的关系，论证了社会存在决定社会意识、社会意识反作用于社会的普遍真理。新时代大学生文化自信培育属于社会意识形态建设范畴，应充分考虑其与政治、经济间的关系，从客观的社会存在出发。

列宁在继承马克思、恩格斯文化观的基础上，结合俄国特定的历史文化条件，在探索社会主义革命道路和社会主义建设实践中，创造性提出了文化建设理论。列宁关于文化建设的思想对于新时代大学生文化自信培育具有借鉴和指导意义。列宁强调文化是为无产阶级服务的意识形态，他主张出版物应当成为党的出版物，与资产阶级的习气相反，与资产阶级企业主的报刊相反，与资产阶级写作上的名位主义和个人主义、"老爷式的无政府主义"和唯利是图相反，社会主义无产阶级应当提出党的出版物的原则，发展这个原则，并且尽可能以完备和完整的形式实现这个原则。他还要求文学事业应当成为无产阶级的总的事业的一部分，成为全体工人阶级先锋队所开动一部巨大机器的"齿轮和螺丝钉"，无产阶级文学艺术要"为千千万万劳动人民服务"[①]。这段话明确了社会主义文化建设的属性和价值取向。昭示了大学生文化自信培育必须在党的领导下坚持无产阶级政治导向，凸显了政治性和思想性。

列宁文化思想的另一个重要方面是重视处理当代文化与传统文化的关系。在列宁看来，无产阶级文化不是在当代条件下随意创造出来，更不是在斩断与传统文化的联系的条件下臆造出来的，"而是根据马克思主义世界观和无产阶级在其专政时代的生活与斗争的条件的观点，发扬现有文化的优秀的典范、传统和成果"[②]。在《关于无产阶级文化》中，列宁指出"无产阶

---

① 中共中央马克思恩格斯列宁斯大林著作编译局. 列宁选集（第1卷）［M］. 北京：人民出版社，2012：723.

② 中共中央马克思恩格斯列宁斯大林著作编译局. 列宁全集（第39卷）［M］. 北京：人民出版社，1986：334.

级文化与资产阶级文化是两种不同的文化，无产阶级不脱离包括资产阶级文化在内的传统文化的基础。"① 这两段话鲜明彰显出了列宁对于传统文化的重视。新时代大学生文化自信培育要科学看待、正确处理古今之辩，解决好古今文化发展之间的问题，积极推动中国特色社会主义文化的创新性发展与创造性转换。新时代高校"立德树人"实践要积极寻求中华优秀传统文化的滋养与浸润，注重积极整合、借鉴、汲取、吸收中华优秀传统文化中的智慧营养，又要积极运用新时代我国在与时俱进发展中形成与抽象出来的各种文化理论、文化成果，平衡传统与现代的关系，从而更好地加速与驱动中国特色社会主义文化自信培育理论的发展。

（二）中华优秀传统文化

新时代大学生文化自信培育的一个重要精神支撑和文化源头就是中华优秀传统文化。缺少了对优秀传统文化的自信，大学生的文化自信完整性和总体性是无从谈起的。由此可知，中华优秀传统文化是新时代大学生文化自信培育的理论基础和深厚根基。

在几千年的生产生活实践中，一代又一代中华民族儿女创造出了源远流长、博大精深、包罗万象的中华优秀传统文化，构成了中华民族存在与发展的根基。中华优秀传统文化主要是以儒释道为核心的文化，它们是中华文化最核心、最精华的部分。中华优秀传统文化隶属于中华传统文化，始终推动着时代的发展、社会的进步，是具有永恒价值的文化。中华优秀传统文化是中华民族在长期的发展进程中形成，以巨大的精神力量推动中华民族不断发展，以其独特的优势赋予中华民族强烈的自豪感和自信心。中华优秀传统文化在中华民族发展的历史进程对中华文明的延续、祖国统一、民族团结等发挥了不可磨灭的重要作用。中华优秀传统文化的自信是文化自信的主要内容之一。习近平总书记指出："中华优秀传统文化是中华民族的文化根脉，其蕴含的思想观念、人文精神、道德规范，不仅是我们中国人思想和精神的内

---

① 王进芬. 列宁对文化虚无主义的批判及其当代意义 [J]. 马克思主义研究，2020
（8）：123-131+156.

核，对解决人类问题也有重要价值。"① 文化自信就要以科学理性的态度对待传统文化，以实事求是的精神探析传统文化的基本内容。

中华优秀传统文化是中华民族区别于其他民族的根本所在，它"积淀着中华民族最深沉的精神追求，代表着中华民族独特的精神标识"②，是中华民族宝贵的精神财富，是中国特色社会主义文化自信何以自信的基础与根本。长期以来，中华优秀文化领先于世界，以独特而璀璨的华夏文明之存在对世界产生广泛而深刻的影响。中华优秀传统文化是中华民族的根和魂，"是最深厚的文化软实力，是中国特色社会主义植根的沃土，是我们在世界文化激荡中站稳脚跟的根基。"③ 概括起来说，在漫长的历史进程中，中华民族以自强不息的决心和意志，筚路蓝缕，跋山涉水，走过了不同于世界其他文明体的发展历程。这种不同的发展历程孕育的中华优秀传统文化是中华民族重要的精神营养，是各个方面进步发展不可或缺的文化土壤。

中华文明历经漫长的 5000 多年，中华民族在 5000 多年的发展演进历程中从未中断，出现物各有所好，违之伤自然，天人合一，海纳百川，有容乃大，先天下之忧而忧，后天下之乐而乐，和为贵，推己及人，老吾老以及人之老，幼吾幼以及人之幼等各种各样的中华优秀传统文化，出现了兼爱、非攻的理念，以人为本的民本思想以及革故鼎新的创新思想等。中华优秀传统文化主要包括核心思想理念、中华传统美德、中华人文精神。核心思想理念指的是讲仁爱、重民本、守诚信、崇正义、尚和合、求大同等。中华传统美德是指自强不息、敬业乐群、扶危济困、见义勇为、孝老爱亲等。还有促进社会和谐、鼓励人们向上向善的思想文化内容。中华优秀传统文化核心思想中的讲仁爱是儒家核心思想之一，孔子强调仁爱"必由亲始"。"孝弟也者，其为仁之本与。"从个人对父母、亲人的情感开始，然后推己及人，由爱亲

---

① 习近平. 习近平谈治国理政（第3卷）[M]. 北京：外文出版社，2020：314.

② 习近平在中国文联十大、中国作协九大开幕式上的讲话 [N]. 人民日报，2016-12-01（02）.

③ 习近平在中共中央政治局第三十九次集体学习时强调　把中国文明历史研究引向深入 推动增强历史自觉坚定文化自信 [N]. 人民日报，2022-05-29（01）.

人到爱大众，讲究"忠恕之道"，达到"泛爱众"，由爱大众到爱万物，进而达到仁者"与天地万物为一体"的境界。孟子发展了孔子思想提出仁政思想，提出"施仁政于民""仁者无敌"。仁爱思想对于构建和谐的人际关系、形成仁爱友善的社会风气具有重要的现实指导意义。

中华优秀传统文化核心思想中的重民本是古代政治思想中大放异彩的思想，是中国古代思想家和统治者长期实践总结得出的结论。西汉贾谊提出"闻之于政也，民无不为本也"（《新书·大政上》）这是对古代民本思想的概述。中国传统民本思想包括重民、贵民、顺民、养民、教民等。其中重民思想核心要义主张民为邦本、本固邦宁，强调统治者的一切政治权力来源于人民。"天之生民，非为君也；天之立君，以为民也。"《荀子·大略》贵民思想强调人民的重要性要高于国家政权、国家社稷，更要高于君主，即孟子强调的"民为贵，社稷次之，君为轻。"《孟子·尽心下》顺民思想强调民众是国家的根本，国家的主体，君主应顺应民心。"政之所兴，在顺民心；政之所废，在逆民心。"（《管子·牧民》）顺应民心就是顺应历史潮流，才能保证政令畅行、政权稳定。富民的思想强调藏富于民，统治者才会得到百姓的拥护。管子提出"凡治国之道，必先富民。民富则易治也，民贫则难治也。"统治者只有减少各种税赋，让老百姓过上富足日子，社会才会繁荣稳定。总之，重民本的思想在古代政治生活中发挥了重要作用，是统治者追求的终极目标。

中华优秀传统文化核心思想中的守诚信是中华民族最重要的品格。诚信是做人之本、立国之本。对于个人而言，诚信是最起码的道德准则，是个人在社会立足之本，孟子说"诚者，天之道也；诚之者，人之道也。"（《孟子·离娄上》）孔子说："人而无信，不知其可也。"个人要将诚信内化于心，注重个人的道德修养，同时外化于行，用实际行动信守承诺、践行诚信。就国家的治理而言，施政要诚。"诚信者，天下之也。"（《管子·枢言》）管子特别强调诚信是治理天下的关键。关于国家治理，子贡请教孔子，孔子强调"民无信不立"，统治者取信于民，才能获得百姓的信任和拥护。中华优秀传统文化核心思想中的崇正义是中华民族重要的道德准则和国家治理重要的法则。正义一词最早出现在《荀子·儒效》中，"不学问，无正义，以富利为隆，是俗人者也。"讲的是不好学、没有道德的人，谋求私利的人都是失败者。正义是一种做人的道德准则，也是判断是非善恶的准则。做人要做到身正、心正，重义，取义，"义者，宜也""义者，正也"正义是合宜政党的行为，也是道德评判的标准。一个人能否有所成就，靠的也是正义，"行义以正，事业以成。"当道义与生命发生冲突时，要"舍生取义"。对于国家治理孔子强调执政者率先垂范，遵循正道，"政者，正也。子帅以正，孰敢不正。"同时正义是保证统治阶级政权稳固的重要方面。《墨子·天志》中说："天下有义则治，无义则乱。"贾谊也说："古之正义，东西南北，苟舟车之所达，人迹之所至，莫不率服。""义"是古人个人修行以及国家治理重要的标准。

这些文化瑰宝深深镌刻在中华民族的基因之中，塑造了独具特色的、鲜明的中华民族性格。中华文明具有很好的连续性与不间断性，这种特有的文化发展图景奠定了中国特色社会主义文化自信的根。值得一提的是，中华优秀传统文化绵延不绝、赓续永传，并因经过不断创新性发展与创造性转化而变得日益香醇，在中华民族历史演进过程中熠熠生辉。中华优秀传统文化是中华民族自信的精神来源。正如习近平总书记所说的，中华优秀传统文化"为中华民族生生不息、发展壮大提供了丰厚滋养"①，它同样是新时代大学生文化自信培育的丰厚滋养。

（三）马克思主义中国化关于文化建设的理论

文化建设思想是毛泽东思想的重要组成部分，早在青年时期毛泽东就关注文化建设，在革命时期和社会主义建设时期更把文化建设作为一项重要工作来抓，并取得了显著的文化建设成绩。毛泽东文化思想由萌芽到形成大致经历了四个主要阶段。

---

① 习近平. 习近平谈治国理政［M］. 北京：外文出版社，2014：164.

　　1911 年毛泽东第一次接触到"社会主义"这个概念，这期间他初步了解了西方政治经济学、伦理学等西方文化，开始反思中国社会现状。1918 年毛泽东到北京学习深造，在这里他阅读到大量的马克思主义原著，加之受到李大钊等同志的影响，毛泽东认识到革命的重要性，开始思考人的全面发展和人的精神活动问题。毛泽东通过夜校宣传马克思主义，号召广大学生坚定马克思主义立场。这是毛泽东思想的萌芽时期。1921 年到 1937 年是毛泽东文化思想的基本形成时期。这一时期毛泽东意识到农民对革命的重要性，他开始深入农村，记录农民，形成了毛泽东文化思想中的"平民主义"。在《湖南农民运动考察报告》中，毛泽东通过对农村实地考察，指出"中国历来只是地主有文化，农民没有文化。可是地主的文化是由农民造成的，因为造成地主文化的东西，不是别的，正是从农民身上掠取的血汗。"① 1927 年大革命失败后，毛泽东将工作重点转向农村，这期间形成的"民主主义"思想、"文化的大众化"等都对毛泽东的文化思想形成奠定了坚实的思想基础。1936 年，毛泽东在《中国文艺协会成立大会》上强调要："要从文的方面去说服那些不愿停止内战者，从文的方面去宣传教育全国民众团结抗日。"② 呼吁要积极运用文化的力量、思想的力量建立抗日民族统一战线，合力抗日。

　　1937 年至 1949 年是毛泽东文化思想的成熟阶段。紧张的战争局势让毛泽东异常清楚地认识到要想民族独立，人民的思想必须独立，而广大民众受几千年封建帝制影响，思想僵化，封建思想根深蒂固，这就必须依靠宣传，充分发挥文化的潜移默化力量，提出"新民主主义文化思想"，这一思想成熟的标志是 1940 年毛泽东所著的《新民主主义论》。在这篇文章中他对文化建设的重要地位、指导思想、基本方针、繁荣发展文化产业进行了详细论述。1942 年毛泽东《在延安文艺座谈会上的讲话》中提出要将文化与马克思主义联系在一起，文化与革命联系在一起，文化与人民联系在一起，如强调

---

① 毛泽东. 毛泽东选集（第 1 卷）[M]. 北京：人民出版社，1991：39.

② 中共中央文献研究室. 毛泽东年谱（上）[M]. 北京：中央文献出版社，1993：612.

"民众就是革命文化的无限丰富的源泉"①。之后,《关于陕甘宁边区的文化教育问题》《同英国记者斯坦因的谈话》《文化工作中的统一战线》等论著中又对文化的重要性进行了多次阐明,"至于文化,它是政治、经济的反映,又指导政治、经济;它反映军事,又指导军事。""文化是反映政治斗争和经济斗争的,但它同时又能指导政治斗争和经济斗争。文化是不可少的,任何社会没有文化就建设不起来。"② 这些文化思想对于革命的成功起到了重要的指导作用。

1949 年新中国成立后,毛泽东文化思想不断深入发展,在一定时期内发挥了积极作用。1956 年,毛泽东首次提出"百花齐放,百家争鸣""古为今用、洋为中用"的文化方针,并对音乐工作者、文艺工作者等提出诸多文化作品创作要求,使之在社会主义方向上正确发展。同时也对文化教育的发展做出了重大举措。这一时期,毛泽东的文化思想在社会主义建设实践中不断被赋予时代特色,具有了与革命时期不同的特点,成为由革命转变为建设过程中工作方向变化在文化层面的重要表现。

毛泽东文化思想内容丰富,可以从历史阶段维度进行观察。其一是新民主主义文化思想。毛泽东很早就对马克思主义进行了系统学习,并积极从事宣传马克思主义文化,他在其所创办的《湘江评论》创刊宣言中"民众联合的力量最强""平民的文学,现代的文学,有生命的文学""见于教育方面,为平民教育主义"等文化思想,这些都成为新民主主义时期毛泽东文化思想外显。在《新民主主义论》中,毛泽东定义了"所谓新民主主义的文化,一句话,就是无产阶级领导的人民大众的反帝反封建的文化"③,强调我们要建立的新中国不仅是政治上摆脱压迫、经济上逃离剥削,更重要的是要在思想文化上挣脱封建的桎梏和愚昧,建立"民族的""科学的""大众的"的新文化中国。"民族的"文化就是要有民族意识。强调新民主主义文化是首要

---

① 毛泽东 . 毛泽东选集(第 2 卷)[M]. 北京:人民出版社,1991:708.
② 毛泽东 . 毛泽东文集(第 3 卷)[M]. 北京:人民出版社,1996:109-110.
③ 毛泽东 . 毛泽东选集(第 2 卷)[M]. 北京:人民出版社,1991:698.

在继承民族传统文化传统基因上，吸收外来文化精髓，结合中国现实进行转化。"科学的"主要是针对封建落后思想而言，要求坚定马克思主义立场，坚持实事求是。"大众的"强调它应为全民族中百分之九十以上的工农劳苦民众服务，并逐渐成为他们的文化。新民主主义文化必须具有民主性，是人民大众共同创造和享有的文化，文艺工作者在文艺工作中必须注重人民的立场。广大人民群众也要积极参与到文化的民主教育学习中去，自觉摆脱文盲。毛泽东新民主主义文化思想前瞻性、科学性、包容性，对新时代文化建设、大学生文化自信培育具有重要指导意义。

其二是社会主义文化思想。毛泽东社会主义文化思想是对新民主主义文化思想的继承和发展，"民族的、科学的、大众的"文化发展立场依然是社会主义文化思想的根本坚持。首先，人民性是毛泽东社会主义文化思想一以贯之的坚持，毛泽东认为文化"为什么人的问题"是一个根本性的问题，原则性的问题，社会主义文化必须坚持为人民服务的方向，必须到群众中去，只有到了人民中，我们的文化才能丰富发展，才能有持久的生命力。其次，毛泽东强调社会主义文化必须具有开放性，要用辩证的眼光看待世界其他国家其他民族的文化。"我们的方针是，一切民族、一切国家的长处都要学，政治、经济、科学、技术、文学、艺术的一切真正好的东西都要学。但是，必须有分析有批判地学，不能盲目地学，不能一切照抄，机械搬用。他们的短处、缺点，当然不要学。"① 对于外来文化不能一概拒绝，也不能全盘西化，必须虚心学习外国的长处来弥补我们的不足，在充分认识中华文化独特的魅力同时积极学习借鉴，洋为中用。再者，毛泽东强调社会主义文化要有多样性。在中国的社会主义建设中，不仅要大力发展经济，还要满足人们的文化多样性需求，因此提出"百花齐放，百家争鸣"的双百方针，"艺术问题上的百花齐放，学术问题上的百家争鸣，我看应该成为我们的方针"②。不同形式、不同风格、不同流派自由交流，相互借鉴。社会主义文化要朝着多

---

① 孙存良. 中国式现代化的三重来源［N］. 人民政协报，2023-05-24（08）.
② 中共中央文献研究室. 毛泽东文集（第7卷）［M］. 北京：人民出版社，1999：54.

样化、大众化、丰富化发展，随着社会发展进步而不断进步，要充分发挥中国多民族国家的特殊性和悠久历史文化的历史性，促进我国社会主义文化的全面发展，充分体现了对社会主义文化的自信。成为新时代大学生文化自信培育的重要精神支柱和理论指引。

邓小平文化思想继承了毛泽东文化思想，并结合改革开放的总的历史背景进行了伟大创造，推动了社会主义文化的大发展，使社会主义文化进入一个全新的发展机遇期，由此开启了中国特色社会主义文化的发展之路。在理论和实践的互动中，邓小平文化思想得以形成和完善。邓小平文化思想具有代表性的可总结为"解放思想，实事求是"的思想路线、物质文明和精神文明两手抓、培育"四有新人"。其中思想路线贯穿一切决策和行动，精神文明建设成为中国特色社会主义文化的显著标志。1979 年 10 月，邓小平首次正式提出要"建设高度的社会主义精神文明"。强调"社会主义建设需要有文化的劳动者"①，并阐释了精神文明建设对物质文明建设的积极作用。党的十三届四中全会之后，中国共产党人更在扩大改革开放之后深刻地意识到精神文明建设的重要性。1992 年党的十四大指出"物质文明和精神文明都搞好，才是有中国特色的社会主义。"② 邓小平强调社会主义精神文明是社会主义现代化建设的重要保证，是社会主义的政治思想保证、精神动力保证、智力支持保证、社会环境保证以及文化需求保证。面对多样思想文化的相互交织激荡，以文化软实力为根本的综合国力竞争的挑战，迫切需要加强精神文明建设。在这一背景下，大学生文化自信培育工作需要"精神文明"的不断推进。

先进文化发展思想是党的十八大以来中国特色社会主义文化发展的重要表现和关键向度。先进文化，是指以马克思主义为指导，以培养有理想、有道德、有文化、有纪律的"四有公民"为目标的面向现代化、面向世界、面

---

① 邓小平．邓小平文选（第 1 卷）［M］．北京：人民出版社，1994：280.
② 中共中央文献研究室．十四大以来重要文献选编（上）［M］．北京：人民出版社，1996：382.

向未来的，民族的科学的大众的社会健康积极向上的具有中国特色社会主义的文化。先进文化主要具有五个特征：一是科学性，先进文化能正确反映自然和社会之间的发展规律；二是民族性，先进文化是本民族传统文化的载体和坚实基础；三是开放性，先进文化要面向未来、面向世界；四是时代性，先进文化要能反映出时代的主流和时代发展方向；五是创新性，先进文化应是与时俱进的。先进文化建设的主要内容是：第一，加强思想道德建设。思想道德建设体现了先进文化的性质和前进方向，加强思想道德的建设是发展先进文化的重中之重。在大学生文化自信培育工作中，加强思想道德建设有助于学生形成正确的世界观、人生观、价值观。第二，弘扬和培育民族精神。加强先进文化建设就要弘扬和培育民族精神。弘扬和培育民族精神有助于我国从民族传统文化方面增强我国的文化竞争力，不断提高国家的文化软实力。建设先进文化，培育民族精神有助于激发大学生的民族自豪感和民族传统文化忧患意识，树立正确的文化价值观。第三，发展文化产业。与先进文化相关的是文化资源的开发与利用。应积极创造发展与先进文化相适应的文化资源，不断满足人民日益增长的精神文化需求。

一定程度上说，发展先进文化和发展社会主义文化基本等同。江泽民深刻阐述了文化和经济在社会发展中的重要作用，指出文化建设在党和国家工作大局中的重要战略地位。当今世界各国之间竞争激烈，大国较量方式发生变化，从军事较量变成综合国力较量，文化竞争是重要一极。在百年未有之大变局中，文化层面的竞争日渐激烈复杂。江泽民曾深刻指出："当今世界，文化与经济和政治相互交融，在综合国力竞争中的地位和作用越来越突出。文化的力量，深深熔铸在民族的生命力、创造力和凝聚力之中。"① 胡锦涛在中央政治局第 22 次集体学习时强调："文化是民族凝聚力和创造力的重要源泉，是综合国力竞争的重要因素，是经济社会发展的重要支撑。"② 胡锦涛在党的十八大报告中指出："必须推动社会主义文化大发展大繁荣，兴起社会

---

① 江泽民. 江泽民文选（第3卷）[M]. 北京：人民出版社，2006：558.
② 于平. 综合国力竞争中的文化力量 [N]. 光明日报，2010-10-15（02）.

主义文化建设新高潮，提高国家文化软实力"①。文化以其重要价值成为国家发展的战略之一。提倡文化体制改革是时代发展的需要，是党中央做出的关于我国社会发展的重大决策。随着改革开放的推进，我国迎来了文化快速发展的繁荣期，开创了中国特色社会主义文化建设新局面。当然，机遇与挑战交织影响形势的复杂性从未稍减。我们要从战略高度深刻认识文化举足轻重的地位，坚持社会主义先进文化前进方向，加快推进文化产业发展。

以邓小平、江泽民、胡锦涛为代表的党中央关于文化建设的理论和实践部署，对于提振文化自信有着重大推动作用。物质文明和精神文明"两手抓"，"先进文化"的理论创新和实践创造更是具有鲜明指向性，其开创的中国特色社会主义文化发展之路迎来了社会主义文化发展的机遇期，为新时代大学生文化自信培育提供了精神滋养和方向指引。其中大学生文化自信培育根本目标更是与邓小平提出的"要塑造四个现代化建设的创业者，表现他们那种有革命理想和科学态度、有高尚道德情操和创造能力、有宽阔眼界和求实精神的崭新面貌"② 的社会主义"四有"新人理论高度契合，因而要坚持以之为指导，不断汲取养分。

(四) 习近平关于文化自信和文化建设重要论述

习近平总书记对于中国特色社会主义文化建设发展的关注达到了前所未有的程度和高度，关于文化自信和文化建设重要论述非常丰富。党的十八大以来，以习近平为核心的党中央领导全国各族人民积极为实现中华民族伟大复兴"中国梦"而努力奋斗，在"五位一体"战略指引下，取得了中国特色社会主义文化建设的显著成绩，影响着我国国民文化价值观念的形成与发展，作用于文化自信培育。在这一过程中，以习近平同志为核心的党中央高度重视文化理论创新与发展，始终坚持问题导向，以人民群众对美好生活的

---

① 胡锦涛. 坚定不移沿着中国特色社会主义道路前进为全面建设小康社会而奋斗——在中国共产党第十八次全国代表大会上的报告 [M]. 北京：人民出版社，2012：30.

② 邓小平. 邓小平文选（第2卷）[M]. 北京：人民出版社，1994：210.

向往为出发点和根本落脚点，从人民性、时代性、整体性逻辑出发，在不同场合，从不同角度、不同层次论述了文化自信，构成了习近平关于新时代中国特色社会主义文化自信的重要论述。习近平总书记关于文化自信和文化建设相关重要论述散见于各类会议、研究、考察报告、文件、批示等，立意高远，内涵丰富，思想深刻，为新时代大学生文化自信培育提供了根本遵循。

文化自信是习近平新时代中国特色社会主义思想的重要组成部分和颇具有特色的思想文化要素。文明特别是思想文化是一个国家、一个民族的灵魂。"无论哪一个国家、哪一个民族，如果不珍惜自己的思想文化，丢掉了思想文化这个灵魂，这个国家、这个民族是立不起来的"①，习近平总书记根据当前形势用坚持和发展的眼光科学地回答了新时代如何建设社会主义文化这一问题，从不同角度对"文化自信"进行了新时代的阐释，并对文化建设提出了高度、科学的要求，系统回答了新时代如何坚持文化自信，如何推动社会主义文化大繁荣等时代性问题。习近平总书记提出"文化自信"有其思想脉络，梳理其发展脉络有助于理解习近平总书记关于文化自信相关思想的内涵。

2013年12月26日，习近平总书记在纪念毛泽东同志诞辰120周年座谈会上的讲话中指出："站立在九百六十万平方公里的广袤土地上，吸吮着中华民族漫长奋斗积累的文化养分，拥有十三亿中国人民聚合的磅礴之力，我们走自己的路，具有无比广阔的舞台，具有无比深厚的历史底蕴。"② 2014年2月24日中共中央政治局第十三次集体学习时，提出要"增强文化自信和价值观自信"③。习近平总书记指出，"我们要坚定理论自信、道路自信、

---

① 习近平在纪念孔子诞辰2565周年国际学术研讨会暨国际儒学联合会第五届会员大会开幕会上的讲话［N］. 人民日报，2014-09-25（02）.

② 习近平. 论中国共产党历史［M］. 北京：中央文献出版社，2021：64.

③ 习近平. 把培育和弘扬社会主义核心价值观作为凝魂聚气强基固本的基础工程［N］. 人民日报，2014-02-26（01）.

制度自信，最根本的还要加一个文化自信"①。2015 年 10 月 15 日，习近平总书记在文艺工作座谈会上的讲话中指出，"增强文化自觉和文化自信，是坚定道路自信、理论自信、制度自信的题中应有之义"②。12 月 20 日下午，习近平总书记和澳门大学学生座谈时指出："建立制度自信、理论自信、道路自信，还有文化自信。文化自信是基础。"2016 年 5 月 17 日，习近平总书记在哲学社会科学工作座谈会上指出，"我们要坚定中国特色社会主义道路自信、理论自信、制度自信，说到底是要坚持文化自信"。在建党 95 周年庆祝大会的重要讲话中，习近平总书记再次强调"要坚持中国特色社会主义道路自信、理论自信、制度自信、文化自信，坚持党的基本路线不动摇，不断把中国特色社会主义伟大事业推向前进"③。坚持文化自信，其语境更为庄严，观点更为鲜明，态度更为坚决，传递出这既是文化理念又是指导思想。2017 年 4 月 19 日至 21 日习近平总书记在广西考察工作的讲话时指出："要增强文化自信，在传承中华优秀传统文化基础上发展社会主义先进文化，加快社会主义文化强国。"④ 在党的二十大报告中，习近平总书记对"推进文化自信自强，铸就社会主义文化新辉煌"进一步做出战略部署。

习近平总书记关于文化自信的思想可以从四个维度进行理解。第一，文化自信是更基础、更广泛、更深厚的自信。习近平总书记明确指出："中国有坚定的道路自信、理论自信、制度自信，其本质是建立在五千多年文明传承基础上的文化自信。"⑤ 坚定中国特色社会主义道路自信、理论自信、制度自信，说到底是要坚定文化自信，文化自信是更基本、更深沉、更持久的力

① 郭小军. 树立文化自信，为人类未来增添智慧 [EB/OL]. 中国发展观察杂志社，2015-05-25.
② 习近平在文艺工作座谈会上的讲话 [N]. 人民日报，2015-10-15（02）.
③ 习近平在庆祝中国共产党成立 95 周年大会上的讲话 [N]. 人民日报，2016-07-02（02）.
④ 习近平广西考察：扎实推动经济社会持续健康发展 [EB/OL]. 人民网，2017-04-26.
⑤ 以习近平同志为总书记的党中央推进全方位外交的成功实践 [N]. 人民日报，2016-01-05（01）.

量。坚持文化自信为社会主义事业的"三个自信"奠定了基础。"文化自信的广泛性"既可以理解为数千年来中华文化有着博大的胸怀和强大的自信，也可以理解为华夏文明中蕴含着丰富的先进文化。"文化自信是最深厚的自信"可以理解为文化自信是一切自信的重要支撑，为中国的道路选择指明了方向。第二，文化自信的实质是社会主义核心价值观的自信。文化自信体现着对其价值的自信，体现着社会主义核心价值观的自信。如果说文化是国家的软实力，核心价值观就是其灵魂。对文化自信而言，价值观就是一种表现形式，培育和践行社会主义核心价值观就等于坚持文化自信。第三，文化自信是道路自信、理论自信、制度自信的基础。文化自信是道路自信的根基。文化自信不仅是理论自信的基础，还是制度自信的重要支撑。第四，文化自信是实现中华民族伟大复兴的根本保障，是实现伟大复兴中国梦的重要途径，是增加文化软实力、实现伟大中国梦的基本保障。

新形势下，习近平总书记把文化自信提升到"第四个自信"的高度，赋予了文化自信独特的时代特征和现实价值，其主要表现在以下几点。第一，理性思维特征。理性的思维特征是指以习近平同志为核心的党的领导人通过研判国内国际形势，深刻分析传统文化的"糟粕"和"精华"，用理性的而非感性的方式认识传统文化和外来文化，从而产生了习近平总书记关于文化自信的思想。第二，传承性特征。文化自信思想来源于对历史的传承与发展，是一个不断创新发展的过程。第三，实践性特征。习近平总书记关于文化自信的思想不仅是意识层面的思想体系，还是具有能动性的实践体系，是意识和实践的高度统一，并诉诸实践并不断从中探索文化培育的具体方法。第四，时代特征。习近平总书记关于文化自信的思想具有特殊的时代性，是在复杂的国际环境下衍生出的，是因应时代变化，回答时代之问的条件下成长起来的。因此，我们必须坚定习近平总书记关于文化自信的思想，正视机遇与挑战并存的大变局，用以指导新时代大学生文化自信培育。

关于文化建设细分方面，习近平总书记也有全面阐释。对于意识形态工作，习近平总书记反复强调要以马克思主义为指导，牢牢掌握意识形态工作的领导权、管理权、话语权。要求宣传思想文化工作必须牢牢把握巩固马克思主义在意识形态领域的指导地位、巩固全党全国人民团结奋斗共同思想基础的根本任务，推进理念创新、内容创新、手段创新，不断把握工作规律、增强整体功能，为全面建成小康社会提供思想保证、精神力量、道德滋养、文化条件。对高校而言，必须完善党对高校的领导，巩固马克思主义思想理论在高校意识形态领域的指导地位，履行好立德树人的职责，更好地把高校师生凝聚在党的周围，发挥高校对全社会思想文化建设的促进作用。以高度政治责任意识和历史使命感抓好思想政治工作，培养社会主义事业的建设者和接班人。对于思想道德建设，习近平总书记强调要持续深化社会主义思想道德建设，弘扬中华传统美德，弘扬时代新风，用社会主义核心价值观凝魂聚力，更好构筑中国精神、中国价值、中国力量，为中国特色社会主义事业提供源源不断的精神动力和道德滋养。要加强思想道德修养，自觉弘扬爱国主义、集体主义精神，自觉遵守社会公德、职业道德、家庭美德。这些都为新时代大学生文化自信培育提供了文化浸润，使之具有深厚的文化基础。

（五）教育学、心理学理论借鉴

大学生文化自信培育顺应社会发展形势、遵循内在自我发展规律、融合新媒体技术和新学习理念进行创新产生的新模式。其中，经典学习理论及实践有重要的借鉴价值。这些学习理论主要包括建构主义学习理论、人本主义学习理论、教育传播理论、反馈理论、行为主义学习理论、联通主义学习理论等。大学生文化自信培育吸取各主要经典学习理论的合理内核，整合出因时因势的教学模式。

1. 建构主义学习理论

20 世纪 90 年代以来，随着心理学家和教育学家们对人类学习过程和学习规律的认识不断深入，建构主义学习理论开始出现并逐渐流行。建构主义学习理论是认识学习理论的一个分支，它的出现是学习理论研究领域的一场"革命"。建构主义思想起源于康德的经验主义和理性主义哲学，并在皮亚杰、维果斯基、布鲁纳等人的推动下走向成熟。建构主义学习理论的兴起和应用有其时代背景。"在计算机网络技术时代，社会对创造型人才、个性化人才有急迫的需求，由于创新被视为人类文明进步的阶梯，创新精神和创新能力已成为经济社会发展的决定性因素。"① 如何培养出具有个性和充满创新能力的现代化新型人才是教育亟待解决的问题。建构主义学习理论改变过去的单一知识传授、知识记忆、技能模仿的传统教学模式，建构起尊重学生个性、发挥学生潜能、给予学生自由、激发自主创新、促进学生主动建构知识的教学模式。可以说，建构主义学习理论适应了社会呼求，是重建教学体系的重要途径。

建构主义学习理论在当今时代的教育教学中已经得到广泛运用，发挥着重要的指导作用。很多新教学模式的出现无不把自己的理论之根全部或者部分深植于建构主义学习理论的沃土中，混合式教学模式也不例外。建构主义学习理论强调学习者知识的主动建构，认为学习者根据自己的经验建构知识，以原有的知识经验为基础接受学习。知识不是统一的结论，而是一种意义的建构。每个人按各自的理解方式建构对客体的认识，因此它是个体化、情境化的产物。学习是指每个学习者从自身角度出发，建构起对某一事物各自的看法，在此过程中，教师只起辅助作用。学生在学习的过程中也会受到来自他者如教师的帮助，但由于知识学习源于学习者自身已有的知识经验，背景的差异性会使学习者在学习中表现出不同的学习态度和学习特点，不能对学习者做共同起点、共同背景通过共同过程达到共同目标的假设，所以外在他者的帮助是有限的。在建构主义学习理论中，学习者不只是被动地接受知识或者外界传递过来的信息，而是能够从自身的特点和需要出发展开意义建构的过程。

另外，在建构主义学习理论中，学习是在一定的情境中发生和进行的，良好的学习情境是有效学习的基本条件。任何的学习者都不能离开实际生活在头脑中抽象孤立的、虚无的事实，我们学习的是已知事物之间的关系及人

---

① 杨维东，贾楠. 建构主义学习理论述评 [J]. 理论导刊，2011 (5)：4.

类确立的信念。如此，我们的学习行为才可能清晰，学习是活动的和社会性的观点才能成为一种必然的推论。简言之，人类的学习不能离开生活而存在。建构主义学习理论还认为，学习者以自己的方式建构对于事物的理解图式，不同的人因此看到事物的不同方面，正所谓"一千个读者就有一千个哈姆雷特"，这就为互相交流和协作学习创造了可能性和必要性，学习者之间的合作使知识学习更加丰富和全面。在此基础上，建构主义学习理论提倡师徒式传授及学生间的相互交流、讨论和学习，提倡学生和教师进行对话与协商。

建构主义学习理论为高校思想政治理论课混合式教学奠定了理论基石，尤其是情境、协作、对话等内容更是为其提供了具体的方法指导。就情境来说，混合式教学需要为学习者提供一个被精心设计过的符合学习者学习需求的情境，这一情境既包括传统的课堂情境，也包括线上学习情境，这需要做好教学设计工作，尽可能调动有限的资源服务于机动有效的学习情境的设置。就协作来说，混合式教学模式在各类通信技术、各类在线学习系统的支持下，更大限度为学习者提供了各种便利和丰富资源等，并且也为学习者之间的协作学习开辟了通道。在混合式教学过程中，协作贯穿始终，不仅在学习者之间展开，也在不同教学空间中的教师之间展开。就对话来说，对话在教育中无处不在，最基本的对话方式是言语上的交流与沟通，而在混合式学习环境中，学习者除了与教师以及其他学习者进行对话以外，还会与网络环境中或者在线课程中的学习材料、网络界面进行互动与交流，这些对话丰富了学生的学习经验。建构意义，面对各式各样海量的学习资源，学习者可以根据自身的情况，有针对性地选择知识学习，学习者已有知识经验中适当的观念与新知识进行结合，从而帮助学习者深入理解知识，大幅提高学习效率。

2. 人本主义学习理论

人本主义学习理论是继建构主义学习理论后出现的新的关于知识学习的理论，被作为教育技术哲学的一个基础理论。人本主义学习理论于 20 世纪 50 年代至 60 年代在美国出现，以马斯洛、罗杰斯为主要的代表人物。这一时期，科学技术迅猛发展，并作用于经济社会，打造了一个物质高度发达的世界。在这个世界里，科学主义成为人们普遍的精神追求，一切变得科学化、程序化、技术化，原本属于人的应该被关注的情感、价值渐渐被忽视。这一问题得到人本主义心理学家马斯洛、罗杰斯等人的注意，他们对当时美国教育中存在的"科学主义"不满，抨击了忽视学生主体性、个性和价值的教学模式和教学观念，并提出教育应该从学生的心理需要出发，尊重学生个性、发挥学生潜能、培养学生创造性，明确教育的宗旨是培养一个健康、充实、快乐的人。罗杰斯在其专著《学习的自由》中系统阐述了人本主义学习理论，对当时的教育界产生较大影响。时至今日，虽然时间已经走过半个多世纪，但人本主义学习理论的核心理念仍具有活泼的生命力和实践的魅力。

人本主义学习理论内容丰富，但总结起来，大致可分为三个层面。第一，以学习者为中心，学习的主体是学生，学生的全面发展是学习的中心任务。学习者的学习究竟是为了实现什么，这是学习理论中的关键性问题。人本主义学习理论认为，学习要能够促进学习者的个性发展和潜能发挥，从而达到使学习者快乐学习、自主学习、创造性学习的目的。第二，对学习者有意义的学习才是有价值的学习。人本主义学习理论的创立者和支持者们坚持，学习应该分为有意义学习和无意义学习两类，无意义学习指的是不涉及感情或者个人意义，只是单纯的知识增长和经验的积累。与无意义学习形成鲜明对照的是有意义学习，它强调的是学习者作为"完整的人"的学习，学习者全身心投入学习过程中的学习才是有意义学习。第三，创设适当的环境是有意义学习的重要条件。学习需要在一定的环境或者条件中进行，"教师营造一种自由、民主、和谐、融洽的充满着真诚关爱的学习氛围"① 是创设出有意义学习的条件。在人本主义学习理论中，教师需要重新审视自我定位，给自己的角色需要来一个 180° 的大转弯。

根据人本主义学习理论的核心精神，大学生文化自信培育可以在具体教

---

① 李瑞清. 人本主义学习理论在思想政治理论课教学中的合理取舍 [J]. 高教探索，2019（4）：5.

学实施过程中做出相应调整。针对"以学习者为中心",混合式教学应看到学生的个性化差异,尊重个体差异,关注每个学习者的个性发展,注重调动学习者的学习热情和学习的积极性,给学生们提供充分的自我学习和自我发展空间,让学生能够有机会实现自我,避免"一刀切"或者"一根竹竿打到底",挖掘学习个体的可能性与潜力。此外,大学生文化自信培育应把着力点放在为学习者创造有意义学习的条件的工作中来。在教学中以现代技术为支持的各类网络视频、音频等不同格式的各类学习资源都可以"为我所用",学习资源不再局限于书本,学习的基础条件已有大幅度提升,在此情况下,大学生文化自信培育应做好资源管理和优化配置,保障学习者的自主选择合适、合理、科学、优质。同时,混合式教学应利用网络软件和社交工具的创新发展与方便快捷的极大优势,为各类互动和知识的共享创造更多可能性,实现教师与学习者达到真正的、心灵上的沟通与对话,获得教学反馈,进而不断地反思,不断地改进自己的教学,从而为学习者提供适度的、可靠的、有效的指导,让学习者能够充分体现出自己的主动性和创造性。

3. 教育传播理论

教育传播理论是关于教育技术的一种基础性理论,"是教育技术学的重要理论基础之一,为专业发展提供了坚实的理论支撑"①。它主要从教育传播学的理论出发研究教育的整个过程。20 世纪 50 年代,随着电子媒体的发展及其在教育教学中的逐渐运用,教育传播理论进入人们的研究视野。这一时期探讨的重点主要在于教育媒体的特性、功能和效能上。20 世纪 60 年代后,系统论和传播理论研究取得长足进展,使得教育传播理论的研究走向多元化、深入化,更加偏重于整体性研究,尤其重视对原则与方法、过程与模式的研究,而过程研究又是重点中的重点。20 世纪 70 年代以来,新的学习理论日益影响教育传播理论的研究,促使教育传播理论研究进入了一个新的发展阶段。这一时期,研究者把研究重点放在了教育传播过程的优化设计上,

---

① 南国农. 教育传播学研究:一个需要关注的领域 [J]. 华南师范大学学报 (社会科学版),2009 (01):98.

认为要加强教育传播效果，必须以实现教育传播过程最优化为目标，对教育传播过程的每一个环节进行全面分析，精心设计。20世纪80年代后，教育传播理论开始传入我国，最先引入教育传播理论是在1982年，华南师范大学举办的教育传播理论讲习班，当时邀请了美国传播学的创建者韦尔伯博士和香港中文大学传播学讲座教授余业鲁先生担任主讲，介绍的内容主要是现代媒体教学的理论与实践，怎样克服教育科技的阻力等。随着教育科技的快速发展，教育传播理论的研究不断向纵深推进，并更好地指导现代教育教学创新实践。

教育传播理论所涉及的面向比较多，但理论脉络是比较清晰的，大体上包括"教育传播过程和模式的理论、教育传播信息理论、教育传播符号理论、教育传播媒体理论以及教育传播效果理论"[1]。教育传播过程是从教师教到学生学的过程，教—学的过程是一个系统，构成整个教育系统的子系统。教育传播信息是教育内容，依靠教育者、受教育者、信息载体和信息传播途径进行传递，是保证教育者与受教育者双方沟通的关键。教育传播信息理论认为，传播信息的优化原则主要有明确性，即教学目的明确，传播信息的符号意义明确；易接受性，即使学生便于接受；适量性，即传授知识量要恰当；可记忆性，即有利于长时记忆；实行多通道传递；适当的重复，尤其是难点、重点，更应加深印象。媒体是师生之间沟通的媒介，所谓传播媒介，指的是"存储和传递信息的实体，也可以看作实现信息从信源传递到受传者的一切技术手段"[2]。离开了传播媒体，教育信息的传递是几乎不可能的。教育传播理论认为，媒体必须合理使用，不是在一堂课上使用媒体愈多愈好，更不是去炫耀先进媒体。选用媒体要遵循服从教学需要、谋取最佳效果和讲究综合使用三项原则。教育传播效果包括学生知识的增长、技能的掌握和品德的变化。在教育传播理论中，提升教育传播效果必须重视信息源的质量、

---

① 李运林，曾艳. 教育传播理论是教育技术的基本理论 [J]. 电化教育研究，2016（1）：4.

② 南国农，李运林. 教育传播学 [M]. 北京：高等教育出版社，2005：36.

受教育者的主体作用、媒体的畅通、系统设计传播过程。

教育传播理论对高校思想政治理论课混合式教学有着直接的指导意义，尤其是在新媒体新技术的使用方面。不同的教育信息会以不同的方式传播，教育传播理论中"媒体是人体的延伸"理论指出了传播媒介在教育领域里的重要性。在混合式教学的在线学习过程中，多种在线学习软件和技术的发展为教育信息传播创造了条件。教育传播在两个有机体，即信息发送者教师和信息接收者学生之间进行。教师和学生之间是有空间距离的，这就需要用某种方法把它们联结在一起。信息、通信、媒介、工具等都是传播过程中的要素，广播、电视、电脑等各种信息化设备也都是教育传播的载体。新媒体新技术重要意义在于，它保障了信息以更为有效的方式在教育者和受教育者间传递，空前拓宽了受教育者的认知视野，从根本上革新了受教育者的思维模式，从而促使他们学会学习，真正实现了对学习的最优化。此外，教育传播理论中的"媒体选择定律"是混合式教学过程中媒介选择的重要指导原则。面对众多的新媒体新技术，如何从这些不同的媒介中做出正确的选择是教学过程实施的前提和质量提升的保证。根据教育传播理论，教育者和受教育者要能够对不同的学习媒介有一定了解，遵循服从教学需要、谋取最佳效果和讲究综合使用的"三原则"，并根据媒介特征及自身学习需求做出最适合自己的选择，能够将教育媒体的效能与成本结合起来，在保证教育效果的前提下尽可能降低成本。从而切实使新媒体新技术在大学生文化自信培育教学中"发光发热"，发挥出其特有的比较优势，使其"新"出高度，"好"出层次。

4. 掌握学习理论

掌握学习理论是美国著名教育学家、心理学家本杰明·布卢姆提出来的一种基于行为主义理论的教学模式。他于20世纪60年代提出了掌握式学习理论，随后开始被教育界倡导。自20世纪60年代以来，终身教育理念不断发展并被人们接受。学生的全面发展，学生的情感、态度和价值观也受到更多关注。于是一些心理学家强烈批评当时甚为流行的行为主义心理学过分关注实验方法，而太少关注人类情感体验，从而忽视了人之所以为人的最本质的东西的弊端。而且当时的美国正致力于教育改革，然而不论是创造更多的教育机会还是扩大对教育的经济资助，对改善每个学生的教育并无多大的效果，特别是"我们考虑课程时确实很少关心到它对所有学生的继续学习能有什么贡献"①，因此找到一条提升教学质量的明路成为迫切的任务。布卢姆的掌握学习理论就是在这样的社会大背景下应运而生。

所谓的"掌握学习"，就是在"大多数学生都能掌握"的学习理念指导下，以集体教学为基础，辅之以经常、及时的反馈，为学生提供所需的个别化的帮助以及所需的额外学习时间，从而使大多数学生达到教学目标所规定的掌握标准。这种理论的实施核心包含了五种相关变量的控制。第一，学习时间。布卢姆认为，时间量的安排是学生达到掌握水平的关键，如果学生有充足的时间去学习，则大多数人都能够达到掌握的水平。第二，学习毅力。毅力是学生愿意花在学习上的时间，与兴趣和态度有关。如果学生的学习不断获得成功，学生将会愿意在学习上花费更多时间，反之，学习意愿就会减少。第三，教学质量。教学的质量指教学各要素的呈现、解释和排列程序与学生实际状况相适的程度。由于个体差异性，学生对学习有不同需求，需要找到一种合理"程序"，适应学生的实际。第四，理解教学的能力。理解教学的能力是学生理解某一学习任务的性质和他在该学习任务中所应遵循的程序的能力。只有改进教学，如通过小组交流、个别对待、有效地解释教科书、有效地运用视听方法和学习性游戏等系列教学才能使每一个学生提高水平，并发展其理解教学的能力。第五，能力倾向。能力倾向指的是学生掌握一定的学习材料所需要的时间量。布卢姆认为，通过改变环境和外在条件，学生的能力倾向是可以被改变的。

概括起来说，布卢姆反对传统的观念，号召"我们必须转变对学生及其

---

① 林永柏. 布卢姆掌握学习理论学生观评介 [J]. 外国教育研究，1993（2）：23-26.

学习的态度的看法"①。他认为教师给学生的指导是不均等的，只有班上三分之一的学生能得到长期的关注，从而促使了他们优异的学习成绩。大多数的学生成绩不好并不是由于智力低下而造成的，只是由于在学习过程中长期积累的疑问与失误没有得到正确的帮助和解决而造成的。他认为大部分学生学习成绩的差异归因于他们学习条件以及学习速度的差异。掌握学习理论指出学生只要有充足的学习时间并且得到适当的学习指导，"最大限度地挖掘每位学生的发展潜力，几乎每位学生都能完全掌握学习任务，教学应当使大部分学生都能掌握学习内容"②，布卢姆强调面向全体学生，满足每一个学生的学习需要，帮助全体学生达成学习目标。掌握学习关注学生的个别化差异，为不同的学生选择适合的学习材料，给予个别化帮助及指导。此外，布卢姆认为"当学生掌握了一门学科并得到了客观与主观的认可，那么学生的自我观念以及对外部世界的看法都会发生深刻的变化"③。因此主张学生之间的相互合作学习，以及师生之间的积极交流，为学生的"自我观念"的塑造铺路。

　　掌握学习理论对于大学生文化自信培育的实施有着重要指导意义。在混合式教学过程中，学生以教师提供的视频等学习材料为线索，根据自己的学习情况合理安排并适时调节学习进度，由易到难，逐步递进，明确自己的学习水平，突破难点，获得进步。混合式教学有一个突出的优点，即保证教师能够有足够的时间和精力与学生交流互动。师生的交流互动是控制学习时间、改变能力倾向的重要步骤。在这一过程中，教师给予学生鼓励、奖赏等，学生可以得到更多来自教师、同学、自我的强化，从而不断激发学习积极性，使得学生能够以更专注、更热情、更全面的情绪投入学习中。根据掌

---

① ［美］本杰明·S. 布卢姆等著. 布卢姆掌握学习论文集［M］. 福州：福建教育出版社，1986：5.
② ［美］B. S. 布卢姆等著. 教育评价［M］. 邱渊，王钢，夏孝川，等译. 上海：华东师范大学出版社，1987：64.
③ ［美］本杰明·S. 布卢姆等著. 布卢姆掌握学习论文集［M］. 福州：福建教育出版社，1986：95.

握学习理论，在混合式教学过程中，教师应随时根据学生整体的学习情况、学生个体的学习情况及学生的需要做出适时的调节和指导，随时与学生交流讨论，随时给予学生反馈与纠正。教师应该把学习的主动权让渡给学生，允许学生调整自己学习的步调，按照自己能够适应的节奏进行个性化学习，从而达到较高水平的"掌握"。

5. 行为主义学习理论

行为主义学习理论在 20 世纪初期由美国心理学家约翰·华生创立，之后在格思里、赫尔、桑代克、斯金纳等学者的研究下，将行为主义学习理论推向了高峰，风靡全球。华生在巴甫洛夫条件反射理论的基础上建立了行为主义心理学，主张心理学应摈弃主观的东西，只研究能够观察到的刺激和反应。华生认为人类的行为都是后天习得的，环境决定了一个人的行为模式，认为查明了环境刺激与行为反应之间的规律性关系，就能根据刺激预知反应推断刺激，或根据反应达到预测并控制动物和人的行为的目的。华生把外在环境及其影响放在极为重要的地位，甚至坚信环境影响人的一切行为的形成。此外，行为主义学习理论特别强调教学要适应学习者个别化特征的需要，在学习者明确学习要求和内容的基础上，注重发挥每一个学习者的学习自主性，力求让所有的学生都能掌握所学的知识和技能，因此根据行为主义学习理论，"只有实施个别化教学才能促进学习者有效学习"①。这些理论观点对大学生文化自信培育的个性化学习具有不可忽视的参考价值。

将行为主义学习理论运用在大学生文化自信培育教学实践上，就是要求教学过程中为学生创设一种学习的环境。学生所学到的知识都是后天习得的，因此学生会根据受到的外界环境的刺激而产生新的行为，无论是正常的行为还是病态的行为都是可以通过学习从而强化或者减弱甚至消除的。在混合式教学中，教师要站在一定的高度上，更多掌握塑造和矫正学生的行为的方法，从而尽可能对学生的正常和出色的行为进行强化，对不适合的行为进

---

① 张军凤. 有效学习：基于行为主义学习理论［J］. 天津市教科院学报，2012（4）：3.

行减弱和消除。另外，斯金纳认为教学目标必须越精细越准确为好，教学过程要更加关注怎样教，因为学生所学到的最终知识是教师设计的教学过程产生的刺激而获得的。在教学方法上必须要注意三点，第一，学习的资料要小部分进行呈现；第二，教师要立刻对学生的反应给予反馈；第三，学生要能自我掌控学习的进度、深度。

行为主义学习理论代表人物斯金纳还重视程序教学，要求根据程序教学法原则编制学习材料，确保学习材料灵活多样，使学习者可以根据自己的实际需要选用。这样学习者能够在自我了解的前提下，自定学习步调，根据自己的学习需求和特点控制教学过程。教师在这个过程中扮演"强化者"的角色，应注意设计及时的反馈，让学习者在使用时能及时知道自己学习、练习的结果，获得正确的答案。大学生文化自信培育教学以线上线下两种教学手段、两个教育空间相结合的形式开展，保障了教学过程的完整性、个性化和多元性。把学习的选择权利下沉到学习者，使学习者自选节奏是创新教学的一大优点。线上学习部分将知识切割成小块，学习重难点各有针对性教学，个性化十分鲜明。线上向教师提问几乎都会在很短的时间内得到答复，教师与学生之间的交流互动加强，教师的"强化"作用得到更大程度发挥，教学效果在内容、手段和环境优化过程中得到提升，这些是行为主义学习理论的价值所在。

6. 联通主义学习理论

联通主义理论是乔治·西蒙斯 2004 年在《联通主义：数字时代的一种学习理论》（*Connectivism: A Learning Theory for the Digital Age*）一文中提出的有关学习方面的理论。此后，西蒙斯一直致力于联通主义学习理论的研究和体系建构。2005 年发表了《联通主义：学习即网络创建》一文阐述其学习观，2006 年出版专著《知晓知识》阐述其知识观，2011 年在博士论文《定向：分布式网络信息环境中的寻径和意会》中提出了联通主义学习发生的两大关键，即寻径和意会。联通主义学习理论的另一个代表人物斯蒂芬·唐斯的主要研究成果散见于其博客文章中，其研究主要包括"《联通化知识简介》，该文首次提出了联通化知识一词；《实践中的学习网络》该文阐述了网络具有多样性、自主性、联通性和开放性特征；《什么是联通主义》，该文着重阐述了联通主义；《可去之处：联通主义和联通化知识》和电子版博客集《联通主义和联通化知识——关于意义和学习网络的文章》"①。在他们的努力之下，联通主义学习理论的观点已经相对成熟。

联通主义学习理论的观点相对比较分散，涉及的面也比较多，进行系统性梳理是不容易的。但它从全新的角度提出了解释开放、复杂、快速变化、信息大爆炸时代学习如何发生的问题，是 Web 2.0、社会媒体等技术以及知识更新速度日益加剧背景下催生出的重要学习理论，契合了当前的时代特征和知识特性。是众多基于现代技术进行改革创新的新教育模式、新学习模式的重要理论来源。其主要内容已对数字时代的学习产生了不可低估的影响。联通主义学习理论把学习放在信息化、网络化社会结构的变迁中，西蒙斯认为学习是在知识网络结构中一种关系和节点的重构和建立，"学习是联结的过程"②。斯蒂芬·唐斯认为，联通主义理论把学习看作是网络的形成过程，强调在网络中学习，并利用网络来支持学习。"学习是网络现象，受到社交、技术、多样性、联结强度、学习环境的影响、支持和强化"③，因而突出信息网络及依据信息网络的特点和变化做出选择和决策的意义。通过理论梳理，可以对联通主义学习理论的本质进行这样概括："联通主义学习是个体学习和群体学习相结合的学习。"④ 它强调学习者要建立自己的知识背景、经验和学习内容之间的联结。同时，每个学习者都有自己独特的视角，通过在多种媒体技术支持的空间中与其他学习者之间的持续的交流互动，把这些视角组合起来，从而形成整体性"联结"，对学习起到强化目的。

---

① 王志军，陈丽. 联通主义学习理论及其最新进展 [J]. 开放教育研究，2014，20 (5)：18.

② SIEMENS G. Connectivism：A Learning Theory for the Digital Age [J]. Instructional Journal of Instructional Technology & Distance learning，2005，2 (1)：3-10.

③ 许涛. 试析联通主义慕课的理论与实践 [J]. 比较教育研究，2016 (10).

④ 王志军，刘璐，杨阳. 联通主义学习行为分析方法体系研究 [J]. 开放教育研究，2019，25 (4)：18-30.

第二章 新时代大学生文化自信培育的要素构成

分析要素构成，即厘清目标方向、基本原则和主要内容，是新时代大学生文化自信培育的前提。明确目标方向确保新时代大学生文化自信培育精准施策，遵守基本原则保障新时代大学生文化自信培育不走样，界定主要内容使新时代大学生文化自信培育取之有材、行之有据。

一、新时代大学生文化自信培育的目标方向

（一）形成科学的文化认知

认知是指人们认识活动的过程，即个体对感觉信号接收、检测、转换、简约、合成、编码、储存、提取、重建、概念形成、判断和问题解决的信息加工处理过程。认知是通过心理活动，如形成概念、知觉、判断或想象等方式获取知识。认知常常与情感和意志相对应，它是形成情感认同和坚定意志的前提。一定程度上说，认知更多属于理性范畴，是客体作用于主体产生的概念。据此来说，文化认知是指主体对作为对象的文化的认识、知觉和判断。只有对文化产生了相当程度的认知，才有可能形成情感认同，进而也才有可能在实践中转化为意志。大学生文化自信培育首先必须从增强大学生对文化的认知开始。新时代大学生生活在文化丰沃的而不是贫瘠的时代，但繁必致乱，形成科学的文化认知是新时代大学生文化自信培育首要的目标。

当今时代正处于百年未有之大变局中，"世界多极化、经济全球化、文

化多样化、社会信息化深入发展，人类社会充满希望"①，世界形势的丰富性催生了思想文化的复杂性。在全球化和信息化等影响下，这个世界，各国相互联系、相互依存的程度空前加深，"人类生活在同一个地球村里，生活在历史和现实交汇的同一个时空里，越来越成为你中有我、我中有你的命运共同体"②。在这个命运共同体中，合作是主题，但冲突对抗也是新常态。在冲突对抗各个场域中，文化冲突最具隐蔽性，也最具持久性和危害性。正所谓"欲亡人之国者，必先亡其史"，所强调的就是文化的决定性意义。世界大势变化之下的没有硝烟的文化战深刻影响着人们的思想观念和价值取向，特别是对青年大学生有着最为直接且深入的影响，守得住本民族传统文化则能守得住民族的根，反之，如果对本民族传统文化错误认知，则将面临民族存亡的问题。这一困境彰显出新时代大学生文化自信培育以及形成科学的文化认知的必要性。

具体来说，文化观念会对人所形成的认知和习惯产生影响，通过左右人们的判断而形成认知定式。定式有惯性优势，但劣势惯性有害却难以消除。这种因为习惯、观念而形成的认知定式通常根深蒂固，不以个人的意志力而转变。青年大学生因其身心特点，观念具有易变性和不易改变的双重矛盾，这个矛盾外显为一面易受蛊惑，一面固执己见。就文化来说，当今世界形势前所未有的复杂，多元文化不断冲击，文化作用下的价值观念交织碰撞，形成了冲突激烈的文化场。在这个文化场中，中国传统文化呈现出弱化的趋势，中国特色社会主义文化虽不断获得发展，但在国际文化竞争中并未有优势地位。随着改革开放的大门越开越大，外来文化充斥文化市场，许多新文化不断冲击着人们的思维方式，影响着人们的行为趋向。大学生这一群体作为中国的新生代青年，深受西方文化影响，乃至于产生了"外国的月亮更

---

① 习近平. 深化文明交流互鉴 共建亚洲命运共同体——在亚洲文明对话大会开幕式上的主旨演讲 [N]. 人民日报，2019-05-16（02）.

② 习近平. 顺应时代前进潮流 促进世界和平发展——在莫斯科国际关系学院的演讲 [N]. 人民日报，2013-03-24（02）.

圆"的文化认知。这种认知离不开生活中洋文化潜移默化的影响。这种潜移默化的思想传播随着时间的流逝会影响到一代又一代青年大学生的认知。而作为中华文化最具代表性的传统文化以及中国特色社会主义先进文化却在这一趋势下略显黯淡，少数的大学生并不了解中华传统文化和社会主义先进文化，还缺乏了解的途径与方式，甚至文化学习能力也较匮乏。我们应培养大学生形成正确的文化认知，这是大学生文化自信培育目标所要解决的首要问题，要树立文化自信，就必须要让大学生形成正确的文化认知。

需要指出的是，形成大学生科学的文化认知，是以正确认识中华优秀传统文化、革命文化和中国特色社会主义先进文化为前提，由此形成文化自信。所谓的"科学的文化认知"指的是认识到自己本民族传统文化的优势，是民族自豪感和民族自尊心在文化层面的体现。但这并不意味着排斥和抵触西方文化，不是说自己的都是好的，外来的文化都是不好的，这是文化自傲而不是文化自信。科学的文化认知要求我们要保持清醒的头脑，正确认识西方文化、外来文化。我们既要了解西方文化的底蕴，也要学习传统文化的精髓。在外来文化与传统文化的冲击中，我们既要看到外来文化合理的地方，也要认识到外来文化的不足之处或者说与我们不相适宜的地方。在学习传统文化中，既要保持弘扬我们的优秀文化传统，又要看到自身文化的欠缺。只有全方位、多视角，用正确的眼光去看待外来文化与传统文化，才能形成正确的文化认知，才能避免头重脚轻、一边倒、极端主义等错误文化认知的形成。

（二）树立浓厚的文化情感

文化情感是理性的文化认知基础上的情感激发，它是形成文化自信的重要环节和必要步骤，没有感性基础上的文化激情，就谈不上坚定的文化自信。新时代大学生文化自信培育，要做好文化情感培育工作。情感是指人类或动物对外界事物或他人的态度和情感体验。它是一种主观感受，包括喜欢、厌恶、爱、恨、快乐、悲伤、焦虑、愤怒等多种情绪状态和心理状态。情感是人类和动物行为中的重要因素，它可以影响个体的行为和决策，也可以帮助个体与他人建立深层次的社交联系，进而影响社会和群体的行为和决策。情感的产生和表达受到多种因素的影响，例如，文化、经验、遗传、环境等，是几乎所有人类文化和社会活动的核心。情感是人对客观事物是否满足自己的需要而产生的态度体验。从这个概念出发，文化情感指的是人对于文化是否满足自己的需要而产生的态度体验。也就是说，文化满足了主体的需要，则会产生积极的文化情感；文化未能满足主体的需要，则不能产生积极的文化情感或者产生消极的文化情感。

从概念可以清楚看出，文化情感在形成文化自信过程中发挥着极为重要的作用。只有文化满足了大学生的需要或者契合了大学生的情感，作为认知主体的大学生才会对文化产生亲近感，进而产生敬服感，文化自信由此而生。可以说，正确的文化认知是形成情感认同的基础，真挚的情感文化认同也离不开深刻的认知向导。如果说文化认知是对文化的了解、认识，那文化认同则是在认知基础上更深一层的情感坚守。科学的文化认知是理性层面的行为，这种行为会导向批判，批判是珍贵的科学精神，但这对于文化自信还是不够的。文化自信必须建立在感性的"情感喷发"基础上。近年来，"国潮""中国红"在大学生中风靡，掀起了一股文化自信浪潮，不少青年大学生穿具有传统文化和红色文化元素的衣服，使用具有传统文化和红色文化标志的产品，文化自信正以不可阻挡的势头在青年大学生心里生根发芽，"厉害了我的国"口号就是一种文化自信的隐喻。

当然，就其规律来说，文化情感的培育实际上是并不容易的。情感来自感性的激发，易激发则也易消退。这一矛盾体现为情感喷发时感觉对本民族传统文化充满了自豪感，情感消退时对本民族传统文化又会产生怀疑，特别是在外来先进文化的冲击下，容易产生文化自卑。所以，新时代大学生文化自信培育的难点不在于激发大学生对传统文化、革命文化和中国特色社会主义先进文化的情感，这是容易的，问题的关键在于形成文化情感的稳定性。大学生具有强烈的猎奇心理，其行为往往出于"有意思""挺好玩""赶潮流"，潮流一过很多东西就变得不好玩儿了。比如，近几年流行的"汉服"

"旗袍""马面裙",这些对所谓的传统服饰的推崇,常常只不过是形式主义,借着传统元素吸引眼球,获取一些热度。他们并不了解这些服饰的来源、服饰创造的历史背景以及这些服饰的内在文化,这种文化情感认同通常是形式上的情感认同,并没有深厚的文化底蕴,也没有设身处地地去将内心情感与文化归属感融为一体,热度不在,情感也就失去依凭。

从这个维度来说,培养大学生树立浓厚的文化情感,形成基于稳定情感的文化认同是困难重重的,在相当长一段时间内任务艰巨。知识易学,而情感难成;情感可成,但稳定性未能获得保障。文化认同像一条纽带一样联结着文化与情感两端,饱含情感的文化认同感才是真正意义上的文化自豪感、文化归属感。培养文化自信最重要的是要有本民族的文化认同感、文化自豪感。因此,仅仅形式意义上的文化认同感远不能提高大学生的文化自信,只有从内心深处发出的对文化浓厚的情感认同,才能从真正意义上树立大学生文化自信心。新时代大学生文化自信培育要在不断探索过程中,朝着树立大学生浓厚的稳定的文化情感目标而努力。

(三) 塑造鲜明的文化态度

文化认知和文化情感是大学生形成文化自信的必不可少的环节,准确地说,科学的文化认知是理性前提,稳定的文化情感是感性动力,两者缺一不可。但我们不能忽视的是,鲜明的文化态度是不可或缺的重要保障。没有一个正确的文化态度,文化自信是无从谈起的,甚至科学的文化认知都是没有依托的,更毋论稳定的积极的文化情感的形成了。从这个角度说,文化态度是文化自信的逻辑起点,或者说是逻辑起点中的一个。所谓的文化态度,指的是对某种文化的看法以及由此表现出的情感倾向和行为暗示。如对传统文化态度积极正向,则情感上就会倾向于认同,学习和践行的意向也就更强;对传统文化态度消极负面,则会排斥接触抑或质疑、诋毁。新文化运动时期的部分活动家因受西方资产阶级自由、民主思想影响,在情感上消极看待中国传统文化,特别是儒家文化,因而掀起了强烈的文化批判主义,儒家文化遭到严厉批判,文化自信荡然无存。

在各种文化的碰撞日趋频繁的今天，中国所面对的现实是新的文化概念不断传入，传统文化或者旧的文化概念时时有人提起，其间的竞争对抗、交融磨合无时不有无处不在，并衍生出无数前所未有的崭新文化命题和概念体系。而且这些新命题、新概念正在越来越深刻地影响到社会的方方面面。在这个复杂多变的背景下，对待新旧各类文化现象的态度理性与否以及理解深浅问题，每个人都无从回避。文化问题往往没有标准答案，承认价值的多元化符合文化发展的规律，允许百家争鸣也无可挑剔，但这并不代表对待文化现象就不存在相对理性、正确的态度。特别是在群体的意义上，普遍的文化态度确实存在而且很重要。应该看到，一个社会成员的普遍文化态度，往往决定了该社会凝聚力、向心力、发展能力甚至发展方向，一个文化态度普遍落后的社会难以成为竞争中的胜利者；而如果在文化理解方面普遍较为偏激，更有可能给社会带来诸多不利影响。

以传统文化为例，近些年，两相扞格的文化态度在社会中彼此交锋，造成了令人眼花缭乱的文化战场。有人认为以儒学为重要代表的国学和以国学为核心价值的中国文化，是一项更适合人类进化的文化选择，被种种矛盾困扰的现代社会，应该重新接受儒家文化的启蒙，重新发现孔子的价值。但另外一些人则认为，要承接和发展现代文明，孔子的思想枷锁必须被打破，并称儒家只会麻痹精神。在文化元素大乱斗的时代背景下，小到对儒学、对读经，大到对国学热、对传统文化价值的发掘，有人拼命添柴加火，有人则不遗余力地大泼冷水。与一些文化大国国民对自身文化普遍较为自信的心态不同，中国人对自身的传统文化充满了困惑、疑虑和争执。这种矛盾心态还表现在很多方面：一部分人对传统敝帚自珍，另一部分人却对传统有着切齿之恨。一方面，一部分人试图处处"洋化"；另一方面，又有一部分人大力"古化"。中国人既怀疑中国文化的现实功用，又担心其被侵袭、被西化；既抱着对传统的自信和优越感不放，又缺乏对自身文化的理解和阐释能力。这可以称之为"文化态度的分裂"。

近几年，文化态度的分裂趋势有所遏制，越来越多的人对本民族传统文化开始产生情感认同，但对于本民族传统文化的态度上的矛盾纠结问题并没有得到解决。这个问题在青年大学生身上也有明显体现。一方面，随着知识的不断增加，理性思维能力越来越强，青年大学生认识到本民族传统文化的优势和独特的表现形式，在态度上认同应该保护传承发展本民族传统文化；另一方面，受多种因素影响，特别是西方强势文化通过影视、书籍、音乐、书画等方式进行渗透，青年大学生又不自觉会怀疑本民族传统文化的优势力。这一"怀疑"背后的逻辑是实用主义，即为什么具有特殊优势的本民族传统文化没有带来当代文化的强势地位。在实用主义思维和理性思维下，青年大学生的文化态度反复横跳，成为新时代大学生文化自信培育主要的阻碍因素。

因之，大学生文化自信培育要把塑造鲜明的文化态度作为一项必须解决好的工作，花大力气"牵牛鼻子"，把"好钢用在刀刃上"。对外来文化的态度，我们要尊重彼此的文化，以平等的态度进行交流与对话，是与其他民族和国家的人民友好交往的基本前提。我们应以一种世界的、开放的眼光，尊重每个民族传统文化的传统和个性，促进世界各族文化的共同繁荣和发展。我们应以开放的心胸、理解和尊重的态度，与不同国家和地区的人交往。提高对其他文化的鉴赏能力。以客观、平等的态度，尊重因文化不同而导致的行为方式的差异，积极探索有效的沟通技巧。对待外来文化我们不盲目推崇，但也不全盘否定，我们支持传统文化并不代表我们排斥、抵制外来文化，搞"一国文化"论，而是对外来文化保持清醒的头脑、有所取舍，这就要求我们既要看到外来文化的合理之处，也要看到外来文化的腐朽之处，取其合理，舍其腐朽。如果能够将外来文化的"精华"之处融入中华传统文化中，形成文化的"结晶"，造福于人类，那也是值得推崇的。

对待传统文化的正确态度是文化自信培育的根本的思想前提。我们既要承认世界文化的多样性，又要尊重民族传统文化的差异性。我们的文化自信并不是盲目的自信，而是建立在博大精深文化基础上的自信，而这些博大精深的文化就源于中华上下五千年中的传统文化。传统文化有值得我们继承和发扬的一面，但也有一些需要我们摒弃的落后的一面。对待传统文化的态度，我们要"取其精华，去其糟粕"。任何一个民族在传承历史文化的过程中，一是要与时俱变，抛弃严重落后于时代的糟粕，对于不符合时代的文化应该在实践中检验并进行筛选；二是要根据时代的发展而传承与创新，进行创造性转化和创新性发展。但是传承不等于全盘受纳，发展不能离经背道。我们要用辩证的眼光去对待传统文化，在发展中去全面认识它。科学的、鲜明的态度有助于形成大学生坚定的文化自信。

（四）谱写积极的文化实践

马克思主义实践观告诉我们，实践是社会关系形成的基础，实践形成了社会生活的基本领域，实践构成了社会发展的动力。实践是一切意识和行动的依据。实践决定认识，实践也检验着一切事物的真理性。习近平总书记强调："时代是思想之母，实践是理论之源。"① 一切划时代的理论，都是满足时代需要的产物。用以观察时代、把握时代、引领时代的理论，必须反映时代的声音，绝不能脱离所在时代的实践，必须不断总结实践经验，将其凝结成时代的思想精华。理论创新是实践基础上的理论创新，而不是无凭无据的空想，必须坚持在实践中发现真理、发展真理，用实践来实现真理、检验真理。从实践论出发，文化实践是大学生形成文化自信的逻辑旨归，也是实现坚定的文化意志的桥梁。落实到实践中的文化自信才是真正的文化自信，经得起实践反复检验的文化自信才是持久稳定的文化自信。

科学的文化认知是理性基础，鲜明的积极的文化态度是逻辑前提，但光有这些是不够的，真正实现文化认同，进而产生坚定的文化自信，需要诉诸文化实践。在把文化自信作为文化主心骨的前提下，更重要更关键的一步是在大学生群体中形成积极的文化践行。大学生作为新一代青年却很难担当起重建文化自信这一重任，主要原因在于当代大学生文化实践的缺失。徒有理论，却缺乏实际行动。当代大学生中的确存在着"口说爱国""键盘自信"

---

① 习近平. 不断深化对党的理论创新的规律性认识 在新时代新征程上取得更为丰硕的理论创新成果［N］. 人民日报，2023-07-02（01）.

的问题，嘴上说自己对本民族传统文化是充满自信的，坚决愿意保护和传承传统文化、革命文化和社会主义先进文化，但行动上却迟滞不前，出现心口不一、言行相悖的文化性格矛盾。未到实践中去，便不能直观感受文化优势的冲击力，未能有在文化实践中获得的心理震撼，便很难产生文化认同。因此，要引导大学生进行积极的文化践行。

积极文化实践的前提是正确的文化理论的指导，而正确的文化理论需要继续弘扬和发展中华优秀传统文化，继续坚持和践行社会主义核心价值观体系，积极借鉴和吸收世界有益的文明成果。将优秀的文明成果应用到实际的文化实践中，尤其要发扬民族精神和时代精神。当前，文化已经成为衡量国家综合国力的重要指标和增强国家国际竞争力的重要手段，培养大学生的文化创新力，不断推进文化内容形式、传播方式以及体制机制创新，创造出具有强大生命力的文化产品，才能不断满足人民日益增长的精神文化需求。时代在召唤年轻人去肩负新的历史使命，青年大学生应当保持着对国家和人民高度负责的精神，增强责任感、使命感，把握难得机遇，义不容辞地承担起振兴中华文化、迎接新挑战的重任，成为社会主义文化建设的中坚力量，为增强我国文化软实力实现中华民族百年文化强国梦做出贡献，自觉努力成为中国特色社会主义建设的实践者。

二、新时代大学生文化自信培育的基本原则

（一）主导性和主体性相统一

从教育层面来说，大学生文化自信培育者是教育过程的主导者，大学生群体是文化自信培育的对象，在教育过程中居于主体性地位。大学生文化自信培育不同于一般的知识性教育，它是知识教育、思想教育和情感教育的统一体，是一个复杂的系统性工程。在传统的知识教育中，教育者的绝对主导对于知识的传授有着天然的优势，虽然"灌输式""填鸭式"教育在近些年的教育界不断受到诟病。但对集知识、思想和情感于一身的文化自信培育来说，绝对主导是不占有绝大优势的，因为它突出了人的个体认知、意识、态

度、意志和行为选择，只有"人"被充分彰显，大学生文化自信培育才能具有内在动力。所以，新时代大学生文化自信培育必须在增强教育者的主导力的同时，张扬受教育者的主体性，构建主导者和主体者的和谐关系，坚持主导性和主体性的相统一的原则。实现主导性和主体性相统一，关键在于厘清培育者和培育对象的特征。

大学生文化自信培育者是一个丰富的范畴，包括思想政治理论课教师、辅导员（班主任）、专业课教师、社团指导老师、学校共青团等。培育者具有以下特征。第一，阶级性。我国的文化自信培育者承担着培育中国特色社会主义文化自信的重任，在于"引导大学生认清中国文化的当前态势"①。中国特色社会主义文化服务于无产阶级，服务于人民群众，其立场带有鲜明的阶级性，文化自信培育者作为中国特色社会主义文化的代言人和推动者，其立场彰显阶级性。第二，人文性。文化自信培育者不仅要知晓中国文化的源与流，还要涉猎世界其他民族的精神文化成果。此外，文化自信培育者是对教育对象的文化精神施加影响的人，不仅要具备扎实的文化功底，更要具备良好的文化修养，唯有如此才能担此重任。第三，实践性。文化自信培育者在文化自信培育实践活动中挑选文化自信培育对象、制定文化自信培育目标、构建文化自信培育内容、选择文化自信培育方法、营造文化自信培育环境，并时刻审视着文化自信培育活动，具有鲜明的实践性。第四，示范性。文化自信培育不是单向的理论教育，而是双向互动的实践过程，文化自信培育者作为文化自信培养教育实践活动的主体，其言行会对培育对象产生导向作用，因此，文化自信培育者必须具备坚实的文化自信，起到榜样示范作用。

大学生文化自信培育对象，即大学生群体具有复杂性。文化自信培育对象是活生生的人，人兼具思想性、实践性、自然性和社会性等特征，决定了人是十分深奥复杂的对象。此外，从人的成长来看，人的成长过程具有偶然

①　项久雨，吴海燕. 培育价值观自信与文化自信：当前大学生思想政治教育的着力点[J]. 思想理论教育，2016（10）：18-24.

性、多变性等特点，导致研究人的工作十分繁复。文化自信培育的目的是改变人的文化观，实现文化从不自信到自信的积极转变，思想文化作为精神世界研究的范畴，本就更为抽象，这两项因素综合起来使得文化自信培育对象具有复杂性的特点。文化自信培育对象的复杂性体现为文化自信培育对象的思想文化观点极容易受各种环境的影响，从而出现波动和反复的现象；文化自信培育对象的思想文化观点可以受主体的调控制约。此外，文化自信培育对象具有能动性。文化自信培育对象的能动性使文化自信培育活动不是"你说我听"的静态过程，而是"你我共建"的动态过程。首先，文化自信培育对象是文化自信的自我教育者。在文化自信培育过程中，文化自信培育对象挑选其乐于接受的内容和方法，并完成知情意信行的转化，整个过程只能依靠培育对象的能动性参与和建构。其次，文化自信培育对象是文化自信培育的反馈者。文化自信培育对象在文化自信培育实践活动中能把自己的感受和观点及时反馈给文化自信培育者，这些反馈意见是调整和完善文化自信培育实践的最有效信息。这表明文化自信培育对象不是被动式参与，而是主动参与。

新时代大学生文化自信培育就是要立足于培育者和培育对象的特征，从各自的实际出发，求同存异，找准两者之间的契合点，把培育者的阶级性、人文性、实践性、示范性融合起来，构建增强大学生文化自信培育引导力、组织力和管理力的合力，强化主导性。同时，从教育对象的复杂性出发，尊重和发掘其能动性，以"人"之属性凸显文化自信培育的主体价值。如此，大学生文化自信培育才是一个充满了人文关怀和人性光辉的育人过程，也才能实现教育目标的真正落地。

（二）历史性和时代性相统一

新时代大学生文化自信培育的主要内容包括中华优秀传统教育、"四个自信"教育、社会主义核心价值观教育、红色革命文化教育、中国特色社会主义先进文化教育等。它实现了时间维度上的纵向贯通，把几千年的中华民族发展史，特别是传统文化成就和近现代中国共产党人领导中国人民的伟大奋斗史，特别是文化积淀和精神谱系放在了同一个历史坐标系中。它体现了对历史文化的尊重、赓续、传承。当然，新时代大学生文化自信培育前有一个限定词——新时代，这要求大学生文化自信培育必须是新时代的，也就是立足于新时代的发展特点，体现新时代的发展要求，彰显新时代异于传统的现实价值。不难理解，新时代大学生文化自信培育是历史性和时代性的统一，是时空的有序有效对接。这体现在对历史文化继承基础上的创新发展、立足时代要求的与时俱进两个方面。

历史是现代的基石，现代是历史的映照，割裂历史不可取，固守传统同样不行。因此，文化自信是在继承基础上的创新，是在创新基础上的继承。文化自信有其深厚的文化渊源和理论基础。它坚持马克思主义理论的科学指导，源自五千年文明史中形成的中华优秀文化，凝练于革命战争时期形成的革命文化之中，发展于改革开放以来形成的先进文化，是在继承基础上的发展，是在发展基础上的创新。中华优秀传统文化中的崇仁爱、重民本、守诚信等思想，以及天人合一、刚健有为、自强不息、贵和尚中等基本精神。在新民主主义革命、社会主义革命和社会主义建设以及改革开放新时期形成的革命精神和时代精神，如伟大建党精神、长征精神、延安精神、西柏坡精神、抗美援朝精神、载人航天精神、抗洪抢险精神、伟大抗疫精神等，成为文化自信的重要来源和组成部分，文化自信就是在继承基础上，在立足于文化建设实践，应对时代吁求，解决时代发展课题的过程中不断发展完善。

创新是文化的本质特征，也是文化生生不息、世代赓续的原动力。正如习近平总书记反复强调的"担负起新的文化使命，坚定文化自信，秉持开放包容，坚持守正创新，激发全民族文化创新创造活力"①，创新意义非凡。一部人类文化发展史就是一部文化创新史。文化自信是在继承基础上的不断创新。在中华文明发展历史进程中延绵不绝、推陈出新。古代中国以创新、开放、包容的形象展现于世人面前。中国人的文化精神内核无论何时都是开

---

① 习近平. 更好担负起新的文化使命 为强国建设民族复兴注入强大精神力量 [N]. 人民日报，2023-06-08（01）.

放、宽容，并不断进步的，这与西方截然不同，因而成为伟大的中华民族的
独特优势。古代中国文化在多个方面的突出成绩塑造了中华民族无比的自
信。近代以来，民族危机不断加深，中华民族由文化自信转向文化自卑，民
族传统文化遭受三千年未有之危机。中国共产党的成立加快中华民族传统文
化复兴的伟大征程。改革开放以来，特别是党的十八大以来，综合国力显著
提升，中国日益走近世界舞台中央，中华民族"比历史上任何时期都更接近
中华民族伟大复兴的目标"①，文化自信提出正当其时。文化自信是在继承已
有成果上的与时俱进的成果，是紧跟时代发展、倾听群众心声、吸收文化建
设实践成果的创新。回顾历史，我们有坚实的文化根基；立足现实，我们有
强大的文化建设实践；展望未来，我们有光明的发展前景。文化自信就是在
继承基础上，接续创新发展。

物质决定意识，思想是对客观物质的经过主观改造的反映，这一改造过
程不是随心所欲的，而是在时代发展的框架内进行。任何思想都是特定时代
的产物，是时代精神的精华。文化自信是新时代背景下逐渐形成的。恩格斯
指出："任何时代的理论思维，包括我们时代的理论思维，都是一种历史产
物。"② 时代是思想之母，实践是理论之基。改革开放以来，中国特色社会主
义文化思想逐渐形成，党的十八大以来，文化自信日益成为国家发展的重要
议题，这一思想的提出是时代的呼声，是现实的需要。面对百年未有之大变
局，面临世界发展的"治理赤字、信任赤字、发展赤字、和平赤字"③，面
对我国在新时代发展过程中出现的新问题，"世界之变、时代之变、历史之
变"④ 给中国共产党人提出新课题，如何实现在危机中育新机，变局中开新

---

① 习近平．习近平在中国科学院第十九次院士大会、中国工程院第十四次院士大会上
的讲话［N］．人民日报，2018-05-29（02）．

② 中共中央马克思恩格斯列宁斯大林著作编译局．马克思恩格斯全集（第 26 卷）
［M］．北京：人民出版社，2007：499．

③ 习近平．同舟共济克时艰，命运与共创未来——在博鳌亚洲论坛 2021 年年会开幕式
上的视频主旨演讲［N］．人民日报，2021-04-21（02）．

④ 习近平．携手迎接挑战，合作开创未来——在博鳌亚洲论坛 2022 年年会开幕式上的
主旨演讲［N］．人民日报，2022-04-22（02）．

局，如何构建新发展格局，如何构建人类命运共同体等，这些问题的回答与解决最终落实到文化方面，需要实现传统文化创造创新，从优秀传统文化中汲取智慧、探寻方案，从革命文化中获得奋斗的勇气、坚忍不拔的精神，从先进文化中明确前进的方向、强大的精神力量。文化自信提出适应时代的发展变化，更好地回答时代之问，具有鲜明的时代性。

文化自信不是文化自负，也不是文化上的自我封闭。自信是自我确信、自我肯定，是积极的情感；自负是超出现实的情感封闭，属于负面情感。应该坚持自信而避免自负。文化越自信，开放性、包容性就越强。开放性强调的是文化自信的包容性、发展性。文化自信作为科学的思想体系，不是一个封闭的思想体系。需要在立足本民族传统文化的基础上，吸收借鉴外来文化。各国各民族都应该虚心学习、积极借鉴别国别民族思想文化的长处和精华，这是增强本国本民族思想文化自尊、自信、自立的重要条件。真正的思想理论不是故步自封、唯我独尊，而是在坚持和发展自身优势基础上的兼容并蓄、博采众长。文化自信是传承中华优秀传统文化基因，熔铸红色革命文化血脉，浸润改革创新的精神，吸纳外来文化的精华，代表中华文化未来发展的方向。文化自信是开放的思想体系。中国特色社会主义文化是与时俱进的文化，随着时代发展变化，随着社会主义文化建设实践经验累积，文化自信的内涵会不断丰富发展，文化自信会不断发展完善。新时代大学生文化自信培育就是要坚持历史性和时代性相统一的原则，厚植历史之土壤，扎根现实之大地，如此才能具有厚重感和坚如磐石的根基。

（三）理论性和实践性相统一

新时代大学生文化自信培育就其要素构成来说，具有很强的理论性。文化是建构在深厚理论基础上的存在，体现了理论的外显属性；大学生文化自信培育是以理论为基石和以理论为指导的教育过程。新时代大学生文化自信培育必须抓住理论本质，张扬理论性，这是其生命力的重要保障。当然，单纯的理论教育是远远不够的，理论育人的依托必然是实践，脱离了实践，大学生文化自信培育终将变成"镜中花、水中月"。所以，新时代大学生文化自信培育必须坚持理论性和实践性相统一，即以理论为逻辑起点，以实践为逻辑主线，在理论和实践的相结合、相促进中增强实效性。

理论性源于实践性，是实践的总结和升华，反过来又指导实践，推动实践向更高层次发展。文化自信是一个庞大的理论体系，它来源于五千多年的中华优秀传统文化，熔铸于党和人民的伟大革命斗争和社会主义建设以及中国特色社会主义现代化建设的伟大实践中，是经过实践检验的理论。理论教育是大学生文化自信教育的主要手段，大学生文化自信培育必须始终坚持理论性原则，坚持以马克思主义为指导，以中华优秀传统文化、革命文化和中国特色社会主义先进文化理论为基础，有效实施文化自信培育活动。没有理论支撑的文化自信培育就是无源之水、无本之木。同时，还要坚持文化理论的开放性和包容性，坚持马克思主义的批判性，汲取中华优秀传统文化精髓，创新性发展和创造性转化传统文化，借鉴国内外科学有效的教育理论和教育方法，体现大学生文化自信培育的理论的民族性、科学性和时代性。

新时代大学生文化自信培育要以实践为依托，坚持渗透性即循序渐进的方法原则。教育者要增强渗透意识，创设渗透条件，拓展渗透形式，让受教育者在具体实践中提高理论水平和应用能力。大学生文化自信教育的渗透性就是要遵循大学生的思想发展规律，把文化自信渗透到学校、家庭、社会不同教育环境中，渗透到课堂学习、校园活动、社会实践各个环节中，有机融合教育环境和教育环节，用潜移默化的形式循序进行文化渗透。文化自信教育目的在于帮助大学生树立文化自信意识，坚定"四个自信"，进而助力建设社会主义文化强国。目标的实现单纯依靠理论是不够的，文化的认知与认同要靠实践，文化自信意识的形成与提升需要实践。大学生文化自信培育只有从实际出发，在生动的实践中从大学生需求侧进行有效渗透，才能增强文化自信培育的系统性、针对性和实效性。

大学生文化自信培育实践中要坚持系统性原则。大学生文化自信培育本身是一个复杂的系统工程，包括教育者、受教育者、教育内容、教育环境、教育方法等多个要素，这些要素相互关联、相互作用，构成了完整的教育体系。文化自信意识的形成是一个极其复杂的思想运动过程，只有坚持系统的文化自信教育，才能转化为文化认识与文化认同。在这个认识转化过程中，大学生个体性差异会明显表现出来，这就更需要创设系统的教育环境与教育载体，让不同大学生都能在不同起点上共同进步，同步提升。与此同时，还要坚持针对性原则，突出强调个性与特性。大学生文化自信培育对象是大学生群体，他们的性别、年龄、生源地、家庭环境、父母受教育程度、就读学校类型、学校文化氛围等都有差异，他们的思维方式、价值认识、政治觉悟也常常各有不同。因此，在进行文化自信培育实践过程中，必须以学生为本，注重个体差异，因材施教，有针对性地制订个体化、特色性的教育方案。

总之，大学生文化自信培育的理论性和实践性是高度统一的。文化自信教育理论的理性和权威性是大学生文化自信培育实践中的有形之手，是文化认知与文化认同的强大思想武器。大学生文化自信培育丰富的实践性所包含的各种要素是大学生文化自信培育中的无形之手，行动于无形，作用于无边。大学生文化自信培育仅依靠理论传授、单纯灌输的外部力量是不够的，必须充分调动内因，发挥教育主体的内驱力，以外力牵引内力，以内力驱动外力。大学生文化自信培育主体内驱力形成于日积月累的实践，紧密结合有形之力和无形之力，关键的就是要坚持理论性与实践性的统一，这样才能提升大学生文化自信培育的效果，保证大学生文化自信培育的行稳致远。

（四）科学性和价值性相统一

科学性原则是指对大学生文化自信的培育过程中应坚持科学理论指导和科学的方法。也就是大学生文化自信培育在目标、内容、方法、载体上的科学化教育与管理，它以"怎么样对大学生进行文化自信培育"这一问题为导向。大学生文化自信培育的科学性原则，要求在对大学生实施文化自信培育过程中要坚持以马克思主义理论为基础，以习近平新时代中国特色社会主义思想为指引，以社会主义核心价值观为核心，遵循大学生意识形态形成的规律性，遵循思想政治教育的客观规律性，遵循文化发展的历史规律性，克服盲目性、主观性和随意性的弊端。对新时代大学生文化自信培育应坚持科学性与价值性相统一的原则，要求用科学的理论武装大学生的头脑，使其主动投入文化自信实践中；要求贴近大学生实际和需要，用理性严谨、大学生群体喜闻乐见的方法，增强文化自信培育的时效性和趣味性，不断增强文化自信培育工作的吸引力和号召力，切实培育大学生的文化自信。

人类实践活动的最终目的是追求真理和创造价值。如果说对大学生文化自信的培育是建设社会主义文化强国的必然要求，其中"文化强国"就是真理，是大学生文化自信培育过程中创造出的价值。而"价值性原则"则是衡量事物是否具有发展性的标准。科学性原则与价值性原则二者是辩证统一的，科学性是价值性的前提和基础，价值性是科学性的必然归宿。科学的理论基础能够指引大学生文化自信的培育，大学生文化自信培育的终极目的是增强大学生文化自信，进而实现中华民族伟大复兴。实现中华民族伟大复兴是一切以科学指导思想为基础的大学生文化自信培育活动的必然归宿。坚持科学性与价值性的统一是对大学生进行文化自信培育的根本要求，是推进马克思主义大众化的需要。在具体的大学生文化自信培育中，要坚持科学性与价值性相统一的原则，并使之成为实践指引，以此不断增强大学生文化自信意识。

总之，科学性与价值性相统一就是把"教育大学生树立什么样的文化自信"与"怎么样对大学生进行文化自信培育"更加科学地、紧密地结合起来，不断深化大学生文化自信培育。大学生文化自信培育既要坚持马克思主义思想指导地位，坚守社会主义根本方向，扎稳中华文化立场，又要放眼环顾世界，立足当代中国现实，紧密结合大学生思想实际，解放思想，实事求是，通过科学的教育、丰富的载体、有效的措施、创新的机制，把价值性与科学性基本原则协调贯穿到大学生文化自信培育的全过程，融入文化自信培育的全部内容中，使大学生坚定中国特色社会主义共同理想和共产主义远大理想，深化对中华优秀传统文化、革命文化和社会主义先进文化的认知、认同、意志与积极践行，发挥思想引领和行为导引作用，努力把大学生培养成坚定文化自信、担当民族复兴大任的时代新人。

三、新时代大学生文化自信培育的主要内容

（一）"四个自信"系统教育

自信是从内心深处生出的自我肯定与确信，是一种积极、向上、阳光、进取的意识与行为。自信是实现中华民族伟大复兴的一种极为重要的精神要素。2016 年 7 月 1 日，习近平总书记在庆祝中国共产党成立 95 周年大会上的讲话中指出："坚持不忘初心、继续前进，就要坚持中国特色社会主义道路自信、理论自信、制度自信、文化自信，坚持党的基本路线不动摇，不断把中国特色社会主义伟大事业推向前进。"① 这是首次将"四个自信"以并列的形式提出，文化自信的加入，使得自信的内容更全面，体系更完善，逻辑更紧密。"四个自信"源于中华民族 5000 多年的悠久文明，源于近代 170 多年的奋斗历程，源于中华人民共和国 70 多年的持续探索，源于改革开放 40 多年的伟大实践。"四个自信"统一于中国特色社会主义范畴，是对中国特色社会主义道路的坚定自信，对中国特色社会主义理论的坚定自信，对中国特色社会主义制度的坚定自信，对中国特色社会主义文化的坚定自信。"四个自信"之间既相互依存又相互转化。其中，道路自信是自信的基本前提，理论自信是自信的思想基础，制度自信是自信的根本保障，文化自信是自信的内在根基。

文化自信是"四个自信"中的重要组成部分，是更基本、更深沉、更持久的力量。道路自信、理论自信、制度自信、文化自信的"四个自信"是一个整体，其中道路自信、理论自信、制度自信，是文化自信的具体表现。作为一个国家、一个民族的灵魂、信仰、信念，文化自信是支撑道路自信、理论自信、制度自信的基础，并且渗透于道路自信、理论自信、制度自信之

---

① 习近平. 习近平在庆祝中国共产党成立 95 周年大会上的讲话 [N]. 人民日报，2016-07-02（02）.

中，如果缺乏文化自信，道路自信、理论自信、制度自信就很难支撑起来。只有坚持文化自信，才能进一步做到道路自信、理论自信和制度自信，也只有坚定文化自信，才能推动社会主义文化的繁荣兴盛。当然，"四个自信"相互促进、相互依存、相互作用，缺一不可。新时代培育大学生文化自信，必须从整体上把握"四个自信"，加强"四个自信"系统教育，以道路自信、理论自信、制度自信教育托举文化自信培育，以增强文化自信培育的载体丰富性。

"道路自信是对发展方向和未来命运的自信。"① 坚持道路自信就是要坚定走中国特色社会主义道路，这是实现社会主义现代化的必由之路，是近代历史反复证明的客观真理，是党领导人民从胜利走向胜利的根本保证，也是中华民族走向繁荣富强、中国人民幸福生活的根本保证。理论自信是对马克思主义理论特别是中国特色社会主义理论体系的科学性、真理性的自信。坚持理论自信就是要坚定对共产党执政规律、社会主义建设规律、人类社会发展规律认识的自信，就是要坚定实现中华民族伟大复兴、创造人民美好生活的自信。制度自信是对中国特色社会主义制度具有制度优势的自信。坚持制度自信就是要相信社会主义制度具有巨大优越性，相信社会主义制度能够推动发展、维护稳定，能够保障人民群众的自由平等权利和人身财产权利。文化自信是对中国特色社会主义文化先进性的自信。坚持文化自信就是要激发党和人民对中华优秀传统文化的历史自豪感，在全社会形成对社会主义核心价值观的普遍共识和价值认同。

道路关乎旗帜，关乎命运。道路自信是"四个自信"的基本前提。坚定道路自信，就是坚定中国特色社会主义道路不动摇。中国特色社会主义道路是中国共产党人领导中国人民立足中国实际开拓求索的正确之路，是马克思主义普遍真理同中国具体实践紧密结合的科学之路，是实现社会主义现代化、满足人民日益增长的美好生活需要的必然之路。中国特色社会主义道

---

① 覃正爱. 谈谈中国共产党人的"四个自信"[N]. 光明日报，2018-01-24（11）.

路，就是在中国共产党的坚强领导下，以社会主义初级阶段基本路线为引领方向，按"五位一体"总体布局和"四个全面"战略布局展开建设，朝着建设富强民主文明和谐美丽的社会主义现代强国的目标迈进，进而实现中华民族伟大复兴。现实充分证明，我们坚定不移走的中国特色社会主义道路是一条新路、正路，是国家富强路、人民幸福路、民族振兴路。培育大学生文化自信，要讲清楚中国特色社会主义道路为什么好，使大学生在坚定走中国特色社会主义道路过程中体悟历史厚重感和现实感染力。

理论是行动的指南。"理论创新每前进一步，理论武装就要跟进一步"①，这里所说的理论武装，指的就是用理论武装头脑，进而指导行动。理论能够创新多少，往往行动就能够创新多少。理论意义重大，理论自信意义同样重大。理论自信是自信的思想基础。坚定理论自信，就是坚持中国特色社会主义理论体系的指导地位。中国特色社会主义理论体系是一个内涵丰富、系统完备的科学理论，是把握历史规律、顺应时代潮流的先进理论，是历史与现实反复证明的正确理论。中国特色社会主义理论体系是对马克思主义、毛泽东思想的继承与发展，具体包括邓小平理论、"三个代表"重要思想、科学发展观、习近平新时代中国特色社会主义思想，其中，习近平新时代中国特色社会主义思想是这一理论体系的最新成果，以一系列具有原创性的新思想、新观点、新论断，在理论上实现了重大突破、重大创新、重大发展，实现了马克思主义中国化的新飞跃，写出了马克思主义的新版本，是当代最现实、最鲜活的马克思主义。坚定理论自信，就是要充分运用中国特色社会主义理论体系武装全党、全民思想，就是要积极运用中国特色社会主义理论体系指导实现中华民族伟大复兴的实践。持续不断进行理论创新是我们党的鲜明特征和强大优势，彰显了革命文化和中国特色社会主义先进文化的底蕴和品格，理论自信教育因而是新时代大学生文化自信培育的重要内容。

---

① 习近平．习近平在中共中央政治局第四次集体学习时强调 把学习贯彻新时代中国特色社会主义思想不断引向深入［N］．人民日报，2023-04-01（01）．

制度是规定，是保障。"制度问题更带有根本性、全局性、稳定性和长期性"①，制度是关键，是最可靠的保障，所以说制度自信是自信的根本保障。坚定理论自信，就是要坚持中国特色社会主义制度的根本方向。中国特色社会主义制度是当代中国发展进步的根本制度保障，是具有鲜明中国特色、明显制度优势、强大自我完善能力的先进制度。"中国特色社会主义制度是几代中国人在方向选择、道路探索的伟大实践中创造出的中国模式、中国方案、中国经验"②，具体包括人民代表大会制度这一根本政治制度、中国共产党领导的多党合作和政治协商制度、民族区域自治制度和基层群众自治制度等基本政治制度，以公有制为主体、多种所有制经济共同发展，以按劳分配为主体、多种分配方式并存，社会主义市场经济体制等基本经济制度。中国特色社会主义制度自信源于中国特色社会主义文化自信，是中国特色社会主义理论体系的政治基础，是中国特色社会主义道路的政治保障。建设社会主义现代化强国、实现中华民族伟大复兴，必须毫不动摇地坚持和完善中国特色社会主义制度，使其永葆生机与活力。

文化是根，文化是魂。文化自信是自信的内在根基。坚定文化自信，就是坚持对中国特色社会主义文化的认知、认同与积极践行。中国特色社会主义文化，源自中华民族五千多年文明历史所孕育的中华优秀传统文化，熔铸于党领导人民在革命、建设、改革中创造的革命文化和社会主义先进文化，植根于中国特色社会主义伟大实践，是中华民族最深层的精神追求和独特的精神标识。坚定中国特色社会主义文化自信，就是要坚持以马克思主义为指导，以中华文化为立场，立足当代中国现实，结合当今的时代条件，面向现代化，面向世界，把握未来的、民族的、科学的、大众的社会主义文化方向；就是要坚持反映先进生产力发展要求和成果，源于中国人民伟大创造和

---

① 习近平.习近平关于《中共中央关于坚持和完善中国特色社会主义制度 推进国家治理体系和治理能力现代化若干重大问题的决定》的说明 [N].人民日报，2019-11-06（04）.

② 刘光明.中国特色社会主义是实现中华民族伟大复兴的必由之路 [J].红旗文稿，2022（21）：33-36.

创新的先进文化方向；就是要坚持中国特色、中国风格、中国立场、中国气派的独一无二的特色文化方向。文化自信是更基础、更广泛、更深厚的自信，是道路自信、理论自信、制度自信的思想源泉和精神基石，为中国特色社会主义发展指引着前进方向，为实现中华民族伟大复兴提供着精神动力和智力支持。

总之，新时代大学生文化自信培育要牢牢抓住文化自信的内涵、外延，在着力于突破难点和重点的基础上，不断拓宽内容，把道路自信、理论自信和制度自信教育有机融入文化自信培育全过程，以生动、丰富、优质的内容增强文化自信培育的吸引力、感染力和立德树人的黏性，使大学生在感受道路之"好"、理论之"力"、制度之"强"、文化之"魅"中提高对中华优秀传统文化、革命文化、中国特色社会主义先进文化等的情感认同和实践内驱力，从而树立起文化自信。

（二）中华优秀传统文化教育

文化是一个国家、一个民族的灵魂，文化兴则国运兴，文化强则民族强。"社会主义建设不是从天上掉下来的，是在传统的基础上发展起来的。"① 中国特色社会主义文化源于中华民族五千多年的文化文明历史。中华文化源远流长，有着丰富的文化底蕴。了解我国的基本国情，认识到中国特色社会主义道路的必然性，就会树立起道路自信、理论自信、制度自信和文化自信。中国特色社会主义建设就是在继承和弘扬中华优秀传统文化的基础上建设我们的国家。因之，我们知道中华优秀传统文化是新时代大学生文化自信培育的极为重要的精神支撑和内容来源。大学生对文化的自信，首先就是对中华优秀传统文化的自信。中华优秀传统文化教育是大学生文化自信培育"拼图"中的关键一块。

中华优秀传统文化是中华民族安身立命之本。中华民族在五千多年绵延不断的文化发展过程当中，创造了博大精深的优秀文化。这是中国人的基

---

① 顾明远. 将中华优秀传统文化融入教育［N］. 中国教育报，2022-06-08（10）.

因，是中国人的根和魂。一个民族失去了自己的优秀传统文化，这个民族也就不复存在了。古代世界四大文明唯独中华文明绵延不断。其根本就在于中国人民始终把中华优秀文化作为自己的根和魂。它已经成为中华儿女的基因，生生不息地流淌在我们的血液当中。中华优秀传统文化是中华民族共同培育的民族精神的源泉。我们要在大学生中加强中华优秀传统文化教育，培养大学生具有理想信念、高尚品德、真实本领、奉献精神，用他们学到的知识和技能建设美好的家园。中华优秀传统文化教育是培育弘扬社会主义核心价值观的重要组成部分。社会主义核心价值观包括国家层面、社会层面和个人层面，是在中华优秀传统文化的基础上发展起来的。弘扬中华优秀传统文化，我们就会坚定走中国特色社会主义道路的信心。文化自信是其他三个自信的基础。文化可以渗透到一个人的心里，渗透到一个人的血液里，是深层次的、持久稳固的。

对大学生开展优秀传统文化培育，首先要推动优秀传统文化课程化，提高课程化质量。结合我国高校发展制订科学的课程方案，设置必要的中华优秀传统文化课程，适当设置中华优秀传统文化教育的课时数，制定相关的规章制度，为高校中华优秀传统文化课程保质保量地完成提供保障，积极科学按照课时量进行合理的教育教学安排。注重艺术课与中华优秀传统文化的融合。高校应充分整合中华优秀传统文化教育教学资源，积极挖掘各类有益素材，可将中华优秀传统文化与美术、音乐、体育等课程有机结合，大力发展课程思政，推进"专业+传统文化"课程改革，尤其要注重艺术课堂中华优秀传统文化的融入，实现教育方式方法创新。各高校要构建特色校本课程，结合现实和需要开设传统礼仪、传统家风家教等内容教学课程。还可开展中华优秀传统文化高校巡讲、非物质文化遗产传承人进校园进课堂、主题讲座、制作专门教育教学音视频等主题教学活动。

另外，加强大学生中华优秀传统文化实践教育。积极拓展高校经典文化教育，引导新时代大学生主体积极进行文化经典阅读活动创新，开创经典"悦"读新模式，开拓经典阅读与社会实践、学校教育、家庭关爱协同并进发展模式，积极营造良好的中国特色社会主义文化自信培育氛围，创造良好的经典育人环境。高校要充分发挥校园文化的感染、熏陶、教化等作用，增强校园中华优秀传统文化教育的趣味性。高校可通过中华优秀传统文化方面的文艺节目、知识竞赛、辩论会、专题讲座、文化节等，运用具有高度趣味性的方法提升大学生文化品位。还可开展丰富多样的社团活动，积极运用汉服社、诗词社、文化艺术社等社团活动引导学生参与中华优秀传统文化实践，充分发挥社团文化活动的教育功能。还可积极拓展校外文化实践活动，通过组织参观、研学、实地调研等多种方式提高文化实践教育质量。

与此同时，着力于建立大学生优秀传统文化教育协同合力。发挥高校教育主渠道与主阵地作用，牢固贯彻"立德树人"的根本目标与教育价值旨归。"立德树人"与中国特色社会主义文化自信培育本质上是相同的，二者具有共同的价值取向，在育人立场、方式及推进路径方面相辅相成、相得益彰，在中国特色社会主义文化自信培育的同时也要注重"立德树人"。高校要在教育实践中探索、总结具体的经验，注重从"以文化人"层面贯彻"立德树人"的教育价值理念。还要整合中华优秀传统文化教育社会资源，对其进行充分挖掘，通过与文化馆、美术馆、博物馆、书画院、名人故居等各类文化设施与资源合作，汇聚育人力量。各社会主体主动担起责任，营造良好的中华优秀传统文化教育氛围。高度注重精神文明建设，注重社会公德的塑造，积极纠治社会不良风气，有效预防与管理各类不良文化，培育新时代群众的社会担当与肩负社会使命的意识与能力。多元主体的共同努力，携手共进，心往一处想，劲往一处使，为大学生文化自信培育打造积极活泼、健康有序的文化生态。

（三）社会主义核心价值观教育

在一定社会形成的价值观体系中，也存在一个起统领和主导作用的核心观念，就是核心价值观。核心价值观是一个社会中居统治地位、起支配作用的核心理念，是一种社会制度长期普遍遵循的相对稳定的根本价值准则，具有相对稳定性。核心价值观集中体现了一定社会形态的根本性质，在社会思想观念体系中居主导地位。任何一个社会都会进行核心价值观建设，马克思指出："统治阶级的思想在每一时代都是占统治地位的思想。这就是说，一个阶级是社会上占统治地位的物质力量，同时也是社会上占统治地位的精神力量。"① 在我们社会主义国家中，在意识形态领域居核心地位的社会主义核心价值观，应该与社会主义的经济基础与政治制度相适应，反映社会主义的本质特征与核心利益，体现社会主义社会特定的精神气质和道德力量。社会主义核心价值观是我国社会主义文化的重要表现，它对于凝聚社会共识、塑造理想信念、营造良好社会风气有着至关重要的作用，习近平总书记就多次强调要"要坚持不懈用习近平新时代中国特色社会主义思想铸魂育人，着力加强社会主义核心价值观教育，引导学生树立坚定的理想信念"②。习近平总书记的讲话实际上间接表达出了社会主义核心价值观教育在大学生文化自信培育中的重要性、关键性和积极性。

在建设社会主义核心价值体系的基础上，党的十八大首次提出了"三个倡导"的社会主义核心价值观，即"倡导富强、民主、文明、和谐，倡导自由、平等、公正、法治，倡导爱国、敬业、诚信、友善，积极培育和践行社会主义核心价值观"③。这是我国社会主义社会最核心和最本质的价值理念，是指导中国特色社会主义建设事业的根本价值目标、原则和尺度。我国社会主义核心价值观的科学内涵，涵盖了国家层面的价值理想、社会层面的价值取向和公民个体层面的价值规范。"三位一体"的结构形态与中华传统文化中"家国一体"的价值理念相融互通，与国家富强、民族振兴和个人幸福的"中国梦"协同一致，为实现中华民族伟大复兴提供了思想指引和行动指南。

"富强、民主、文明、和谐"是我国社会主义初级阶段的奋斗目标，也

---

① 中共中央马克思恩格斯列宁斯大林著作编译局. 马克思恩格斯选集（第 1 卷）[M].
　北京：人民出版社，2012：98.
② 习近平. 习近平在中共中央政治局第五次集体学习时强调　加快建设教育强国 为中华民族伟大复兴提供有力支撑 [N]. 人民日报，2023-05-30（01）.
③ 胡锦涛. 坚定不移沿着中国特色社会主义道路前进 为全面建成小康社会而奋斗
　[M]. 北京：人民出版社，2012.

是践行社会主义核心价值观的最终目标，具有统领全局的作用。社会主义作为一种先进的生产关系和社会制度，极大地解放和发展了社会生产力，必将创造出比以往社会形态条件下更为发达的物质文明和高度的精神文明，为迈向共产主义社会奠定坚实基础。实现富强、民主、文明、和谐，反映了近代以来中国历史发展的根本要求。倡导富强、民主、文明、和谐，是改革开放新时期以来我们党的基本主张。在当代中国，实现国家昌盛、人民幸福和民族复兴，符合近代以来中国人民寻求民族复兴的共同愿景，昭示中国特色社会主义伟大事业的美好前景，始终是一个鼓舞人心、振奋精神的价值理想，是一个能够凝聚起亿万人民群众智慧和力量的宏伟目标。

"自由、平等、公正、法治"是对美好社会的生动表述，也是从社会层面对社会主义核心价值观基本理念的凝练。它反映了中国特色社会主义的基本属性，始终是我们党和国家奉行的核心价值理念。我们党是马克思主义政党，马克思主义追求的终极目标是人的自由而全面的发展，我们党从成立之初就将其写在自己的旗帜上，并为之做出不懈奋斗，在实践上极大地发展了人民的自由和平等，极大地发展了社会的公正和法治。党的十八大以来，我们党的重要会议和重要文件，多次强调这一价值目标。可以说，我们党坚持科学发展，坚持以人为本，坚持执政为民，坚持依法治国，最终的目标都是服务人民，促进人的全面发展，践行自由、平等、公正、法治的崇高理念。

"爱国、敬业、诚信、友善"是中国这个社会主义国家的公民应当树立的基本价值追求和应当遵循的根本道德准则，是公民基本道德规范的核心要求，体现了社会主义价值追求和公民道德行为的本质属性。它涵盖了社会主义公民道德行为各个环节，贯穿了社会公德、职业道德、家庭美德、个人品德各方面，继承了中华民族传统美德、中国共产党人革命道德和社会主义新时期道德的精华，具有很强的全面性和系统性。

社会主义核心价值观所包含的都是社会主义最基本、最核心、最重要的价值理念。其中，富强、民主、文明、和谐体现了社会主义核心价值观在发展目标上的规定，是立足国家层面提出的要求；自由、平等、公正、法治体现了社会主义核心价值观在价值导向上的规定，是立足社会层面提出的要求；爱国、敬业、诚信、友善体现了社会主义核心价值观在道德准则上的规定，是立足公民个人层面提出的要求。这三个层次的理念相互联系、相互贯通，实现了政治理想、社会导向、行为准则的统一，实现了国家、集体、个人在价值目标上的统一，兼顾了国家、社会、个人三者的价值愿望和追求。进入新时代，习近平总书记多次阐释社会主义核心价值观，不断赋予社会主义核心价值观时代内涵，强调党"坚持以社会主义核心价值观引领文化建设，注重用社会主义先进文化、革命文化、中华优秀传统文化培根铸魂"①，指出"把社会主义核心价值观融入社会发展各方面，推动中华优秀传统文化创造性转化、创新性发展，不断提高人民思想觉悟、道德水平、文明素养，不断铸就中华文化新辉煌"②。习近平总书记的讲话彰显了社会主义核心价值观的深刻意蕴和重大意义。

由价值观构成的统一体系被称为价值体系，由核心价值观构成的统一体系则被称为核心价值体系。具体来说，在一定社会中主客体之间基于实践而产生的需要和满足关系是一个内涵丰富的多层次价值体系，在这个体系中起统领和主导作用的就是其核心价值体系。核心价值体系作为一个社会的价值体系中最核心的部分，"处于价值体系的统摄和支配地位，是一个社会倡导和主导的价值体系，引领一个社会各种不同的价值取向、价值追求、价值尺度和价值原则沿着一定的方向发展"③。中国共产党在总结革命、建设、改革伟大实践基础上，在自觉探索马克思主义中国化的理论创新和实践发展中，构建出"社会主义核心价值体系"的基本内容和框架，即马克思主义指导思想、中国特色社会主义共同理想、以爱国主义为核心的民族精神和以改革创

---

① 中共中央关于党的百年奋斗重大成就和历史经验的决议 [N]. 人民日报，2021-11-17 (01).

② 习近平. 习近平在纪念马克思诞辰 200 周年大会上的讲话 [N]. 人民日报，2018-05-05 (02).

③ 耿步建. 社会主义核心价值观与社会主义核心价值体系的辩证关系 [J]. 社会科学家，2014 (02)：31-34.

新为核心的时代精神、社会主义荣辱观，从理论指导、理想信念、精神支撑和道德规范等方面确立了全国各民族团结奋斗的力量源泉和精神纽带。党的十九大报告将"坚持社会主义核心价值体系"① 纳入新时代中国特色社会主义必须坚持的十四个基本方略中。党的二十大报告再次以较大篇幅和较强力度阐述社会主义核心价值体系，将其放到重大的国家战略中来。

社会主义核心价值观属于"观念范畴"，是对社会主义社会价值关系应然状态最核心、最根本的观点和看法；而社会主义核心价值体系属于"对象范畴"，是由意识形态领域中，事关社会主义前途和命运的几个层面的核心价值所构成的有机统一体。前者是对"什么是社会主义"这一具有全局和目标性质问题的探讨与解答，是从国家、社会、公民三个层面对作为"价值观"的社会主义理论和实践内涵的深刻体会和认识；后者是对"怎么建设社会主义"这一涉及手段和路径问题的思考与建构，从理论价值、理想价值、精神价值和道德价值等维度为人们进行社会主义现代化建设提供支撑。从这个意义上说，后者是前者的认识对象与实践基础。社会主义核心价值观是对决定社会主义根本性质、影响社会主义事业发展方向的核心价值体系，在理想、信念、规范和尺度等方面形成的最根本的思想观念和理论形态的总和，两者具有内在一致性。社会主义核心价值观是从精神观念入手，强调对社会主义的准确理解和把握，倾向于根本价值理念的建构；而社会主义核心价值体系则从外在性的体系入手，强调实践上的操作性，倾向于更加直观的结构和具体的内容。把握社会主义核心价值观内涵以及与社会主义核心价值体系的关系。

对大学生进行社会主义核心价值观教育是一个常论常新、常论常有的课题，也是一个在实践中积累了丰富经验的课题。大学生文化自信教育要找准社会主义核心价值观的内核，有的放矢，服务于文化自信培育。要抓住大学课堂教学的主渠道与主阵地，开设社会主义核心价值观网络课程，打造社会

---

① 习近平. 决胜全面建成小康社会 夺取新时代中国特色社会主义伟大胜利［M］. 北京：人民出版社，2017.

主义核心价值观主题网络，开展社会主义核心价值观主题讲座，举办社会主义核心价值观知识竞答比赛等，积极进行社会主义核心价值观的全方位培育、弘扬以及践行，积极为新时代大学生社会主义核心价值观培育提供有效指导，汇聚系统合力推动大学生社会主义核心价值观的培育与弘扬，引导新时代大学生做好勤学、修德、明辨、笃实，将社会主义核心价值观作为行为实践的基本遵循，使之成为社会主义核心价值观的坚定信仰者、积极传播者、模范践行者。特别需要注意的是，在弘扬社会主义核心价值观视域下要不断推动中国特色社会主义先进文化教育，发挥社会主义先进文化的作用，逐渐引导新时代大学生增进对社会主义核心价值观的价值认同，积累文化自信的积极力量。

（四）中国共产党人的精神谱系教育

革命文化和中国特色社会主义先进文化是新时代大学生文化自信培育的重要内容，而中国共产党人的精神谱系是革命文化和中国特色社会主义先进文化的文化载体和精神彰显。对新时代大学生进行文化自信培育，必须用好中国共产党人精神谱系教育这一手段，使之具象化、生动化。

中国共产党成立百年来经历的磨难可歌可泣，进行的奋斗世所罕见，创造的奇迹前所未有，与此同时，是党的精神品格的砥砺、精神境界的升华、精神成果的孕育。在党的百年征程中形成的红船精神、井冈山精神、长征精神、遵义会议精神、"半条被子"精神、延安精神、南泥湾精神、西柏坡精神、红岩精神、伟大抗美援朝精神、"两弹一星"精神、特区精神、抗洪精神、抗震救灾精神、伟大抗疫精神等伟大精神璀璨夺目，构筑出的党的精神谱系熠熠生辉。这些宝贵精神财富集中体现了党的坚定信念、根本宗旨、优良作风，深深融入我们党、国家、民族、人民的血脉之中。

中国共产党人的精神谱系，是在党带领人民浴血奋战、艰苦创业的伟大实践中生长出来的，是在一代代共产党人特别是革命烈士、英雄人物、先进模范感人至深的事迹中展现出来的。党的精神谱系的结构体系犹如一棵大树，有它的精神之根，这就是中华民族以爱国主义为核心的伟大民族精神，马克思主义的科学精神和时代精神，无产阶级政党的先锋队精神和为人民服务精神。一系列伟大精神内涵丰富，都根植于党的性质宗旨，有着共同的本质。党的精神谱系有它的精神之干，这就是党的精神形成、发展、成熟的全部历史；有它的精神之枝，这就是党在不同历史时期和发展阶段产生的精神成果；有它的精神之叶，这就是党的精神成果的具体表现。

党的百年历程极不寻常、极为不易，是在敌我力量对比极其悬殊的条件下夺取革命和战争胜利，是在一穷二白的土地上建设社会主义国家，是在同国际先进水平差距明显拉大的情况下赶上时代，是在世界社会主义经历严重曲折的形势下高举科学社会主义的旗帜。我们党自建立之时，就形成了党的精神成果，一艘红船托起了开天辟地、救国救民的红船精神。毛泽东将红船精神熔铸于人民军队的创建过程，孕育出理想坚定、艰苦奋斗的井冈山精神。古田会议纠正党内错误思想，基本途径就是将革命的、进步的精神注入党和军队的精神锻造之中。毛泽东悼念张思德，倡导的是为人民服务精神；纪念白求恩，倡导的是毫不利己、专门利人精神；讲闯王故事，倡导的是赶考精神；为雷锋题词，倡导的是共产主义精神。这些精神成为立党兴党强党的精神支柱。因此，党的精神谱系，是动员全党为党的事业顽强奋斗、不怕牺牲的精神灯塔，是激励全体共产党人一往无前、冲锋不止的精神引擎。精神的砥砺越为深厚，精神的能量越是强大，精神的作用越显重要，精神的成果越加丰硕。可以说，党的精神谱系是党百年来矢志践行初心使命、筚路蓝缕奠基立业、创造辉煌开辟未来的精神密码。

在极为丰富动人的精神谱系背后是波澜壮阔、感人肺腑的故事，故事中传递出来的恰恰是永世赓续的文化。传承红色基因，赓续共产党人精神血脉，学习蕴含其中的深厚文化是在新征程上立党兴党强党的生动实践和重要途径。要把传承和弘扬党的精神谱系、学习红色文化贯穿于学史明理、学史增信、学史崇德、学史力行之中。党的精神谱系是党的百年历史的一条红线，学习党的精神谱系能够从红色基因层面深刻领悟中国共产党为什么能，中国化时代化的马克思主义为什么行，中国特色社会主义为什么好等道理，能够从精神结晶那里深深受到党的初心使命、性质宗旨、理想信念的生动教育，能够从人格楷模身上直接感触艰苦奋斗、牺牲奉献、开拓进取等伟大品格，能够从精神升华效果有效转化为开创属于我们这一代人的历史伟业的坚实行动。

"中国共产党人精神谱系是马克思主义与中华优秀传统文化相结合的产物，从雷锋精神到杨善洲精神，从红旗渠精神到抗疫精神，这些富有时代特征、民族特色的宝贵财富，鼓舞着党和人民取得举世瞩目的伟大成就。中国共产党人精神谱系积淀着中华民族传统文化中的优秀基因，又蕴含着人类追求生存发展的普遍真理，跨越时空、超越国界，富有永恒魅力和强大生命力。"① 正因为此，对大学生开展精神谱系教育是大学生文化自信培育的重要内容和推动力量。对大学生开展中国共产党人的精神谱系教育，一方面，需要增强研究阐释的学理性。加强中国共产党人精神谱系解读诠释，整合各方面研究力量，开展系统研究、关联研究、比较研究，为中国共产党人精神谱系发挥作用提供丰富学理支撑。向大学生讲清楚精神谱系的基本构成、发展脉络和内在联系，驳斥歪曲党的历史、亵渎英雄、贬低经典的错误观点，用中国共产党人精神谱系教育人、激励人、鼓舞人，使大学生感受到精神谱系中蕴含的文化魅力。另一方面，结合大学生实际，注意方式方法创新。既要运用好丰富的历史遗存，也要运用好新型科学技术手段。应顺应传播趋势，加快推进传统媒体与现代媒体融合，利用好报刊、广播、电视、网络等各类媒体，加强网上红色精神展厅等阵地建设，强化对先进典型、英雄楷模的宣传，深入讲好革命故事、党的故事。加强传播方式和话语方式创新，运用好移动应用、社交媒体、网络直播、短视频、虚拟现实等新技术新应用新业态，推动精神谱系真正入脑入心，助力大学生文化自信培育。

（五）中国特色社会主义先进文化教育

中国特色社会主义先进文化是新时代大学生文化自信培育的重要载体和

---

① 徐连林，彭世杰. 中国共产党人精神谱系的时代价值与传承路径［N］. 光明日报，2022-09-02（06）.

现实文化来源。培育大学生的文化自信，最根本的就是培育大学生对中国特色社会主义先进文化的自信。这是决定大学生文化自信培育方向性的问题。中国特色社会主义先进文化包括社会主义思想意识形态，即马克思主义基本原理同中国实际相结合形成的马克思主义中国化理论成果——毛泽东思想、邓小平理论、"三个代表"重要思想、科学发展观、习近平新时代中国特色社会主义思想。社会主义主旋律文化，即体现社会主义道德标准和精神文明成果的文化。它指一切有利于发扬爱国主义、集体主义、社会主义的思想和精神，一切有利于改革开放和现代化建设的思想和精神，一切有利于民族团结、社会进步、人民幸福的思想和精神，一切有利于用诚实劳动争取美好生活的思想和精神。这是中国特色社会主义文化的集中反映。现代先进的科学技术文化、新科技革命的成果，这是中国特色社会主义文化的重要基础。这三个部分统一构成了中国特色的社会主义文化。中国特色社会主义先进文化内容丰富，意义重大，在大学生文化自信培育内容体系中起着决定性作用。

社会主义先进文化是中国特色社会主义文化的精神内核，对大学生进行中国特色社会主义先进文化教育，必须抓住其核心，讲重点，有针对性地开展教育，从整体上统筹部署、协同推进。

第一，加强方针政策制定和落实。中国特色社会主义先进文化教育因其内容之广且深，必须统筹规划，以政策和制度的形式加以推进。国家层面要结合国情、社情，组织专家学者进行专门理论研究，在广泛论证基础上出台相应的政策文件和法律制度，对教育工作的指导要确保政策接地气，制度有实效。各高校要结合校情，牢记"一分部署九分落实"基本原则，在教学大纲、教育计划、课程规划等维度上进行落地。比如，从学校整体层面进行规划，整合学校关键师资，开设具有融合性的社会主义先进文化课程，特别是开设一些兼具理论性、现实性和趣味性的选修课程，筑牢社会主义先进文化教育的课程阵地。各高校还可以注意有选择地与社会组织合作，共建社会主义先进文化教育课程和实践基地。

第二，强化法律建设，为大学生中国特色社会主义先进文化教育提供坚实可靠的法律保障。法律"红线"的划定是社会主义先进文化建设的本质突显与后盾保障，是新时代我国国家体系与国家能力现代化的必然路径选择。处于新的战略发展机遇期与新常态发展环境下，我国中国特色社会主义先进文化的建设面临国内外复杂多变的局势，更好地维护新时代大学生的利益要全面统筹社会发展力量、实现社会利益平衡、促进社会关系的调整、规范社会行为，必须借助于法律"红线"的后盾保障作用。中国特色社会主义先进文化建设视域下的法律"红线"的制定与执行过程中，要体现人民主体地位，坚持人人平等的原则。在科学立法过程中要恪守以民为本、立法为民的理念，使每一具体法律都能反映人民利益，努力获得包括新时代大学生在内的人民群众的支持与拥护。在法律保障基础上，新时代大学生在社会具体实践过程中要注重社会主义法治精神的弘扬，促进社会主义法治文化的构建，发挥法律的"他律"作用，激发践行社会法治的积极性与主动性，形成自觉守法、勇于同违法行为做斗争的良好社会氛围，使之成为法律的崇尚者、遵守者与捍卫者。另外，推动法律法规宣传教育，在全社会形成法治意识，打造良好社会风尚，为高校"培根铸魂"的文化自信培育实践提供有效的法律"防护网"与"防护墙"。

第三，以改革创新为基石，夯实大学生中国特色社会主义先进文化教育的基石。打铁还需自身硬，让大学生群体接受、认同和践行社会主义先进文化，最关键的是增强自身的底蕴、吸引力和感染力。文化引领时代风气之先，是最需要创新的领域。推进社会主义先进文化建设，必须以改革创新为动力，坚持解放思想、实事求是、与时俱进，努力破除一切不利于文化繁荣发展的思想观念和体制机制，深化文化体制改革，积极探索有利于文化发展的管理体制和运行机制，进一步解放和发展文化生产力；始终把社会效益放在首位，坚持经济效益与社会效益相统一，大力发展文化事业和文化产业，推动文化产业成为国民经济支柱性产业；尊重文化自身的发展规律，根据不断变化发展的实际情况，不断创新文化的内容、形式和传播载体。

通过对大学生进行中国特色社会主义先进文化教育，他们能够感受到马克思主义中国化理论成果的伟大意义和现实价值，也能更深理解社会主义道德和精神文明成果，体悟社会主义道德和精神伦理的意蕴，并能够在实践中领略现代科技文化的发展成就，从而为社会主义先进文化所吸引和感染，进一步坚定文化自信。

第三章　新时代大学生文化自信
培育的现实背景

新时代大学生文化自信培育既有深厚的理论基础，是科学理论指导下的产物；又立足于现实，源于对内外形势和教育主客体自身发展规律的因应。现实基础是新时代大学生文化自信培育的牵引力和外在逻辑，影响其内容、方式方法、改革创新方向等。分析现实背景，对于把握新时代大学生文化自信培育的主要内容和总体方向具有重要意义。

一、新时代大学生文化自信培育的现实之基

（一）中国特色社会主义现代化建设的伟大实践

新时代大学生文化自信培育属于意识形态教育范畴，是思想理论教育，但并非完全是理论教育，或者严谨地说，是在理论指导下的立足于现实的融知识、情感、理性和行动为一体的教育过程。理论的说服力不能靠"势"，靠"势"是靠不住的，必须靠对真理性的把握。社会主义核心价值观是优秀传统文化和革命改革建设精神融合下的产物，是经过历史和实践证明的科学理念，具有抓住了事物根本的说服力。之所以在新时代能够深入推进大学生文化自信培育，关键在于其深深扎根于中国特色社会主义现代化建设的伟大实践，或者说中国特色社会主义现代化建设的伟大实践托举了新时代大学生文化自信培育。

中国特色社会主义不是从天上掉的，中国共产党从建立一开始就旗帜鲜

明地把实现社会主义和共产主义确定为自己的奋斗目标。党的一大通过的纲领第一条就写明：本党定名为中国共产党，是以最终在中国实现社会主义和共产主义为奋斗目标的。新中国的诞生是中国历史上翻天覆地的伟大飞跃，它规定了中国未来前进的方向就是走社会主义道路。1956 年社会主义"三大改造"完成，标志社会主义基本制度已经在中国大地上建立起来，它再次明确了中国前进的方向就是社会主义。1978 年党的十一届三中全会是我们党又一次具有深远意义的伟大转折，建设有中国特色的社会主义是对改革开放最响亮的回答。邓小平同志在党的十二大上第一次提出"建设有中国特色的社会主义"的崭新命题，并再三强调要走符合自己国情的路，建设有中国特色的社会主义，这是我们党在总结历史经验教训中得出的基本结论。我们党初心不改、矢志奋斗，成功把中国特色社会主义推向了 21 世纪，中国特色社会主义旗帜在世界东方屹立不倒、高高飘扬，中国特色社会主义伟大事业毅然前进。中国特色社会主义道路是我们党一代又一代人薪火相传、接力奋斗得出的宝贵经验。党的十八大以来，我们党在推进伟大社会变革的同时不断推进党的伟大自我革命，中国创造出令人刮目相看的发展奇迹。"我们解决了许多长期想解决而没有解决的难题，办成了许多过去想办而没有办成的大事，消除了党和国家内部存在的严重隐患，推动党和国家事业发生历史性变革，取得全方位开创性历史成就。"①

经过奋斗，形成了党的新核心，创立了习近平新时代中国特色社会主义思想，实现了党的指导思想的与时俱进，奠定了中国迈向未来的思想理论基础。在新时代的伟大实践中，习近平总书记统揽伟大梦想、伟大工程、伟大事业和伟大斗争，实现了中华民族从站起来、富起来到强起来的历史性飞跃，成长为我们党新的领导核心，在探索回答中国特色社会主义时代之问时，深刻总结历史经验，广泛聚集人民智慧力量，交出了解决中国特色社会

---

① 中共中央政治局召开民主生活会强调 树牢"四个意识"坚定"四个自信"坚决做到"两个维护"勇于担当作为 以求真务实作风把党中央决策部署落到实处 中共中央总书记习近平主持会议并发表重要讲话［N］. 人民日报，2018-12-27（01）.

主义基本问题和重大问题的时代答卷，形成和创立了习近平新时代中国特色社会主义思想，开辟了马克思主义新境界。习近平新时代中国特色社会主义思想作为党与时俱进的指导思想和行动指南，写进了宪法和党章，是指引我党我国发展进步的伟大思想旗帜和精神旗帜，为统一全党全国的思想行动奠定了坚实的思想理论基础。

经过奋斗，我国生产力水平显著提高，交出了人民满意、世界瞩目，可以载入史册的答卷，奠定了我国社会发展进步的物质经济基础。这些年来，我们党聚精会神搞建设，全面深化改革开放。国家的综合国力、科技实力、国防实力、文化影响力、国际影响力显著提升，中华民族以崭新姿态屹立于世界的东方。我国经济建设取得的历史性成就为全面建成社会主义现代化强国奠定了坚实的物质经济基础。

经过奋斗，我们党在自我革命中不断发展壮大，培育锻造出新时代伟大精神理念，奠定了中国人民前进的精神力量基础。以习近平同志为核心的党中央正风肃纪，全面从严治党，扎实推进党的自我革命，党员队伍发展壮大，党的凝聚力、战斗力不断增强。新时代党领导人民大力弘扬革命精神，传承红色基因，进行了卓越的实践创造，培育锻造了一系列与新时代要求相适应的新理念、新观念、新精神。习近平总书记提出创新、协调、绿色、开放、共享的新发展理念，还提出战略思维、历史思维、辩证思维、创新思维、法治思维、底线思维以及系统观念，要求领导干部不断积累经验，增长才干。在新时代的伟大实践创造中，习近平总书记从党的百年奋斗历程中汲取精神力量，砥砺共产党人的品格，滋养共产党人的情怀，淬炼共产党人的精神，提出并锻造了不平凡的新时代伟大精神，譬如，伟大抗疫精神、脱贫攻坚精神、"三牛"精神等，树起了新时代精神的巍峨丰碑，汇聚起中国人民迈向新时代新征程、实现党的第二个百年奋斗目标的磅礴力量。

总之，中国特色社会主义现代化建设的伟大实践和伟大成就夯实了中国特色社会主义道路自信、理论自信、制度自信和文化自信，使社会主义核心价值观有了赖以生长和成长的现实土壤，使大学生文化自信培育有了说服人、感染人、引领人的现实根基。这个现实根基是根本的，离开了这个现实根基，大学生文化自信培育就如同空中楼阁，理论有余而无现实支撑。所以，新时代大学生文化自信培育要紧紧同中国特色社会主义现代化建设的伟大历史经验和现实实践结合起来，须臾不可离。

（二）基于百年未有之大变局的国内外形势研判

当今世界正在经历百年未有之大变局，前所未有的发展变革正在延伸和潜滋，世界政治格局变幻莫测，国内经济深度转型，文化观念繁杂多元，信息技术迅猛发展，都使得当前我国社会发展面临着诸多不稳定不确定因素，这些问题也冲击着传统意义上"象牙塔"中的青年大学生，给他们的世界观、人生观、价值观的健康发展带来挑战。研判国内外形势是深度分析和推进大学生文化自信培育的现实基点。概括起来，当前大学生文化自信培育正处于全球化、市场化和信息化的大环境中。

1. 全球化环境

全球化是当今世界一股不可逆的时代潮流，世界各国都毫无例外地卷入其中。伴随全球化的深入发展，它已不再仅仅局限于经济与技术交流的范畴之内。全球化发端于经济领域，打破国家与民族之间的界限，推动物质资料、精神产品在全球范围内进行"共享"，形成资源全球化的流动与传播。随着生产力水平的发展与对外交往水平的不断提高，不同国家、民族之间的合作与交流日益频繁。正如马克思和恩格斯在《德意志意识形态》中所预言，现代资本主义社会所开创的全球化已使得人与人之间的交往变得普遍，其中"地域性"的个人也已被"世界历史性的、经验上普遍的个人代替"[1]。看似独立性的个体其实质上正在普遍的联系与交往中发展成为全面的依存关系。经济全球化同时也加快了政治全球化、文化全球化的一体化进程，其中以意识形态领域内的文化全球化的影响最为突出。在全球化的浪潮下，世界各国在多元文化的碰撞中竞争、生存与发展。在尊重世界文化与文明多样性

---

① 中共中央马克思恩格斯列宁斯大林著作编译局. 马克思恩格斯选集（第1卷）[M].
北京：人民出版社，1995：86.

的同时，保持本民族传统文化的独立性和吸引力，是我国在全球化背景下加快发展又保证安全的重要保障。

全球化带来的各种不同思想文化和价值观念的冲突和激荡，不仅表征为一个"同质化""单一化"的趋向，也是多元文明相互包容、相互融合的过程。客观上，全球化促进了不同国家、民族之间的文化交流，由此导致的文化交锋和价值冲突也在所难免。全球化是社会开放和进步的标志，但也是社会思想文化难以聚合、走向分化的背景因素。在全球化的时代环境中，我们要主动应对多元文化价值观念带来的挑战和危机。既然全球化是大势所趋，那么，正确的选择只能是主动融入、自觉对接，只能是从世界发展大势中来定位和把握我国主流价值文化的发展前景，主动地与世界各价值主体进行平等的对话，对于全球伦理、普遍价值提出建设性的主张。因此，在全球化带来的危机和挑战面前，在了解全球化的内涵及其实质的基础上，我们应辩证看待全球化对大学生社会主义核心价值观认同教育的影响，把握时代发展机遇，积极应对各种风险和挑战。我们需要提高自身的文化软实力，增强文化自信，用反映13亿多中国人民共识的社会主义核心价值观教育、引导青年大学生。高校要积极应对全球化发展趋势，把"培育什么样的价值观"同"培养什么样的人"统一起来，自觉抵御西方不良社会思潮的入侵，捍卫高校意识形态安全和人才安全，为建设社会主义现代化强国培养合格建设者和可靠接班人。

2. 市场化环境

改革开放以来，随着市场经济的不断发展，社会物质生产力水平显著提升，但同时也给社会的精神文化建设带来了诸多问题。美国当代思想家丹尼尔·贝尔指出，"现代主义的真正问题是信仰问题。用不时兴的语言来说，它就是一种精神危机，因为这种新生的稳定意识本身充满了空幻，而旧的信念又不复存在了。如此局势将我们带回了虚无"①。在竞争激烈的现代社会

---

① ［美］丹尼尔·贝尔. 资本主义文化矛盾［M］. 北京：三联书店，1989：74.

中，人们为了更好地生存和发展，对价值观的选择和判断呈现出趋利性和现实化的倾向，思想意识和价值观念从一元向多元转变。

所谓的市场经济就是以市场为基础对资源进行有效配置的一种经济运行方式。有效配置资源体现了社会效率，驱使各市场主体必须具备竞争意识，竞争性成为市场经济的显著标志。竞争性激发人们的主体性与能动性，它通过自由地进行交易满足人们的基本需求，丰富了社会关系，体现了人的主体价值，促进社会进步。但同时，市场经济发展的后果之一就是容易产生两极分化，拉大贫富差距，体现在社会层面就是引起个人心理失衡。现代社会功利主义盛行，享乐主义、个人主义、拜金主义等各类腐败现象也随之产生，侵蚀人们的精神世界，甚至会冲击社会的伦理道德底线和个人的内心信仰，引起人与人关系的异化。"竞争所引起的伟大的社会变革把资产者之间的相互关系以及他们对无产者的关系变为纯粹的金钱关系，而把上述一切'神圣化的财富'变成买卖对象，并把无产者的一切自然形成的和传统的关系，例如，家庭关系和政治关系，都和它们的整个思想上层建筑一起摧毁了。"[1] 正因为市场经济的"双刃剑"效应，所以趋利避害，促进社会物质文明和精神文明的共同发展，是社会主义现代化建设事业顺利发展的基本保证。

党的十八大以来，中国特色社会主义进入新时代。新时代有诸多新表现、新表征，其中首要的变化就是社会主要矛盾。与当前社会主要矛盾转变相适应，我国的社会经济由高速增长阶段转向高质量发展阶段。这种变化，是中国社会进入新的历史发展时期的重要标志，同时也彰显了人们对美好生活的需要日益广泛，他们比以往更在意精神层面的获得感，这也对市场经济环境下培育大学生的价值观提出了更高要求。当代大学生是同新时代共同前进的一代青年，既拥有个人奋斗的广阔舞台，又承载着伟大的时代使命。他们中大多数人没有经历过物质上的匮乏，丰裕的物质生活有可能会造成其精神上的"缺钙"。长此以往，对他们的健康成长和国家社会的发展极为不利。

---

[1] 中央编译局. 马克思恩格斯全集（第3卷）[M]. 北京：人民出版社，2002：432.

因此，在目迷五色、鱼龙混杂的市场经济环境中，急需重构新的社会价值伦理，用社会主义核心价值观这个思想"压舱石"和价值"定盘星"，保障高校人才培养的总体方向和育人质量。高校应充分利用市场经济开放性、创新性、竞争性等积极因素，培养大学生的自立自强精神、竞争创新意识、理性务实态度等。同时要坚决抵制市场经济消极的负面影响，关心和重视大学生成长发展的直接现实问题，帮助他们解决实际利益矛盾，处理好个人、集体和国家三者之间的关系，树立正确的得失观、苦乐观、荣辱观、奉献观等，坚定中国特色社会主义理想信念，自觉培育和践行社会主义核心价值观，助力培育文化自信。

3. 信息化环境

互联网技术的飞速发展使当今社会从工业化时代迈入信息化时代。数字化、信息化、网络化表征着社会发展的进步，改变着传统的社会生产方式和生活状态，也改变着人们尤其是青年大学生的话语体系、交往环境、思维方式和价值选择等。

以网络为特征的信息化时代对传统的社会结构和社会关系产生了巨大影响，互联网迅速扩展渗透到社会生活的各个领域，使当下的人们几乎都存在于信息网络之中，人与人、人与网、网与网相互交织，网络化生存成为一种常态。网络信息的开放性、平等性、多样性和虚拟性等特点，使得这种网络化生存呈现出与现实生活完全不同的状态。信息化不仅带来了多元的生活方式，也拓展了当前大学生文化自信培育载体和手段。

一方面，大学生价值观教育的主体意识增强。对当代大学生来说，网络为他们了解世界、获取信息提供了一种更为有效的途径和渠道，建立在现代数字技术和网络技术基础之上的"新媒体"打破了传统媒体单一性的传播方式，为大学生提供自由而平等表达观点的平台。现如今，有着"网络原住民"之称的95后、00后青年大学生，微信、微博、QQ等社交工具成为他们生活中不可或缺的部分，也使得他们在自己的话语圈里寻找到存在的价值，获得了主体意识。另一方面，大学生价值观教育模式的改变。网络信息的虚拟性给价值观教育带来了新的认知和实践方式——虚拟认知和实践。这种认知和实践活动方式，既具有现实社会中人们惯常的认知、实践特性和功能，又具有网络自身的特征和功能。在网络的虚拟空间中，网络主体的认知和实践活动具有匿名性和弱可控性，这既为在网络中推进社会精神文化发展创造了巨大空间，也会造成人们在现实生活中人际交往能力的下降和人际关系的冷漠，甚至会带来网络主体的道德失范。这种认知和实践方式对传统的高校文化认同教育带来了新的挑战。

伴随着互联网技术的快速发展，"网络这一技术实体所发挥的作用已远远突破了物质的范畴，成为承载人类语言、知识甚至思想的载体，人们在网络世界中形成了特有的语言体系、思维方式以及价值观念"①。在网络这个纷繁复杂的世界中，各种资源信息并存，不同社会思潮碰撞，多元文化观念交织，因此，需要用社会主流意识形态和价值观念引领和主导高校网络阵地的建设，去除网络错误思潮和异质声音，为大学生的健康成长营造一个正气浩然的清朗网络空间。高校应通过"互联网+"的手段，充分利用网络大数据信息，拓展与创新文化自信培育的网络育人路径。以校园网络建设为抓手，多措并举创新文化自信培育的内容和形式；加强校园网络监管，消除不和谐的网络"音符"，筑牢网络文化阵地。对此，教育部和共青团还对网络化建设做出了具体部署，要求建设好和使用好网络平台载体，加强中国青年网、中国大学生在线、未来网、易班网，以及校园和各级共青团组织公共微博、微信等载体建设，向师生定期推送电子报刊、校园信息，宣传报道培育和践行优秀传统文化、社会主义先进文化的典型人物及其事迹，产生示范和引领效应。发挥新媒体交流互动功能，加强网络服务管理队伍建设，发挥专家学者、辅导员和共青团网络宣传员等的作用，增强设置议题和主动发声能力，引领网络思潮，促进优秀传统文化、革命文化、社会主义核心价值观、中国特色社会主义先进文化的网络化传播。

---

① 国家中兴业 此日需人杰 [N]. 光明日报，2020-01-23 (04).

二、新时代大学生文化自信培育的自身逻辑

（一）大学生文化自信培育的发展历程

一段时期以来，全国各高校紧密围绕大学生文化教育（包括优秀传统文化教育、社会主义核心价值观教育等）这个中心任务，采用课程教学、实践养成、文化熏陶、网络传播、宣讲推广、榜样引领等路径和形式，把文化自信培育进行细化并落实在大学生思想政治工作的方方面面。通过扎实可行的工作机制、灵活多样的教育载体、独特新颖的活动方式，有效推动对精神文化、核心价值观等认同教育的落地生根、持久深入。

第一，发挥课程教学主渠道和主阵地作用。高校每一门课程都有思想政治教育的功能和责任，而思想政治理论课作为落实"立德树人"根本任务的核心课程，担负着大学生文化自信培育的主要职责，如"思想道德修养与法治基础"课程重点培育大学生的社会主义道德、社会主义核心价值观，"中国近现代史纲要"课程重点培育大学生对革命文化自信，"毛泽东思想和中国特色社会主义理论体系概论"课程则是把重点放在大学生的理论自信培育层面。"马克思主义基本原理"课程阐释了文化自信的理论逻辑，重点培育大学生对文化自信的理性认知。近年来，全国各高校不断深化思想政治理论课课程与教学改革，加强价值引领与专业知识的融合，不断创新教学方式方法，取得显著成效。如北京师范大学"形势与政策"课以公共必修课的形式，紧密结合国内外时事热点开展专题授课，让社会主义先进文化教育走进大学生的心里，以"入心""走心"收获了学生们的广泛喜爱和普遍认可。南京农业大学思政课教师们在"思想道德修养与法治基础"教学过程中通过情景剧、辩论赛等形式，将大学生自身的思想问题、社会热点问题等重现课堂，让大学生的思想困惑点、心理疑惑点和社会关注点统统呈现在课堂上，使学生在教师引导下主动学习和践行。"马克思主义基本原理"课则设计"每周播报"课堂实践环节，由学生自主选择热点新闻和社会时事，采取介绍背景、亮出观点、教师点评等方式，使文化自信教育在潜移默化中做出

成绩。

与此同时，高校各类专业课程结合每个专业的特点和规律，深入挖掘自身所蕴含的思想文化教育资源，统筹引领专业课程建设，将传道与授业、教书与育人、智育与德育相结合，形成了专业课与思想政治理论课协同发展、相互促进的文化自信培育格局。北京联合大学推进"课程思政"建设，将文化自信培育相关内容"基因式"地融入各类课程的教学之中。"机械工程导论"课中除了传授专业知识和技能外，还强调培养大学生的职业道德修养，引导他们思考工程实践与可持续发展理念的关系；"公共英语"课是面向全校大学生的公共课程，利用这一契机在课程教学中有机融入京味文化和校史校情等知识的学习，注重大学生文化素养的提高和价值观的引导。江苏科技大学在全校启动"课程思政聚合行动"，充分挖掘各类课程中的"思政元素"，在智能控制课程里融入马克思主义理论，在船舶专业课上进行爱国主义教育等，力促各类课程与思想政治教育同频共振。

第二，用好实践教学手段。党的十八大以来，全国各高校积极贯彻落实人才建设要求，坚持把"实践育人"作为大学生文化自信培育的重要路径，构建立体化、多渠道的社会实践网络，打造课内与课外、校内与校外、家庭与社会紧密结合的社会实践平台，使文化自信培育落细、落小、落实。在新时代，大学生文化自信培育社会实践教育方式更加丰富多样、特色鲜明，形成了典型性经验和样板式方法。如北京大学的"爱心社"、清华大学的"紫荆服务总队"、华中农业大学的"本禹志愿服务队"等一批志愿服务团体。大学生的文化自信要实现由入心到入行的过渡，离不开社会实践的推动。同济大学通过"家乡历史调研"活动，引导学生从身边的家族、家乡的历史变迁视角出发，以切身感受体会、领悟"家国情怀"的深厚含义，增强对党、国家、社会以及故乡的感情，由此厚植责任感和使命意识。井冈山大学等高校联合举办"走进山东抗日根据地，践行社会主义核心价值观"主题教育，组织大学生走进红色乡村，回顾革命事迹，感悟抗战精神，从中接受革命红色文化的教育。华南农业大学10年间组织万名大学生志愿者担任春运临时列车乘务员，支援铁路春运，用实际行动诠释了"心系国家、敬业爱岗"的社会主义核心价值观理念。中南大学以"敬业、友善"的核心价值观为引领，利用"雷锋"这个价值符号，创建"雷锋岗"志愿者团队，让"雷锋精神"放出新时代的光芒。

第三，注重文化涵养的重大价值。文化是涵养心智、塑造价值观的有效载体，校园文化隐性教育的特点和功能使其具有很强的渗透力和凝聚力，能够对大学生价值观的形成产生潜移默化的积极影响。党的十八大以来，全国高校纷纷注重在当代大学生中大力弘扬中华优秀传统文化、革命文化和社会主义先进文化。发掘优秀传统文化，滋养社会主义核心价值观之根；继承红色文化传统，传承社会主义核心价值观之脉；加强先进精神和先进文化引领，凝聚社会主义核心价值观之魂。把文化涵养的功效更大程度发挥出来。

首先，传承中华优秀传统文化。天津大学在天津文庙博物馆建立传统文化教育基地，努力搭建教育平台，促进传统文化专家学者与师生之间互动学习和交流。通过举行与国学传播相应的文化活动，展现中华民族优秀传统文化的独特魅力。武汉大学的"珞珈国学大讲堂"、天津大学的"北洋大讲堂"、大连理工大学的"百川讲堂"等以优秀传统文化研究和宣传为定位的学术讲堂邀请文化名家、艺术大师、专家学者等走进校园，用中华优秀传统文化的智慧和深刻的思想底蕴涵养大学生。

其次，弘扬革命红色文化。浙江大学开展"寻访红色记忆，勇担强国使命"的主题教育活动，引导和组织学生利用寒暑假，前往全国重点红色教育基地，走访了解我们党的光辉历程和革命先辈艰苦卓绝的奋斗经历。以此激发青年大学生的"爱国情、强国志、报国行"。延安大学通过建立"延安精神"教育基地，利用假期组织大学生到南泥湾、杨家岭、枣园等红色教育基地开展现场教学活动。上海财经大学在纪念五四运动 100 周年之际举办以"弘扬法治精神，传承红色文化"为主题的法文化红色探寻系列活动等。这些主题实践活动颇具有地方特色，是把革命文化具体化和赋予时代内涵的表现，对新时代大学生文化自信培育有积极正向的作用。

再次，加强社会主义先进文化建设。北京建筑大学把"焦裕禄精神"作为大学生社会主义核心价值观认同教育的"抓手"，把"焦裕禄精神"融入课堂教学、社会实践、校园文化和网络阵地的建设中，使"焦裕禄精神"成为引领和教育学生的一面旗帜、一支火炬。上海第二工业大学深入推进新中国"劳模精神"教育，以校友劳模的优秀事迹感染教育学生，以生动鲜活的现实素材和生活情景开展劳模精神的传承和社会主义核心价值观教育。湘潭理工学院以劳动教育为着力点，把"爱劳动、愿劳动、肯劳动、会劳动""劳动创造价值""劳动创造财富"的社会主义核心价值观追求融入一枝一叶、一锄一耕中，使劳动光荣、劳动伟大成为大学生的文化"潮点"。

最后，在传承先进文化的同时，各高校还通过丰富多彩、形式多样的学术讲座、社团活动、文化艺术体育活动等，挖掘与文化自信培育相契合的精神元素，打造高雅活泼、健康向上的校园文化环境，充分发挥文化春风化雨、润物无声的育人作用。复旦大学坚持把弘扬"博学而笃志，切问而近思"的校训精神同培育践行社会主义先进文化重要组成部分的社会主义核心价值观紧密结合，激励广大师生弘扬百年复旦精神，传递时代正能量。重庆大学推进"立德树人"专题校史馆、展览馆、博物馆、图书馆"四馆工程"建设，梳理80余年办学历史资料，加强校训、校徽、校歌等文化符号的设计创新，全力构建校园文化新阵地。北京林业大学开展了以"自觉践行社会主义核心价值观，争做担当民族复兴大任的时代新人"为主题的文化墙绘制活动，将社会主义核心价值观与学校学科特色和办学理念相结合，营造良好校园文化氛围。

第四，开辟多种渠道拓宽大学生文化自信培育场域。一方面，用好用活新媒体手段。新时代大学生与网络的关系密不可分，他们思维方式、生活习惯和价值观念等深受网络的影响。高校大学生文化自信培育必须用好网络媒体平台，用正能量和先进文化占领网络阵地，真正做到"为广大网民特别是青少年营造一个风清气正的网络空间"。党的十八大以来，许多高校在探索建立多元一体的"网络思政"育人方面积累了成功经验，形成与大学生文化自信培育相关的育人特色和亮点。北京成立"青年广播"和"北京电台高校广播联盟",全面打造校园广播、传统广播和新媒体平台互通一体的网络教育体系。上海交通大学积极推动校园传统媒体和新兴媒体的融合发展,促进学校主页、新闻网、校报、官方微博和微信等媒体的协同共建、资源共享,形成校园官方全媒体平台,打造新媒体矩阵。湖南师范大学努力构建立体多元的网络文化育人平台,开发"星网""星空"辅导员团队博客、"星空"手机报、微博、"小星"微信、电子信息屏等丰富多样、功能互补的校园网络文化产品集群,使网络成为传播培育优秀传统文化、革命文化、社会主义先进文化的稳固阵地。

另一方面,扎实做好宣讲推广工作。培育大学生文化自信,需要加强主流思想意识形态的宣传教育,让核心价值观的理念入耳入脑入心,夯实文化认同和践行的基础。党的十八大以来,全国各高校紧跟形势,向青年学生大力宣讲和传播优秀传统文化、革命文化和社会主义先进文化,注重发挥正面教育的舆论效应,用主旋律、正能量占领高校思想文化阵地,用社会主流价值导向引领大学生的健康成长。全国高校注重调动大学生的主动性和创造性,成立"大学生宣讲团",依托"道德讲堂",利用网络媒体等开展包括社会主义核心价值观在内的文化宣讲推广工作,用正面的宣传引导大学生树立正确的人生方向和进行正确的价值追求,增强对各种不良思潮的鉴别力和免疫力。中国地质大学深入挖掘各类教育资源,开展支部书记讲党史、"红色之声"学生党员巡回宣讲等一系列理论宣讲活动。中山大学以班级、宿舍为团队,深入农村和城市社区基层进行宣讲。西南大学通过"国防生党员讲坛"开展集中宣讲活动,将培育文化自信作为引领,用党的创新理论武装国防生头脑。东南大学把主题宣讲和理论学习作为首要环节,开展"与信仰对话"活动,邀请张岂之等专家学者与学生深入交流,引导学生承担时代责任。安徽师范大学组织的"青马理论宣讲"活动紧扣时代主题、时事热点等,集中宣传科学发展观、创先争优、群众路线、社会主义核心价值观等社会主义先进文化主题理论,成为唱响时代主旋律的阵地。

（二）大学生文化自信培育的发展特点

党中央对大学生文化自信培育高度重视，自"四个自信"提出以来，加之习近平总书记多次讲话强调了"文化自信"培育的重要性，全国各高校积极开展与文化自信培育相关的学习、培育和践行活动。一个阶段以来，各高校在推进大学生文化自信培育方面开展了扎实有效的工作，形成了符合办学理念、贴近师生实际和彰显文化特色的思路和举措，成效显著，可圈可点。总结起来，形成了阶段性的大学生文化自信培育的发展特点。

第一，各高校大力开展与新时代大学生文化自信培育相关的实践活动。积极贯彻习近平总书记的系列重要讲话精神，学习、领会新时代"四个自信"培育的目标、要求。认真落实"两个意见"，紧密结合《中共教育部党组 共青团中央关于在各级各类学校推动培育和践行社会主义核心价值观长效机制建设的意见》，积极推动教育理念、教育内容、教育载体和教育方式手段的创新。重视整理和总结在培育和践行中形成的好做法、好经验，开创了新时代高校大学生文化自信培育的"中心明确、外延丰富、方法多样"的崭新局面。

第二，新时代大学生文化自信培育呈现出主题突出和特色鲜明的特点。从样本所涉及的高校分布情况看，案例覆盖全国各地。既有东部发达地区的高校，也有中西部地区的高校；既有985、211等高水平大学，也有普通高等院校；既有本科院校，也有高等职业院校等。以上分布特点表明，全国各地各高校围绕"新时代大学生文化自信培育"这一鲜明主题，立足新时代需要和大学生的身心发展规律，充分开发和利用校本特色资源，搭建和创设特色载体平台，在教育实践中收获了一些成果。

第三，新时代大学生文化自信培育的内容丰富，形式多样。高校对于大学生文化自信培育的关注点与教育部网站和全国高校思想政治工作网所发布的热点关键词大体吻合，从整体上反映了教育实践的聚焦点。通过分析可以很明显看出高校大学生文化自信培育的内容和形式涉及思想政治理论课、社会实践、校园文化、网络新媒体、志愿服务、宣传教育、诚信教育等多个维度层面，各高校在实践中积极探索创新工作思路、方法和举措，有效增强了大学生文化自信培育的针对性和实效性。这些特点成为大学生文化自信培育的主基调，为新时代大学生文化自信培育的深入开展和内涵式提升夯实了方向性基础。

（三）新时代大学生文化自信培育的现实必然

1. 培养社会主义时代新人的迫切要求

2020 年习近平总书记在西南联大旧址考查时强调："我们教育的目的就是培养社会主义建设者和接班人。要坚持正确办学方向，落实党的教育方针，加强高素质教师队伍建设，培养有历史感责任感、志存高远的时代新人，为实现中华民族伟大复兴提供有力人才支撑。"[①] 大学生作为国家的未来、民族的希望，是中国特色社会主义事业的建设者和接班人，是未来担当民族复兴大任的时代新人，是实现中国梦的中流砥柱。他们的价值观、文化认同感、践行中国特色社会主义文化的态度以及意志直接关系到社会主义建设事业的前途，关系到国家的命运。大学时期是世界观、人生观、价值观形成的"拔节孕穗期"，尤其在价值冲突复杂交织的今天，如果不能进行有效的文化引领，大学生势必会陷入价值迷茫的困境，甚至走向价值虚无。如何把新时代的大学生培养成"德智体美劳全面发展的社会主义合格建设者和可靠接班人"，对大学生进行正确文化引领，已然成为中国教育事业极端重要的任务。

党的二十大报告明确提出："社会主义核心价值观是凝聚人心、汇聚民力的强大力量。""广泛践行社会主义核心价值观。"[②]社会主义核心价值观成为当代中国坚定文化自信、建设文化强国的价值引领。社会主义核心价值观是坚持和发展中国特色社会主义的价值遵循，是中国特色社会主义文化的精

---

① 习近平．家国情怀弦歌不辍　联大精神薪火相传［N］．光明日报，2021－07－21（05）．

② 习近平．高举中国特色社会主义伟大旗帜　为全面建设社会主义现代化国家而团结奋斗——在中国共产党第二十次全国代表大会上的报告［N］．人民日报，2022－10－26（01）．

神核心体现，社会成员的社会主义核心价值观认同将在全社会形成价值引领和文化引导。它通过明确追求什么，反对什么，朝什么方向走，不能朝什么方向走等来整合多样化社会思潮，保证中国特色社会主义事业的行稳致远。改革开放后，我国经济得到巨大发展，与此伴随的是意识形态领域的变化，体现为文化发展的多样性、价值取向的多元性以及社会思潮的交织性。这些多元化的价值取向和社会思潮或多或少、或深或浅都在影响着每一个社会成员。"今朝有酒今朝醉"体现的是颓废的人生价值观，"学得好不如长得好，工作得好不如嫁得好"是价值观的错乱。大学生身处社会中难免其俗。新时代大学生思想主体是积极向上的，但同时也呈现出多元化倾向，出现了一些如功利主义、实用主义、拜金主义的倾向。我们的大学是社会主义大学，培养人才的目标是"德智体美劳全面发展的社会主义合格建设者和可靠接班人"。国家的富强、民族的复兴、人民的幸福靠的是人才，是有理想、有责任、有担当、有本领的时代新人，更是爱国、爱党、爱社会主义，立志为中国特色社会主义事业奋斗终身的有用人才。因此，如何正确把握新时代大学生对社会主义核心价值观的认同过程，直面大学生价值观培育中存在的问题，客观地分析其原因，积极探索大学生价值观培育行之有效的对策，已然成为摆在中国高等教育事业面前的根本任务。作为社会主义核心价值观培育和文化自信培育的主阵地，高等教育承担着关键作用，扮演着关键角色。

2. 文化自信与社会主义核心价值观培育的内在关系使然

文化建设之于一个国家、一个民族意义重大。党的十九大报告曾讲到文化，用了两个关键词：一个是"文化自信"，另一个是"繁荣兴盛"。如何做到文化自信的问题，强调五个方面，内容之一就是坚持社会主义核心价值观，足见社会主义核心价值观的建设对于坚定高度的文化自信意义重大。党的十九届四中全会提出：发展社会主义先进文化，广泛凝聚人民精神力量，是国家治理体系和治理能力现代化的深厚支撑。突出强调坚定文化自信、牢牢把握社会主义先进文化前进方向，"围绕举旗帜、聚民心、育新人、兴文化、展形象的使命任务"①。靠什么坚定文化自信？如何牢牢把握社会主义先进文化前进方向？党的十九届四中全会以坚定的文化自信和价值观自信，创造性提出"坚持以社会主义核心价值观引领文化建设制度"，并做出一系列战略部署，这标志着中国共产党对社会主义文化建设规律的认识达到了一个新的高度。

一方面，核心价值观认同在坚定文化自信中具有重要地位。一个国家的核心价值观认同是该国文化自信的生命与引领，在坚定文化自信的进程中居于灵魂地位。我国拥有悠久光辉的文化传统，是世界上少有的具有不间断历史记载的文明古国，文化资源博大精深，有着丰厚的文化自信基础。但是近代以来，中国沦为半殖民地半封建社会，"全世界几乎一切大中小帝国主义国家都侵略过我国，都打过我们，除了抗日战争，以日本帝国主义投降告终外，没有一次战争不是以我国失败、签订丧权辱国条约而告终"②，整个民族自信丧失殆尽。但伟大的中国人民从未停止过抗争与探寻，近代中国落后挨打的原因是什么？无数仁人志士首先将其归结为"器物"，而甲午战争失败证明此路不通；中国的仁人志士又把矛头指向了封建制度，维新变法要建立君主立宪制，辛亥革命要建立资产阶级民主共和制，但失败的结局又一次昭示着制度并非近代中国落后的真正症结。及新文化运动高喊出"民主""科学"口号，颠覆了封建社会传统的、旧的价值观，以崭新的、进步的价值观唤醒了国人，并催生了中国共产党以及新中国的诞生。

另一方面，核心价值观在坚定文化自信中具有引领功能。中国已经大步迈进新时代，政治、经济、社会生活等各方面获得空前发展的同时，中国人民也渐渐树立起道路自信、理论自信、制度自信、文化自信。近代以来，我们一直致力于解决的是中国独立和发展问题；今天的中国在解决自身问题的同时，也直面世界百年未有之大变局，致力于为世界发展提供中国方案。中

---

① 中共中央关于党的百年奋斗重大成就和历史经验的决议 [N]. 人民日报，2021-11-17 (01).

② 毛泽东. 毛泽东文集（第8卷）[M]. 北京：人民出版社，1999：340.

国的发展开辟了人类实现现代化的新道路，打破了发展中国家对西方国家现代化的"路径依赖"，为世界各国的发展提供了实现现代化的中国路径。在这一过程中，中国方案与中国智慧成为闪亮的"名片"。但即便中国强大，也从来不进行价值观输出，我们以实际行动向世界表明我们是负责任的世界大国，不结盟，也绝不称霸，正凸显出新时代属于中国的文化自信与价值观自信。党的十八大明确提出社会主义核心价值观的基本内容，党的十九大报告中再次高度强调社会主义核心价值观的重大意义，这正是我国在发展过程不断坚定中国文化自信的集中表现。

中国的文化自信源自中国的全方位发展，源自中国道路、理论、制度的实践总结，更源自中国特色社会主义文化的先进性。中华优秀传统文化、革命文化与社会主义先进文化共同构成了中国特色社会主义文化，也提供了文化自信的"元素"。党的十九大报告明确指出：发展中国特色社会主义文化，就是以马克思主义为指导，坚持中华文化立场的社会主义文化。党的二十大报告在论述推进文化自信自强，铸就社会主义文化新辉煌时，明确提出：必须坚持中国特色社会主义文化发展道路，增强文化自信，围绕举旗帜、聚民心、育新人、兴文化，以社会主义核心价值观为引领，发展社会主义先进文化，弘扬革命文化，传承中华优秀传统文化。① 中华文化发展的落脚点点明了社会主义核心价值观的引领导向功能。中国特色社会主义的文化首先是社会主义的，然后是具有中国特色、符合中国国情的。社会主义决定了主体不是少数人，而是占人口绝大多数的人民，我们要全面建成的小康社会，是全体国人的小康；共同富裕强调所有人，不落一个，这正是民主、富强的社会主义核心价值观的目标指向。公民个人的微观层面，建设什么样的社会，实现什么样的目标，人是决定性因素。社会主义核心价值观认同的提升，说到底是人的思想建设，蕴含在一个人的精气神里，投射到一个人的精神风貌上，关系到整个社会的社会风尚与精神文明建设工作。正是基于以上宏观与

---

① 高举中国特色社会主义伟大旗帜 为全面建设社会主义现代化国家而团结奋斗——在中国共产党第二十次全国代表大会上的报告［N］. 人民日报，2022-10-26（01）.

微观的考虑，党的十九届四中全会以高度的价值观自信创造性地提出"坚持以社会主义核心价值观引领文化建设制度"。总而言之，两者间的逻辑关系使得新时代大学生文化自信培育成为"结果必然"，也使其具有可靠的文化支撑和现实基础。

3. 增强国家文化软实力的客观要求

"软实力"是与"硬实力"相对而言的，是指文化、意识形态等无形力量，所以软实力通常也被称为文化软实力。文化软实力的主体通常是一个国家或地区，具体涵盖其源于文化而形成的生命力、凝聚力、传播力、创新力、影响力和感召力，这六个"力"来自文化自信的精神支撑，有了坚实的文化自信，文化才可能发挥出生命力、凝聚力、传播力、创新力、影响力和感召力的作用。显而易见，国家要进行文化软实力建设，最根本的就是文化自信培育，这关乎一个国家的生命力与凝聚力。习近平总书记指出，提高国家文化软实力，关系我国在世界文化格局中的定位，关系我国国际地位和国际影响力，关系"两个一百年"奋斗目标和中华民族伟大复兴的中国梦的实现。[①] 习近平总书记的讲话道出了文化软实力的"本体性"，为大学生文化自信培育提供了前提，也提出了要求。

一方面，一个国家的国民对文化的认同力和自信程度是文化软实力的核心和灵魂，在国家文化软实力诸要素中居于主导和支配地位。"文化"包含器物、制度、行为、观念四个层面，从四者关系看，观念层面决定着其他三个层面，居于核心地位。核心价值观是文化的根本内核，它解决的是"为什么做"的问题，决定着人们"做什么"和"怎么做"，更是决定文化性质和方向的最深层次要素。国家文化软实力的建设主体与客体均是一个个受文化支配的实体，文化自信在国家文化软实力建设中处于统摄地位，没有文化自信，国家文化软实力建设是无从谈起的。就国家文化软实力的建设主体即国家的决策者来说，文化通过其影响到国家制度设计和权力运行，进而影响一

---

① 习近平新时代中国特色社会主义思想三十讲 [M]. 北京：学习出版社，2018：208.

个国家的思维方式和话语系统。同时，作为国家文化软实力的建设的客体，公民接受一定的文化教育，并被引导认同一定的文化，最终形成提升国家文化软实力的合力。一个国家要有凝聚力，一个民族要有生命力，一个政党要有战斗力，必须有坚定的文化认同，形成共同的思想道德基础。

另一方面，文化认同在提升国家文化软实力中具有引领导向与凝聚激励的功能。随着国际社会发展内涵的深化，文化发展成为衡量一个国家经济、政治发展的关键因素。文化价值观与人类社会进步的关系成为21世纪的热门话题，思考文化认同基础上的文化自信的功能成为重要议题。综其阶段性结论，概括为以下两点。其一，引领导向功能。文化自信能够引领国家的文化软实力建设方向，引导社会成员达到思想上的认同、情感上的共鸣、行动上的印证，最终促进国家持续健康的发展。当今世界，没有科技一打就垮，没有文化不打自垮。令人警醒的是，我国是世界上文化资源最厚重的国家之一，目前却称不上是文化强国，与经济、政治、军事相比，我国的文化软实力仍有待增强。所以，提升对中华文化的认同力，建设社会主义先进文化极为迫切。此外，文化认同的引领导向功能还体现于公民个人层面，以明确"倡导什么""反对什么"为其提供行动的天平、言行的标准，在全社会形成良好风尚。其二，凝聚激励功能。伴随着全球化的到来，各种思想观念、文化意识形态的矛盾与冲突集中表现为价值观的冲突，迫切需要一种统一的核心价值观来凝聚社会共识、强化共同信念、整合群体意识、夯实思想基础，进而化作维系社会和民族生命共契的巨大能量。

第四章　新时代大学生文化自信
培育的现状分析

　　文化自信是更深层次的、影响更深远的自信，对于文化强国建设和中华民族伟大复兴起着不可低估的作用。从文化自信概念提出以来，各高校都在不同程度上对大学生进行了关乎文化自信培育的实践探索，产生了一定的效果，并形成了一定的经验。从实证角度全面总结新时代大学生文化自信培育状况，并在此基础上进行审视和反思，发现问题找到原因，同时通过大量调研数据的分析找到影响新时代大学生文化自信培育的维度与维度指标，这对于今后相关工作的展开具有典型的指导意义。

　　本章旨在通过问卷调查、实地考察、访谈座谈和案例分析等方式，了解大学生文化自信培育的现状，总结大学生文化自信培育的经验，分析存在的问题和诱发因素。并研判新时代大学生文化自信培育面临的机遇和挑战，为对策之提出奠定基础。

一、新时代大学生文化自信培育的实证研究

(一) 调查设计和具体实施

1. 维度指标设计

文章从认知、情感、行为①三个维度分析大学生文化自信培育的成绩与经验，调查问卷和座谈访谈指标设计都是围绕认知、情感和行为三个维度展开。这三个维度基本能够体现大学生文化自信的形成情况和强弱程度。

知识认知维度旨在调查研究新时代大学生文化知识认知的现状。其中二级指标包括"民族认同感""存在意义感""理论学习观""文化对象观"等。这些指标紧紧围绕知识认知的内涵和特点进行设计，分别着眼于大学生自我认知的水平和主体性觉醒程度以及对于中华民族传统文化、革命文化、社会主义先进文化知识性掌握层次，问题的设计立足知识，指向认知。在设计调查问卷时，根据所要获取信息的方向，把知识认知内容分为内外两个部分，对内指向自我，对外指向各种文化样态，以明晰认知认同的对象性指向具体呈现的状况。

情感认同维度旨在调查研究新时代大学生对中华民族传统文化、革命文化、社会主义先进文化的情感认同的现状。把大学生对中华民族传统文化、革命文化、社会主义先进文化的"情感选择度""情感驱向度""情感满意度"与"情感喜欢度"作为评价情感认同的二级指标。具体来说，情感选择度指大学生对文化重要意义的情感选择和判断，情感驱向度指大学生对各种文化样态表现出的情感好恶，情感满意度指大学生对各种文化样态的情感满

---

① 按照一般理论来说，衡量大学生文化自信实效，应是认知、情感、意志、行为四个维度。但本文认为行为属于意志的延伸，是坚定意志在实践上的自然外显。没有坚定意志，行为自觉是很难想象的；而意志也必须靠行为自觉进行体现，两者虽然一是意识范畴，一是实践范畴，但实际上很难区别。另外，意志本身较难量化，单凭几句话或几个行为表现不足以自成结论，所以基于以上考虑，本文在进行指标设计时，把意志放到行为的范畴中，共同构成"价值践行"指标维度。这个指标维度上既体现了作为受教育对象的大学生文化自信的行为选择度，也可对意志自觉和意志深化程度进行归纳总结。

意程度，情感喜欢度指大学生对各种文化样态的情感浓烈程度。

　　价值践行维度旨在调查研究新时代大学生文化自信的内化及行为外化程度。把"意志自觉""行为稳定""意志深化"作为衡量大学生对维护、继承和发展各种文化样态的理性自觉和行为认同现状的二级指标，考查的是大学生对于维护、继承和发展各种文化样态的践行程度。具体来说，意志自觉指的是大学生维护、继承和发展各种文化样态的理性自觉程度，行为稳定指的是大学生与文化自信有关的、稳定的行为选择，意志深化指的是大学生维护、继承和发展各种文化样态的忠诚度和行为运用程度。

表 4.1　新时代大学生文化自信培育调查问卷的指标设计

维度	维度指标	指标操作化定义
知识认知	民族认同感	大学生对中华民族和文化的理解认知和认同意识
	国家归属感	大学生对中国政治认知和社会主义道路的归属意识
	自我身份感	大学生对自我身份的认同和理解
	存在意义感	大学生对人生价值和民族复兴时代使命的理解
	社会责任感	大学生对发展民族传统文化、革命文化和社会主义先进文化的责任认知
	理论学习观	大学生对文化自信内涵的理解
	文化对象观	大学生对文化自信投射出的文化认知
情感认同	情感选择度	大学生对继承发展民族传统文化、革命文化和社会主义先进文化重要意义的情感选择和判断
	情感驱向度	大学生对民族传统文化、革命文化和社会主义先进文化表现出的情感好恶
	情感满意度	大学生对民族传统文化、革命文化和社会主义先进文化发展的情感满意程度
	情感喜欢度	大学生对民族传统文化、革命文化和社会主义先进文化的情感浓烈程度

维度	维度指标	指标操作化定义
价值践行	意志自觉	大学生维护、继承和发展各种文化样态的理性自觉程度
	行为稳定	大学生维护、继承和发展各种文化样态的行为选择
	意志深化	大学生维护、继承和发展各种文化样态的忠诚度和行为运用程度

2. 研究假设的提出

第一，知识认知为增强大学生文化自信提供引导力。知识认知分内外两个方向，对内强调的是大学生的自我认知，由民族认同感等四个维度构成的指标加以衡量；向外确指主体与各种文化样态及文化自信在价值层面的理性契合，包括社会责任感、理论学习观、文化对象观。通过培养大学生对于自己身份强烈的责任感、使命感，提升其对中华优秀传统文化、革命文化和社会主义先进文化以及文化自信的理性契合度，以此为可能性的标准，推动新时代大学生在文化自信上的思想与行动选择。基于此，提出以下五个基本假设。

假设1：民族认同感、国家归属感与大学生认同民族传统文化、革命文化和社会主义先进文化，自觉维护、继承和发展各种文化的"思"与"行"的选择呈显著正相关的关系。在思想意识多元化的时代，对民族的认同和对国家的归属程度直接影响着大学生文化自信方面的反映正向度。可以假设的是，缺乏民族认同感和国家归属感，大学生认同、维护和继承民族传统文化是不可能的。反过来说，民族认同感和国家归属感越强烈，新时代大学生越能做出理解民族传统文化、革命文化和社会主义先进文化，自觉维护和继承、发展文化的思想与行为选择。

假设2：自我身份感对于身处变革时代的大学生把自我和国家有机统一起来，从而增强文化自信，作为民族传统文化、革命文化和社会主义先进文化的积极维护者和守护者，具有重要意义。两者呈正相关的关系，即自我身份感越强烈,越有利于新时代大学生做出认同、维护、继承和发展民族传统文化、革命文化和社会主义先进文化的思想与行为选择。

假设3:存在意义感是新时代大学生认识人生价值及明确实现中华民族伟大复兴时代使命的思想前提,与认同民族传统文化、革命文化和社会主义先进文化,形成维护、继承和发展民族传统文化、革命文化与社会主义先进文化的行动取向具有正相关关系。存在意义感越强烈,越有利于增强新时代大学生认同、维护、继承和发展民族传统文化、革命文化与社会主义先进文化的意识。

假设4:社会责任感是大学生对于发展民族传统文化、革命文化和社会主义先进文化的责任认知,与大学生文化自信的强弱有正相关的关系。即社会责任感越正向,新时代大学生就越能够强化文化自信的意识。

假设5:理论学习观和文化对象观是大学生对文化自信的理论认知和文化解读,是对单一政治观的补充。理论学习观和文化对象观与大学生文化自信也是正相关的关系,即理论学习观和文化对象观越正向,越有利于新时代大学生树立起对民族传统文化、革命文化和社会主义先进文化的自信,也就越能形成知、情、意的良序结合。

第二,情感认同为增强大学生文化自信提供驱动力。情感选择度等是其中的最具有代表性的衡量维度指标。大学生对于民族传统文化、革命文化和社会主义先进文化的满意与否、肯定与否、喜好与不喜好、依赖不依赖或者多大程度上依赖等都将影响其行为,对民族传统文化、革命文化和社会主义先进文化有满意、肯定、喜爱的情感,更有利于新时代大学生树立和增强文化自信,并为此做出积极正向的思想和行为选择。基于此,提出以下三个基本假设。

假设6:情感选择度指的是大学生对维护和发展民族传统文化、革命文化和社会主义先进文化重要意义的情感选择和判断。情感驱向度指的是大学生对民族传统文化、革命文化和社会主义先进文化表现出的情感好恶。这是情感基础,很大程度上影响着大学生对其会不会选择以及愿不愿意发自内心维护。二者明显正相关。即情感选择度越高，新时代大学生越能认同民族传统文化、革命文化和社会主义先进文化并树立起文化自信。

假设7：情感满意度指的是大学生对维护和发展民族传统文化、革命文化和社会主义先进文化的情感满意程度，与意识多元和价值冲突中大学生维护和发展民族传统文化、革命文化和社会主义先进文化的思想和行为选择显著正相关，即情感满意度越高，新时代大学生越会认同民族传统文化、革命文化和社会主义先进文化，并做出相应地与文化自信相关联的思想与行为选择。

假设8：情感喜欢度指的是大学生对民族传统文化、革命文化和社会主义先进文化的情感浓烈程度，与大学生维护和发展民族传统文化、革命文化和社会主义先进文化的思想和行为选择显著正相关，即情感喜欢度越高，新时代大学生对民族传统文化、革命文化和社会主义先进文化越倾向于认知、认同和自觉内化，从而形成文化自信。

第三，价值实践为增强大学生文化自信提供实践力。大学生对民族传统文化、革命文化和社会主义先进文化的认知认同、情感认同，及树立文化自信，最终落实到意志自觉和行为稳定，具体体现在意志自觉、行为稳定、意志深化三个实践维度指标。如果主体形成了意志自觉，就容易外化为行为；如果主体获得愉悦的行为体验，就易于形成正向的意志反馈，进而达成稳定与深化，推动新时代大学生牢固树立文化自信。基于此，提出以下三个基本假设。

假设9：意志自觉指的是大学生维护和发展民族传统文化、革命文化和社会主义先进文化的理性自觉程度，是大学生做出维护和发展民族传统文化、革命文化和社会主义先进文化行为选择的理性逻辑起点，二者显著正相关。即越具有意志自觉，就越有利于新时代大学生在各种环境中做出维护和发展民族传统文化、革命文化和社会主义先进文化的行为选择。

假设10：行为稳定指的是大学生与维护和发展民族传统文化、革命文化和社会主义先进文化有关的、稳定的行为选择，与身处意识多元化时代的大学生做出维护和发展民族传统文化、革命文化和社会主义先进文化的行为选择正相关，即行为稳定程度越高，越有利于坚定大学生的文化自信，也越有利于大学生增强维护和发展民族传统文化、革命文化和社会主义先进文化的思想忠诚度。

假设11：意志深化指的是大学生维护和发展民族传统文化、革命文化和社会主义先进文化的忠诚度和行为运用程度，与大学生牢固树立文化自信和形成坚定行动显著正相关，即意志深化程度越高，越有利于新时代大学生做出树立文化自信及维护和发展民族传统文化、革命文化和社会主义先进文化的思想与行为选择。

综上所述，新时代大学生是否树立及增强文化自信，主要取决于包括知识认知、情感认同、意志行动在内的三个主要维度及其14个维度指标对新时代大学生在多元价值冲突中是否能够思想上倾向于认同民族传统文化、革命文化和社会主义先进文化，以及行为上选择和坚定维护民族传统文化、革命文化和社会主义先进文化的强度及作用的大小。

3. 预调查问卷的形成与修正

本问卷建立在对于新时代大学生的特点，认同维护民族传统文化、革命文化和社会主义先进文化的深入理解以及学界对相关问题研究的基础上，是文献阅读和现实考察有机结合的产物。问卷制定时通过座谈访谈的方式重点了解了大学生的思想和行为特点，以求使本问卷更加全面与翔实反映"新时代大学生文化自信培育"的状况。本问卷的编制积极吸取了前人的优秀经验，在此基础上，从影响大学生树立文化自信以及维护和发展民族传统文化、革命文化和社会主义先进文化行为选择的认知、情感、行为三大维度，进一步提炼出14个具体的维度指标，编制出"新时代大学生文化自信培育现状调查问卷"。

问卷初步编制成后，专门请校内外专家进行了评定，订正了一些不规范的表述和不严谨的题项。专家们的评定和提出的中肯建议无疑对于提升本问卷的科学性、实践性和效能度是非常有帮助的。在问卷修正和基本完成之后，选取 4 名本科大学生试做"新时代大学生文化自信培育现状调查问卷"，用时 6~8 分钟，说明问卷的题量总体较合理。试做同学中有反映个别题目选项存在模棱两可的问题，于是根据评价维度和答题体验回馈又调整了一些题项。总的来说，问卷中不存在晦涩难懂、难以回答的问题。

预调查在湖南大学进行，初步以所学专业为考察的参照样本，选取大学生 67 人，其中文科生 36 人，理科生 31 人，依据统计分析学方法将无效问卷剔除之后，得有效问卷 62 份，有效回收率为 92.54%。样本男女性别比例为 1.38∶1，性别比基本合理；所学专业皆有兼顾，文理比例合理；生源遍及省会城市、地级市、县、乡镇和农村；覆盖各学段，对政治面貌、民族、宗教信仰等都有考虑。总体说来，本次调研对象兼具广泛性与代表性。通过预调查，对新时代大学生文化自信培育现状量表以及结构效度系数列表中显示的数值进行考察，并根据结果进行调整，最终完成了题目修改，形成了"新时代大学生文化自信培育现状的调查问卷"的正式版本。

4. 问卷设计和实施

本次调查问卷发放借助问卷星平台，调查数据不可人为更改，以求问卷所反映及反馈的信息真实有效。问卷调查对象主要是湖南省内包括中南大学、湖南大学、湘潭大学、湖南师范大学、长沙理工大学、湖南科技大学、湖南工程学院在内的 15 所本科院校的学生，以及包括长沙民政职业技术学院、湖南理工职业技术学院在内的 5 所专科院校的学生。问卷设计借鉴社会学基本理论和调查研究方法，也吸收了相关研究方向的设计问卷和方法。按照分层整取的方法，随机抽取一个专业自然班的四个年级，共发放问卷 8630 份，回收有效问卷 7518 份，有效率为 87.11%。

此次问卷包括三个部分内容。第一部分是基本信息，学段、所学专业、政治面貌等都在考虑之列，目的在于探讨这四个因素与大学生文化自信是否具有相关性，以及有多大的相关性；第二部分是知识认知现状，紧紧围绕"认知"的内涵和特点进行题项设计，以调查大学生学习了解和认知民族传统文化、革命文化和社会主义先进文化相关知识的渠道，包括对理论维度、具体内涵的认知以及去学习了解民族传统文化、革命文化和社会主义先进文化的原因等；第三部分是情感认同现状，所设计的题目较多，内容丰富，该部分在知识认知的基础上了解大学生对民族传统文化、革命文化和社会主义先进文化的信服程度和情感满意度、喜欢度，主要调查大学生的意志自觉和实践状况。有效数据的基本情况见表4.2所示。

表4.2　问卷调查样本基本信息

项目	类别	人数	比例（%）
性别	男	3786	50.4
	女	3732	49.6
家庭住址	省会城市	1376	18.3
	地/县级市	2593	34.5
	乡镇	960	12.8
	农村	2589	34.4
学段	大学	6212	82.6
	硕士	878	11.7
	博士	428	5.7
年级	一年级	2637	35.1
	二年级	1787	23.7
	三年级	1734	23.1
	四年级	1360	18.1
专业	文史哲等	1147	15.3
	政经法管等	2464	32.8
	数理化等	1143	15.2
	工程技术等	2328	30.9
	医科	436	5.8
政治面貌	共产党员	1542	20.5
	共青团员	5616	74.7
	群众	360	4.8

续表

项目	类别	人数	比例（%）
家庭年经济收入情况	100 万元以上	131	1.7
	50~100 万元	159	2.1
	20~50 万元	517	6.9
	10~20 万元	1204	16.1
	5~10 万元	1868	24.8
	1~5 万元	2402	31.9
	1 万元以下	1237	16.5

（二）调查结果分析

通过问卷数据分析，可知大学生对民族传统文化、革命文化和社会主义先进文化的相关知识的知晓度、理解度、认同度处于较高水平，呈现出积极向上的风貌，但也有近1/5的大学生持不理解和不认同或不太理解和不太认同的态度。就大学生对民族传统文化、革命文化和社会主义先进文化的认同层次来看，最高的是认知认同度，其次是意志自觉度，再次是知识知晓度，最后是情感认同度。值得注意的是，大学生对民族传统文化、革命文化和社会主义先进文化的知晓和情感喜好的比例相对较低，并且理论学习和信息了解的主动性又较低，一定程度上表明大学生的认同或许不是源于自己的理性了解和情感喜好，而是一种朴素性认同。

本研究运用方差分析、卡方检验，对大学生文化自信培育现状进行人口统计学特征分析。从性别来看，不同性别大学生对民族传统文化、革命文化和社会主义先进文化的认知度、认同度方面不存在显著性差异。从学历层次来看，不同学历层次大学生的认知度方面不存在显著性差异，在其他维度存在显著性差异，硕士研究生高于博士研究生，博士研究生高于本专科生。从年级来看，从大一到大四，知识了解度有明显提高，但认同度二年级最低，三年级最高，四年级与一年级持平。从学科专业来看，人文社会类学科专业的大学生的知识了解度最高，但认同度却一般；工科和医科类大学生知识了解度一般，但认同度与知识了解度呈相反势头；理科类大学生的知识了解度和认同度都处于较低水平。从政治面貌来看，大学生党员的知识了解度和认同度均最高，大学生团员和群众之间没有统计学意义上的差异。从家庭居住地来看，城市大学生相较于农村生源大学生，在知识了解度方面表现突出，但认同度方面并未较高。从家庭经济收入来看，家庭经济收入在中等水平的大学生知识了解度和认同度最高，家庭收入较低的大学生的知识了解度较低，但认同度相对较高，值得注意的是，家庭收入较高的大学生的知识了解度和认同度却最低。

大学生文化自信形成在知识了解和认知、情感认同、意志自觉、价值实践逻辑结构上是一个环环相扣、层层递进的提升过程。调查显示，如表4.3所示，大学生对民族传统文化、革命文化和社会主义先进文化的知识了解度、认知认同度、情感认同度、意志自觉度和总体认同度相关系数在0.163~0.750，双侧显著性检验的概率 P 值均为 0.000，小于显著性水平0.05。这说明在大学生文化自信形成的进程中，知识了解度、认知认同度、情感认同度、意志自觉度和总体认同度相互之间均具有显著性正相关关系。

表 4.3　新时代大学生文化自信培育的结构相关性分析

	知识了解度	认知认同度	情感认同度	意志自觉度	总体认同度
知识了解度	1				
认知认同度	0.382 **	1			
情感认同度	0.217 **	0.379 **	1		
意志自觉度	0.223 **	0.388 **	0.163 **	1	
总体认同度	0.728 **	0.750 **	0.648 **	0.597 **	1

注：＊表示在0.1水平显著，＊＊表示在0.05水平显著，＊＊＊表示在0.01水平显著

本研究可以得出大学生文化自信培育影响因素的作用机制：在大学生内在思想转化和实现理论认同过程中，不仅民族传统文化、革命文化和社会主义先进文化相关知识了解起到直接作用，民族认同感、国家归属感、社会思

潮、家庭环境、生活满意度、自我身份感、存在意义感等间接因素也具有相当程度的意义，特别是民族认同感和国家归属感在其中起到了显著的中介变量的作用。

二、新时代大学生文化自信培育的成绩分析

（一）大学生文化自信理论认知水平较高

近些年，随着文化育人理念在教育领域的深入拓展，文化教育呈现出蒸蒸日上的势头，各类各样的文化课程在高校不断开设，并且形成了一批质量高、内容广、受欢迎的"金课"。此外，各种电视节目层出不穷，如《汉语桥》《中国诗词大会》《朗读者》《平'语'近人——习近平总书记用典》等，文化热成为一种趋势。文化知识借用丰富的载体以更通俗的形式进入大学生视野，民族传统文化、革命文化和社会主义先进文化在新时代不断焕发生机，受到青年大学生们的喜爱。在此基础上，大学生对民族传统文化、革命文化和社会主义先进文化有了更高的认知水平，这一点在问卷调查、座谈访谈中都有所体现。

针对"你对中华优秀传统文化了解吗"这一问题，近50%的大学生表示了解一些，这部分学生中有些表示对中华优秀传统文化中的某一个层面了解较多，如在座谈访谈样本中，45%的学生认为自己对唐诗宋词关注很多，还有37.5%的学生表示对传统戏剧了解较多。表示"不清楚"的占比不到2%。对于"你对革命文化了解吗"这一问题，40.5%的学生表示"较为了解"，这部分学生对于中国共产党的百年奋斗历史有不同程度的认知，并对于在此基础上形成的革命文化有自己的体会。11.5%的学生表示对革命文化"很了解"，而回答"不了解"的同学只占3.5%。对于"你对社会主义先进文化了解吗"这一问题，超过50%的学生表示自己对社会主义先进文化"比较了解"，特别是对马克思主义中国化理论成果、社会主义核心价值观等了解较多。对社会主义先进文化仅仅了解一点儿的学生占到了几乎40%。对民族文化、革命文化和社会主义先进文化都很了解的学生只占5%左右。排除部分学生在问卷调查或者座谈访谈中的"谦虚"因素和"应付"因素，可以得知大学生对民族传统文化、革命文化、社会主义先进文化总体上较为了解，有较高的认知水平，但对于核心内容的认知并不够。

知识获取渠道的丰富性也是衡量大学生对于民族传统文化、革命文化、社会主义先进文化认知程度的重要指标。为此，问卷设计了这一问题。对于"你是如何了解中华优秀传统文化的"这一问题，影视、网络、课堂教学是最常见的最主要的三种方式，分别占到 89.5%、88%、75%。另外，大学生还会通过阅读报刊、同学交流等方式获取相关知识。对于"你是如何了解革命文化的"这一问题，位居前三位的手段仍然是影视、网络、课堂教学，分别占到 88%、81%、74%。还有 43% 的学生表示，参观红色景点和爱国主义教育基地是其获取革命文化相关知识的主要方式。对于"你是如何了解社会主义先进文化的"这一问题，影视、网络、课堂教学三种方式仍然占比很大，分别为 81%、85%、75%。从这个数据中我们至少可以得出三个结论：一是高校对于大学生文化自信培育重视程度比较高；二是网络和影视成为文化传播的主渠道；三是大学生对于民族传统文化、革命文化和社会主义先进文化关注度较高，达到了较高的知识认知水平。

问卷还设计了"你认为学校加强中华优秀传统文化教育重要吗""你认为学校加强革命文化教育重要吗""你认为学校加强社会主义先进文化教育重要吗"三个问题，从重要性认识的维度衡量大学生对于文化自信的理论认知程度。55% 的学生认为学校加强开展中华优秀传统文化教育是非常重要的，另外两个问题"非常重要"选项占比也较高，都超过了一半，分别为 51.5% 和 53%。在三个问题中，选择"完全不重要"选项的学生皆不足 1%，选择"较为重要"的占比也较高，分别为 41%、43.5%、43%。这一数据表明大学生对民族传统文化、革命文化和社会主义先进文化都比较关注，只有关注才会接受相关知识，自觉形成知识学习习惯。也由此可以断定，大学生对于民族传统文化、革命文化和社会主义先进文化有较好认知，或者准确来说，有较好的认知倾向。

　　概括起来说，新时代大学生对文化自信的整体认知情况良好，且向上发展趋向明朗。多数学生能够清晰认识到文化自信在"四个自信"中的地位与作用。大多数大学生重视对中华优秀传统文化、革命文化、社会主义先进文化的学习和认知，在条件允许的情况下多数学生能够积极主动学习相关知识，在中华优秀文化自信各个具体维度下形成了对各类对象客体文化层面的正确认知，在面对多样化的文化事物、文化现象、文化事件等情况时，能够以正确的文化认知做出正确的行为选择。当前，大学生形成的正确的文化价值观，能帮助其较好地参与文化实践，增进对中国特色社会主义文化自信的价值认同。另外，在调查研究中也发现，在不同成长阶段，大学生不同程度上都接触了中华文化。接触内容多少、时间长短等因素都会影响文化认知水平，文化认知程度、文化认知深度、认知发展状况因而呈现差异性。

　　从内容的三个维度具体来说，大学生对中华优秀传统文化有一定程度的了解，在长期的成长与发展中，形成了对中华优秀传统文化的正确认知，不同认知程度的大学生与接触中华优秀传统文化知识的程度密切相关，这种差异性形成了个体特色的优秀文化品质，助力大学生正确文化价值观的形成。大学生对中华优秀传统文化的认知潜移默化地影响着大学生的文化自信。在长期接受中国特色社会主义教育的背景下，通过大学思政课程中的《中国近现代史纲要》《毛泽东思想和中国特色社会主义理论体系概论》《思想道德修养与法律基础》《马克思主义基本原理》等课程，直接或间接地系统学习了革命文化知识，形成正确的对革命文化的基本价值判断。如大学生了解自中国共产党成立到党引导全体中华儿女进行中国特色社会主义实践的发展历程，了解陈树湘、黄继光、邱少云、杨靖宇等革命英雄及其事迹，在实地参观延安、遵义会议遗址等有形革命文化遗址时认识到革命文化的内涵，通过建军节、建党节、国庆节等重大节日了解革命史实、缅怀先烈、学习红色革命精神等。通过无形的革命文化精神的感染熏陶和有形的革命遗址的感化教育，多数大学生形成了正确的理想信念，积极正确的革命文化品格、革命文化价值观念等，并能积极做出正确的价值判断与科学的行为选择，有效应对和消除历史虚无主义、享乐主义、新自由主义等各类思潮的不利影响。

　　社会主义核心价值观是社会主义先进文化的核心内容，具有强大的社会影响力和重大的时代教育价值，加强社会主义核心价值观培育是进行社会主义先进文化教育的重要内容，也是培育大学生文化自信的重要手段。调查研究发现，新时代大学生对社会主义核心价值比较了解，而且对社会主义核心价值观的重要意义有着清晰认知。（见表4.4）多数学生知道社会主义核心价值观国家、社会、个人三个层面的具体内容，部分大学生能清楚地回答社会主义核心价值观三个层面、十二个关键词、二十四个字，并表示在日常生活中以社会主义核心价值观为言行的标准。绝大多数大学生能够正视社会主义先进文化，表示积极支持与拥护中国特色社会主义理论体系各种形式的宣传教育，并积极参与到社会主义先进文化的传播之中，在参与实践中能够增强对中国特色社会主义文化的内化。基于此，新时代大学生对社会主义先进文化的主要内容具有较好认知。

表4.4　新时代大学生对社会主义核心价值观意义认知的分析

您为什么学习社会主义核心价值观	比例（%）
提高自身修养	91.36
获得荣誉	0.71
应付考试	4.11
被迫学习	2.55
其他（请注明）	1.27

　　当然，必须指出的是，新时代大学生在对中国特色社会主义文化自信的认知方面也存在一些不足，准确说是对文化自信的认知还停留在较浅层次。如部分大学生不清楚、不了解文化自信提出的具体背景。对中华优秀传统文化、革命文化、社会主义先进文化的精华内容把握不准、模糊不清，要么知之不详，要么知其然不知其所以然。中国特色社会主义文化具体内容维度"是什么"的问题尚未很好解决，这是认知层次较浅的主要原因所在。在当前和今后一段时间内，文化自信培育要在提高大学生对民族传统文化、革命

文化和社会主义先进文化发展背景、具体内容、核心内容理解等认知方面下功夫。

（二）大学生文化自信情感认同整体较高

习近平总书记指出：要注重加强中国特色社会主义理论体系的学习，加深对中国特色社会主义的思想认同、理论认同、情感认同。① 情感认同是由认知转化为价值实践的重要桥梁，是感性和理性相互联系、相互作用在情感层面的体现。亲近度、喜爱度是主要的衡量指标。在"你愿意学习中华优秀传统文化吗""你愿意学习革命文化吗""你愿意学习社会主义先进文化吗"这三个问题中，选择"比较愿意"的学生占比都很高，皆在65%左右；选择"非常愿意"的学生占比基本在15%以上，表示非常愿意学习中华优秀传统文化的学生占比为23%，有32%的学生表示非常愿意深入学习社会主义先进文化的核心内容——社会主义核心价值观。与之相比较的是，很不愿意学习中华优秀传统文化、革命文化和社会主义先进文化的学生只占到了1%左右。由此可见，新时代大学生对中华优秀传统文化、革命文化和社会主义先进文化的学习意愿较为强烈，对学习内容有较强的情感。当然，在座谈访谈中，有部分学生反映"学习方法感觉不好，没有达到预期效果"，这说明培育大学生文化自信，方式方法创新是"刚需"。

在"你喜爱中华优秀传统文化吗""你喜爱革命文化吗""你喜爱社会主义先进文化吗"这三个问题中，选择"比较喜爱"的学生占比分别为57.5%、61.5%、63%，选择"非常喜爱"的学生占比为21%、18.7%、23%；选择对中华优秀传统文化完全没有感觉的只占0.9%，对革命文化和社会主义先进文化完全没有感觉的学生占比皆在1%左右。对于这三个问题，选择"不太喜爱"的学生占比都在10%以下。在座谈访谈中，部分学生表现出对中华优秀传统文化的强烈喜爱，表示阅读古代文史经典是每天必做的功课，还有些学生表示非常喜爱参加社会实践，比如，社区服务、街头义卖

---

① 习近平. 做党和人民满意的好老师：同北京师范大学师生代表座谈时的讲话［N］. 人民日报，2014-09-10（02）.

等，在实践中产生了对中华民族精神、社会主义道德等的喜爱。从调查研究可以看出，新时代大学生总体上对中华优秀传统文化、革命文化和社会主义先进文化喜爱且亲近，具有一定的情感认同。这种认同感在面对面的座谈访谈中尤其可以看得出来。

问卷和访谈为了更加贴近大学生，特意增加了大学生对社会主义核心价值观情感认同度的调研篇幅。这也是具有代表性的一项重要指标。从调研结果来看，大学生文化自信培育工作是比较理想的。从数据中可知大学生对社会主义核心价值观表现为较高的知晓度和较高的情感认同度。具体地，大学生对于社会主义核心价值观内容、内涵和基本精神的知晓度高达 86.43%，对于社会主义核心价值观的重要意义的了解、理解和认同程度也达 83.48%。这一结果表明，一段时间以来社会主义核心价值观宣传教育工作已经达到了入耳、入眼、入脑、入心的效果；同时，大学生对于社会主义核心价值观的情感认同度相比于其他维度较高（见表4.5），表明新时代大学生对于社会主义核心价值观有情感"共鸣"，在情感上倾向于"亲近"，也反映社会主义核心价值观的价值内核是与广大学生的价值追求相契合的，它是符合具有较高认知水平与判断力的大学生的主体需要的。

表4.5　新时代大学生社会主义核心价值观认同量化分析

	均值（M）	标准差（SD）
认同总量表	4.04	0.44
认知认同量表	4.16	0.52
情感认同量表	4.40	0.53
行为认同量表	4.04	0.51

为深入了解大学生对中国特色社会主义"四个自信"情感认同具体情况，采用单项量表的形式进行考察，并佐之以访谈形式。通过调查数据分析，新时代的大学生对于"四个自信"各个维度的认同比例皆较高，道路、理论、制度、文化的认同比例分别为 88.44%、88.96%、89.91%、88.96%，

对于中国特色社会主义的优越性总体认同比例也达到84.52%（见表4.6）。这可以充分证明新时代大学生对中国特色社会主义"四个自信"认同程度较高，文化自信培育成效是比较明显的。阶段性经验很值得在研究的基础上进行总结，作为下一阶段认同教育的指南。

表4.6　新时代大学生对中国特色社会主义"四个自信"认同情况表

选项	认同（%）	非常认同（%）	合计（%）
总体认同	37.30	47.22	84.52
道路认同	31.57	56.87	88.44
理论认同	30.26	58.70	88.96
制度认同	29.91	60.00	89.91
文化认同	29.39	59.57	88.96

结合问卷调查和座谈访谈的总体情况，知道大多数新时代大学生积极探索、学习中国特色社会主义文化的内生力与源动力较强，对中国特色社会主义文化的丰富内容有较高兴趣与内生的积极性、主动性，大多数大学生能够认识到中国特色社会主义文化所具有的重大的价值，并因此对中国特色社会主义文化产生较为强烈的情感等。在对于中华优秀传统文化情感认同方面，相当比例的大学生喜欢有关中国传统文化的节目，很多学生表示对《中国诗词大会》《神奇的汉字》《典籍里的中国》等电视栏目具有较高兴趣等。学生们能够辩证地看待社会上流行的"国学热"现象，喜欢学习中华优秀传统文化方面的知识，并认为中华优秀传统文化在新时代具有较大社会价值，对自身的成长和发展也具有重要影响。

在对于革命文化情感认同方面，新时代绝大多数大学生对革命文化具有较强情感。他们喜欢学习革命文化方面的知识，认为井冈山精神、长征精神、延安精神等革命文化在新时代具有较大的时代价值，能够积极地去一些革命文化教育基地开展学习。相当数量的大学生能够看清历史虚无主义等错误思想的伪装性、危害性，能够用革命英雄及其光荣事迹的历史事实去驳斥历史虚无主义的荒谬性。在对于社会主义先进文化情感认同方面，大多数新时代大学生认可并支持中国特色社会主义理论体系形式多样的宣传教育，如大学生们普遍认为《厉害了，我的国》《大国工匠》等优秀影视作品具有重要意义，对新时代大学生树立正确的思想观念、坚定理想信念和明确人生奋斗目标很有帮助。

从整体上来说，新时代大学生对中华优秀传统文化、革命文化和社会主义先进文化具有较强的情感。多数大学生对中华优秀传统文化、革命文化、社会主义先进文化知识有亲近感，喜欢并能够积极主动去学习，部分学生达到了较高的认知水平和情感认同水平。当然，情感产生、变化、发展的主体是人，作为主体的人的感情会受到内外多个因素的影响，一个或某些内外因素的变化就会导致原有情感认同的平衡状态被打破，继而引起主体的情感变化。如当我国与其他国家或地区发生矛盾冲突时，大学生的爱国主义情感就会被迅速激发，情感会在特定时段内变得强烈而突出，大学生的主人翁的意识也会逐渐增强。但当整个社会环境相对稳定或者社会上出现一些不利因素时，大学生的情感就没有那么强烈，甚至开始走向相反方向。这种变化是随着内外因素的变化而不断发生的。这表明对大学生进行持续的正向的情感教育是十分必要的。

（三）大学生文化自信意志行为较为坚定

情感认同是一种动态的情绪体现，会受内外因素影响，因内外环境的变化而发生变化。与之不同的是，意志信念是稳定的意念，不受外部事物的干扰，不因外在环境的变化而变化。意志信念在意识形态构成中属于价值—信仰层面，是文化和意识形态的核心要素。因为意志信念上升到了价值和信仰层面，故而具有了不易改变、较为稳定的属性，它是人们内心强烈而稳定的价值观念、心态、心理、情感，外化为种种行为选择的一种价值认同。大学生文化自信培育的落脚点就在于在新时代大学生群体中形成对民族传统文化、革命文化和社会主义先进文化的稳定的自信和坚定的行为实践。为此，针对大学生文化自信意志行为状况，调查问卷和座谈访谈设计了可能性指标进行衡量。通过对调研数据的分析可以知道，新时代大学生文化自信意志行为较为坚定。

从整体上说，新时代大学生对民族传统文化、革命文化和社会主义先进文化具有一定的知识认知、情感积淀，在此基础上形成了较强的意志状态，且这种意志状态呈现出持续性的发展态势，这种意志状态因外部环境的变化而发生变化的概率较小。在调研中也发现，虽然新时代大学生处于多元文化相互交汇、交流、交锋以及东西文化碰撞与融合、融合与反融合的特殊历史背景下，但多数大学生表示会秉持"咬定青山不放松"和"任尔东南西北风"的文化情怀，始终坚持马克思主义理论的指导，积极养成良好的文化责任意识，以良好的文化定力应对多样化文化的冲击与影响，积极面对来自各个方面、各种类别的文化艰难险阻与文化层面的矛盾冲突，并能够以批判性的战略眼光做出正确的文化行为选择，并会在做出正确的选择之后，坚决支持与拥护中国特色社会主义文化，坚信中国特色社会主义文化发展具有美好的前景，不会因外在环境的变化呈现出不稳定的发展状态。

从具体的数据来看，对于"在外来强势文化面前，你会为坚守中华优秀传统文化而自豪吗""在外来强势文化面前，你会为坚守革命文化而自豪吗""在外来强势文化面前，你会为坚守社会主义先进文化而自豪吗"这三个问题，选择"会比较自豪"的学生占比分别为37%、39%、41%，选择"会非常自豪"的学生占比分别为55%、56%、56%，选择"不会感到自豪"的学生占比皆在1%以下。在座谈中，有部分学生表示"中华民族历史悠久，中华文化历经数千年，是其他任何文化都不可比拟的"，还有学生表示"革命文化是中国共产党领导中国人民在伟大的实践中形成的优秀文化，是经过烈火淬炼和实践检验的，其优越性是任何外来文化都不可达到的"。近些年，西方强势文化借助文学作品、音乐、影视剧不断影响着青年大学生，在多元文化生态中，大多数大学生对中华优秀传统文化、革命文化和社会主义先进文化自信意志是较为坚决的，说明新时代大学生文化自信培育成效是显著的。当然，在调研中也发现，有部分学生对于文化自信是存在摇摆的，如有学生认为"文化是不断变化的，有发展就有衰落甚至消亡，中华文化如果不能强势发展，也会被其他别的文化打败"等，这表明文化自信培育工作还存在短板。

对于"你参与中华优秀传统文化相关实践活动情况如何""你参与革命文化相关实践活动情况如何""你参与社会主义先进文化相关实践活动情况如何"这三个问题，选择"比较少"的学生占比分别为59%、64%、60%，选择"较多"的学生占比分别为29%、23%、27%，选择"经常参加"的学生占比基本都是10%左右。而完全不参加相关文化实践活动的学生占比均在5%以下。从数据模型来看，人数分布呈橄榄形，说明新时代大学生文化自信行为实践情况较好，趋于健康态势。对于"你为什么参加与中华优秀传统文化、革命文化、社会主义先进文化相关的实践活动"这一问题，学生所选答案居于前三位的分别是为了个人的发展、兴趣使然、获得学分，其他的答案如"跟着同学一起参加的""别人参加了，所以我也参加了""学校要求必须参加"等也占有相对较大的比重。从数据分析中可以看出，大学生文化自信行为实践是较丰富的，但行为驱动因素是多样的，而且被动因素发挥着较大的作用。这说明，大学生文化自信培育接下来应该注重文化实践活动的质量，在注重数量的同时应更加关注"质"，促进中华优秀传统文化、革命文化、社会主义先进文化实践育人的内涵式发展。

三、新时代大学生文化自信培育的问题分析

（一）大学生文化自信群体内差异性较明显

调查研究发现，大学生群体内部存在着文化自信的差异性。大学生文化自信与中华优秀传统文化、革命文化和社会主义先进文化三个维度认同分别进行样本基本情况变量的差异检验，发现群体内存在一系列差异。表现：不同地区高校大学生的总体认同与具体的三个维度的认同皆表现出显著性差异，总体趋势为中部地区的认同度高于东西部，而东部地区高于西部地区。是否信仰宗教对于文化自信有着明显影响，总体趋势为无宗教信仰的大学生更加认同中华优秀传统文化、革命文化和社会主义先进文化，有宗教信仰的

大学生对中华优秀传统文化、革命文化和社会主义先进文化的认同度明显低很多；学生身份对于文化自信效能度也在发挥作用，学生干部、学生党员对中华优秀传统文化、革命文化和社会主义先进文化的认同度明显高于普通学生。

平时是不是关注国内外政治时事是一个影响因素，总体趋势为经常关注时政的大学生对中华优秀传统文化、革命文化和社会主义先进文化的认同程度显著高于不关注时政或者少关注时政的同学；生活状态和自我认知在认同上起到了一定作用，总体趋势为生活状态较好即有着明确的人生目标或积极的生活态度，也可表述为有着较高的生活满意度的大学生认同程度显著高于其他同学；另外，宣传和教育载体对大学生中华优秀传统文化、革命文化和社会主义先进文化自信也有着明显影响，1/3强的大学生表示自己的思想状态和认识水平明显是受到家庭、教师、社会实践、网络社会等的影响，不同环境中的学生对于这些因素的影响力排序也各有差异，但总体家庭、教师和网络排在前三位。

此外，大学生群体对"四个自信"的认同度也表现出内部的显著差异性，包括年级差异性、政治面貌差异性、身份的差异性。首先，就年级差异性来说，从大一到大三总体认同度呈逐年上升趋势，到了大四学习阶段认同度相对出现一定幅度的下降①，但依然高于大一的认同水平，表明高校的文化自信培育是取得显著成效的；其次，大学生党员对于"四个自信"的总体认同度与非党员表现出显著性差异，而且在道路、理论、制度、文化"四个自信"的单个认同度方面均高于非党员，表明高校大学生党员的选拔、培养工作取得了实效，从侧面体现抓大学生入党建设对于其树立中华优秀传统文化、革命文化和社会主义先进文化自信有着正向的刺激作用；最后，学生干部对于"四个自信"的认同度与普通同学相比，表现出显著差异性，而且在

---

① 根据座谈和数据结论分析，大四学生在中华优秀传统文化、革命文化和社会主义先进文化认同方面之所以出现波动，很大一部分原因是源于就业与毕业的现实压力。这是一个短暂性的阶段性的现象。

道路、理论、制度、文化"四个自信"的认同度方面均高于普通学生，表明学生干部的思想政治觉悟整体水平较高，也可一定程度上说明让大学生担任班干部或者社团、协会负责人能够更快提高其思想认识水平，更好地使其在校园生活中发挥朋辈作用。

(二) 大学生文化自信理论行为间存在隔膜

在细致的调查研究中，可以发现大学生文化自信理论和行为之间的隔阂是较为明显的。这一点在社会主义核心价值观认同和实践方面体现得尤为明显。以此为例进行说明。大学生对社会主义核心价值观的认同表现为高知晓、高情感，但这并不意味着高度的实践力和实践效能，高达85.3%的大学生表现出强烈的主体践行意愿，但只有58.0%的大学生愿意把核心价值观落实到实际行动中，存在知行不一、执行脱节的现象。大学生在行为层面"认同掉队"，表明了当前大学生对于社会主义核心价值观的认同还存在着"知行不统一"的问题，即使有认识、有意识甚至有行动意愿，却出现行动力偏差，要么不去做，要么做的力度和程度不够。这昭示了当前和下一阶段的大学生社会主义核心价值观培育工作的重中之重。

对于"诚信"的理解，有93.56%的受调查者认同诚信的内涵。第一，诚实。即实事求是，与人交往不欺骗、不隐瞒，经商不出尔反尔、不欺瞒消费者，为官不欺上瞒下、不贪污腐败等。第二，守信。一诺千金，言必信，行必果，用信誉赢得一切。但同时被调查者中仅有51.39%的比例认为"我周围的同学都很诚信"，仍有20.26%的受调查者认为"一个人太诚信容易吃亏"，这就是理性与现实错位的一种体现，要求是提给别人的，特权是留给自己的。① 这在大学生对"公正"的态度上也得以印证，90.00%的大学生赞同公正的内涵：其一，它涉及经济公平，政治、文化平等以及社会公正等各

---

① 当然，这个现象（问题）并非大学生群体的个体性弊病，而是整个社会中存在的偏差。大学生深处社会之中，难免或者很大程度上会受到影响。这一社会问题给大学生树立文化自信造成了不小的困难。所以，这也警示我们，做好大学生文化自信培育，需要营造一种风清气正的社会氛围。而这一目标的达成，需要全社会共同努力。

个方面的内容；其二，它表现为以程序正义为核心的法治精神；其三，它体现于国家在法制基础上对社会利益的调控，但"在公正待遇与特殊优待中，我更愿意被优待"的题项调查中，仅有 29.39% 的大学生表示不认同，这也体现出大学生对于社会公正的期许与渴望自己被优待的现实悖论。

理论认同和行为认同的隔膜并非只是大学生社会主义核心价值观认同教育存在的问题，它是思想意识教育共生的问题。就目前的情况来看，大学生社会主义核心价值观认同教育在理论层面取得了显著成效，但在由理论落实到行动方面还有所欠缺。所以，在接下来的工作中，既要从思想意识教育规律共性方面着手，也要从社会主义核心价值观认同教育自身特点出发，不断促进理论认同向行为认同的科学转化。以小见大，新时代大学生文化自信培育应格外注意这一问题，须知文化自信的逻辑旨归是大学生自觉且坚定继承、发扬和发展中华优秀传统文化、革命文化和社会主义先进文化，如果跨越不了理论和行为之间的"鸿沟"，这项工作将是没有意义的。因而，新时代大学生文化自信培育要立足于大学生思想和心理实际，促进理论与现实结合和理论与行为的畅通转化。

（三）大学生文化自信培育受多元文化冲击

通过调研，近几年对大学生文化自信培育的工作效果是显著的，就大学生这一群体的整体来看，对中华优秀传统文化、革命文化和社会主义先进文化的认同度是比较高的，意志行为也是比较坚定的。成绩要肯定，经验要总结，但问题也必须正视。整体向好，但局部问题还存在甚至有些问题比较棘手，尤其是在全球化与多元文化的大背景下，大学生中的一些个体面临价值观选择障碍症，在多元价值碰撞中出现了文化选择和价值认同危机。部分学生面对西方强势文化，对本民族文化出现模棱两可、含糊不清的态度，极端者甚至认为我国应该大力向西方文化学习，以西方文化为蓝本改造自己的文化。大学生三观尚未定型，有此心态大多是因为多元文化冲击。当然，这只是一个面向，在多元文化冲击下，文化自信培育存在的问题和面临的困境远不止于此。目前发现的其中几个问题值得高度重视。

第一，对于中华优秀传统文化的认知存在一定程度的疏离。调查发现，在对中华优秀传统文化认同的主流之外，8.77%的大学生不认为中华文化具有强大的向心力，8.17%的大学生并不认为"我们拥有文化自信的资本与底气"，5.91%的大学生并不以中华文明引以为傲，5.29%的大学生对中华民族传统文化存在一定的淡漠与疏离感；大学生中11.83%的人并没有建立起对于中国特色社会主义文化的自信和认同，更有4.17%的大学生明确表示自己热衷于日韩文化、西方文化，主张中国全盘西化，还有8.09%的大学生对此表示中立。4.00%的大学生认为"全球化背景下，爱国主义已经过时了"，另有6.26%的大学生对此表示中立。这部分学生占比并不高，但也说明在多元文化冲击下，中华优秀传统文化应对力度尚需加大，应以十足的生命力、时代性、感染力赢得学生。

第二，对于中国社会的主流意识形态认同存在一定程度的弱化。调查发现，只有31.78%的大学生明确表示自己"信仰马克思主义"，13.60%的大学生没有对"新时代大学生要树立对马克思主义的信仰"投出赞同票；仍有8.87%的大学生并没有建立起对于坚持中国共产党领导的高度自信，其中2.66%的大学生明确表示自己并没有意愿加入中国共产党。意识形态问题是关乎生死存亡的大问题、关键问题，意识形态教育是高校立德树人的首要任务，是决定人才培养是不是社会主义方向的重要指标。大学生在意识形态维度上的"不坚定"，为新时代大学生文化自信培育提出了挑战。

第三，对于理想信念的设定存在一定程度的偏离。调查中发现，20.78%的大学生表示自己"没有理想，没有明确的发展目标"，31.83%的大学生认为"读大学的目的在于找到好工作"，54.52%的大学生认为周围的同学存在拜金主义、享乐主义、消费主义、个人主义、实用主义等，这说明大学生群体该种取向比重较大，需要引起重视。中华优秀传统文化、革命文化、社会主义先进文化重勤俭节约、勤劳致富、集体主义、奉献主义，大学生中所存在的这些文化价值观与中华民族的文化价值取向背道而驰，成为新时代大学生文化自信培育的精神阻碍因素，应该引起高度重视，从大学生思想实际出发，有的放矢，注意文化自信培育的高质量发展。

第四，对于国家、集体的归属感存在一定程度的游离。调查发现，17.83%的大学生并不认同"国家利益高于集体利益或个人利益"；3.91%的大学生不认同"今日中国正如我所愿"，另有22.00%的大学生对此持中立态度，认为"强国有没有我都行""我对于集体没有什么价值"；被问到"对党的十八大以来中国政府的工作是否感到满意"，17.37%的大学生持否定意见或中立立场；面对重大问题，有73.21%的大学生明确表态"始终站在国家立场上考虑问题"，另有3.22%的大学生明确表示不认同该立场，23.57%的大学生对此表示中立。在前面的调研分析中已经提过，对国家、集体的归属感是大学生树立文化自信的逻辑前提，只有认同国家和集体，才可能认同经由国家和集体的历史实践产生的文化。大学生对国家利益的不关注，对国家与民众、集体与个人关系的错误理解，严重阻碍了其产生对中华优秀传统文化、革命文化和社会主义先进文化的自信。这也警示我们，对大学生进行文化自信培育，不能仅仅从文化角度出发，还应注意形成育人合力，在国家观教育、集体主义教育、爱国主义教育、政治意识教育等方面着手。

第五，对于多元文化中的价值选择存在一定程度的迷茫。调查发现，35.17%的大学生没有明确人生目标，8.83%的大学生生活态度不积极，12.87%的大学生对生活不满意。有一些大学生承认自己患有"空心病"，无所适从。调查发现，一些大学生随大流，严重缺乏理性思考，要么易被"带节奏"，要么持有所谓的"佛系""躺平"心态，对很多事情表现出无感或漠然的态度。意志信念属于价值—信仰层面，也就是说大学生对中华优秀传统文化、革命文化和社会主义先进文化的坚定的意志信念是要上升到信仰和价值坚守层面才能够持续实现的。部分大学生所表示的"没有明确的信仰"呈现出的思想问题是缺乏信仰维持的坚定的意志信念，这一"空心病"导致文化自信培育难以实现主体和客体间的同频共振，这是新时代大学生文化自信培育工作面临的一个重大困境。

四、新时代大学生文化自信培育存在问题的原因分析

(一) 世界大变局的冲击

习近平总书记在 2018 年召开的中央外事工作会议上对当今国际时局做出判断，指出：当前，我国处于近代以来最好的发展时期，世界处于百年未有之大变局，两者同步交织、相互激荡。① "大变局"之下，世界文化交流、交融、交锋，多元意识形态碰撞、纷争，各自倡导的文化价值观必然会对大学生文化自信培育以及大学生树立坚定的文化自信产生干扰与冲击。

第一，全球化与逆全球化交叠。新航路的开辟使原本各自为政的大陆连通为今天意义上的世界，作为资本主义殖民步伐在全球的开始，客观上加深了各国彼此的联系，也使落后国家成为发达国家的附庸，殖民地、半殖民地成为宗主国的原料产地和产品倾销地。伴随着独立运动的兴起与经济的发展，附属国的地位发生变化，世界秩序渐趋正常化，发展至今，世界面临前所未有的大变局，一方面，相互联系的世界更为紧密地发展为休戚与共的"人类命运共同体"，逐步形成"人类命运共同体"意识②；另一方面，英国的脱欧、美国的贸易保护主义等逆全球化事件③，让大学生看到全球化进程中机遇与光明同在，由此产生价值困惑，甚至产生价值混乱与冲突。提到"全球化"，人们更多地想到的还是经济全球化，但实际上，伴随着全球化的深入发展，国与国之间的联系空前密切，全球化的影响也渐渐突破单一的经济层面，席卷文化、社会生活等各个层面，尤其以互联网为代表的信息技术的迅猛发展，使商品、资本、人才、信息等的流动呈几何倍数增长。

就思想文化层面而言，全球化时代的到来，使得任何个体都不可能一直生活在一个封闭的环境里，做一只将头深埋土里的鸵鸟。全球化时代的背景

---

① 习近平在中央外事工作会议上强调：坚持以新时代中国特色社会主义外交思想为指导 努力开创中国特色大国外交新局面 [N]. 人民日报，2018-06-24 (01).

② 高杨. 逆全球化的实质与应对之策 [J]. 人民论坛，2019 (14)：42-43.

③ 甘子成，王丽荣. 逆经济全球化现象研究：理论基础、本质透视及应对策略 [J]. 经济问题探索，2019 (02)：183-190.

下，各国之间共同利益是越来越明显的，如新冠疫情肆虐全球，"全世界人民命运与共，风雨同舟""疫情提醒世界共同构建人类命运共同体，人与人之间的内心情感、文化交流等互联关系将因此更加紧密，而不仅仅像过去那样交往大多集中于贸易与投资"①。同时良莠不齐的各类文化的涌入，引起多元文化侵袭，个体自我意识的萌发，人们遭遇前所未有的认同危机，特别是"文化上获得话语和实践双重能力"② 成为考验。多元文化刺激了人们对于文化认同的思索，也给文化认同带来了挑战，中华优秀传统文化、革命文化和社会主义先进文化好不好，行不行，能不能成为新时代大学生面对多元文化刺激不可避免会思考的问题。一方面，这就要求客观分析文化环境，厘清多种文化对于大学生文化自信培育产生的种种影响，为对策提出提供研究基础；另一方面，着力明晰文化认同的形成逻辑，搞清楚主体性与主体间性的网状结构、外在建构与内在需要的交互作用，为大学生文化自信培育理通逻辑。

第二，西方意识形态侵袭与渗透。我们的文化建设取得了阶段性成绩，特别是核心价值观建设取得了较为显著的成果，但自身竞争力尚待加强，文化国际影响力和辐射力还明显处于劣势。与之相对应，以美国为首的西方国家依靠其强大的经济、科技、语言优势，大肆向全球进行价值观输出。比如，美国以文化输出为载体进行意识形态渗透，多数美国影片采用英雄主义模式强化美国的"世界警察"身份，蕴含的观念倾向显而易见，即"只有美国才能拯救世界"。美国还以赤裸裸的文化侵略对我国进行和平演变，试图颠覆中国青年的价值观③，美国中情局的《十条诫令》就是最有力的证明。尤其是近年来，面对中国的迅速发展，西方国家又炮制了中国梦之路就是"扩张梦""霸权梦"等一系列"中国威胁论"的变种，并进一步预言中美

---

① 许庆琦. 天下为公，疫情激发全球化的人文内涵 [N]. 光明日报，2020-05-19 (12).

② 恩佐·科伦波，郭莲. 多元文化主义：西方社会有关多元文化的争论概述 [J]. 国外理论动态，2017 (04)：1-15.

③ 李松林. 培育核心价值观与凝聚社会正能量 [EB/OL]. 宣讲家网，2014-12-23.

会跌入所谓大国冲突对抗的"修昔底德陷阱"。其煽动意识形态尖锐对立的野心昭然若揭，对青年大学生的文化认同产生不利影响。

基于此，必须指出的是经济一体化与政治多极化使得国与国之间的联系更加紧密，牵一发而动全身，战争爆发就注定没有赢家；同时，面对世界百年不遇的大变局，没有哪个国家能够独自应对人类面临的共同挑战，全球命运与共、休戚相关，唯有构建人类命运共同体，方能"建设持久和平、普遍安全、共同繁荣、开放包容、清洁美丽的世界"①。中国梦的提出也绝非特立独行，回首整个世界史，先后出现了五个世界性的国家梦，从罗马梦、大唐梦、英国梦、苏联梦到美国梦②，每一个"梦"都是在其社会形态具有典型意义的时候出现的。而中国当前就处在这样一个关键时刻。因此，中国梦作为一个世界性的国家梦，它的提出具有中国发展的必然性，也体现了世界大国发展的普遍性与必然性。

近些年来，一些国家抛出了"普世价值"之说，肯定地说人类是有共同的价值追求的，但现在的"普世价值"却被某些文化强国赋予了特殊意义，成为具有标签化了的价值取向，成为"文化强权"的代名词，"为和平演变战略所用"③，是赤裸裸的意识形态侵略，其背后的目的昭然若揭。他们借鼓吹自身价值的所谓"普适性"，而推演出西方道路的唯一合理性，以达到否定中国道路，清算西方社会眼中"他者"的目的。基于此，我们当前应着力提升我国核心价值观自身的认同力、竞争力，在文化外交，特别是价值观外交中争得优势，增强其对于中国道路自信、制度自信、理论自信和文化自信的现实功能。

（二）网络消极生态影响

互联网是一把双刃剑，给人们带来便利的同时，增加了信息暴露和难以

---

① 习近平出席中华人民共和国恢复联合国合法席位 50 周年纪念会议并发表重要讲话 [N]. 人民日报，2021-10-26（01）.

② 任天佑. 深入学习领会习近平总书记关于中国梦重要战略思想 [EB/OL]. 宣讲家网，2014-05-23.

③ 唐利如."普世价值"的理性解读 [J]. 红旗文稿，2014（09）：25-27.

监管的风险。信息海量、传播快捷、主客体翻转、开放自由等是互联网的特点，其优势是前所未有的，由于不易捕捉、难以监管而产生的危害也是前所未有的。大学生是网络社会的主要群体，吃、穿、住、行、学、玩等都基本依托网络，因此成为最主要的网络便利享受者，同时也成为最主要的网络风险承担者。网络连接了世界，也连接了境外的间谍与境内的大学生。境外间谍情报机关通过网络窃密、公开情报搜集、提供兼职岗位等方式物色发展境内大学生充当其情报搜集的先锋官。还大量传播危害中国、抹黑中华民族的言论，在网络影响下，增加了大学生文化自信培育的难度。

互联网的复杂性体现在网络窃密获取情报造成的信息安全问题，对大学生文化自信培育构成直接性挑战。网络信息安全问题无时不在。2010 年的维基解密事件，2013 年的斯诺登"棱镜门"事件，2017 年国内某知名旅游网站用户银行卡信息泄露等给我们一次次敲响警钟。① 从近年的媒体报道的案例看，承担军工、航天、航母、新材料等高科技科研的高校，已成为境外情报机关关注的重点目标，如 2022 年 6 月 22 日西北工业大学遭美国 NSA 网络攻击事件。该事件暴露美国国家安全局（NSA）下属的特定入侵行动办公室（TAO）多年来对我国国内的网络目标实施了上万次的恶意网络攻击，控制了相关网络设备，疑似窃取了高价值数据。② 互联网在办公中运用的普及，更为境外情报机关发动"黑客"攻击提供了可乘之机。2014 年 4 月，国内知名网站"乌云"报道了"亿邮邮件系统越权引发蝴蝶效应"的漏洞，使多个使用"亿邮"邮件系统的高校用户陷于被动的

---

①　另外如著名的"海莲花"事件。名为"海莲花"（OceanLotus）的境外黑客组织，自 2012 年 4 月起针对我国海事机构、海域建设部门、科研院所和航运企业展开精密组织的网络攻击。这很明显是一个有国外政府支持的 APT（高级持续性威胁）行动。"海莲花"使用木马病毒攻陷、控制政府人员、外包商、行业专家等目标人群的电脑，意图获取受害者电脑中的机密资料，截获受害电脑与外界传递的情报，甚至操纵该电脑自动发送相关情报，从而达到掌握中方动向的目的。

②　美国对西北工业大学组织网络攻击的目的是渗透控制中国基础设施核心设备，窃取中国用户隐私数据，入侵过程中还查询一批中国境内敏感身份人员，并将用户信息打包加密后经多级跳板回传至美国国家安全局总部。

局面，这个漏洞可能导致邮件系统用户的多封邮件被窃取，信息安全问题之严重程度可见一斑。

互联网的复杂性还体现在为境外情报机关侵蚀我国大学生、淡化我国大学生的文化自信提供"便利"。2005 年，美国中央情报局正式成立"公开信息中心"，利用互联网搜集全球各网站、论坛内的信息，在公开学术期刊网搜索参与国家基金、省部项目的学生撰写的论文，在论文中挖掘隐藏的情报资料，通过线上联系，以金钱为诱饵，要求大学生订阅或在图书馆内借阅敏感书籍。其危害在于侵蚀大学生的爱国爱党情怀，混乱大学生对国家的认同，产生对国家和民族的怀疑，进而消解对中华优秀传统文化、革命文化和社会主义先进文化的自信。

此外，境外情报机关还借助于网络媒体的信息源头优势，利用大学生群体在网络上求职、找兼职的需求特点，以研究所（院）、各种类型的智库、市场研究所（院）等机构为掩护，在大学生经常登录的招聘网站和论坛散播信息。一旦物色到被认为是可用之人，即用丰厚的金钱交换为诱饵，要求其通过自身人脉搜集我国政府、军队等方面的情报，对于资质较好的人员，更是采取金钱资助的方式，鼓励报考省级以上政策研究部门的公务员。互联网的复杂性恶化了大学生文化自信培育生态，给新时代大学生文化自信培育带来挑战。

（三）多元社会思潮干扰

改革开放以来，随着我国国内社会结构的调整，内部社会思想出现不少新变化。另外，我国国门越开越大，国际合作加强的同时也使各种社会思潮不断涌入，与国内社会思想逐渐相互交织作用，产生了具有较大影响的多元社会思潮。多元社会思潮就其性质来说，可以分为三个地带。红色地带是我们的主阵地，是正能量和主旋律，一定要守住；黑色地带站在我们的对立面，是负面的有害的东西，要敢于亮剑，大大压缩其空间；灰色地带介于红色地带和黑色地带之间，要防止其向黑色地带蜕变。"思潮以其特有的利益倾向与价值观念无时无刻不在青年身上演绎出不可忽视的作用或影响。"① 黑色地带的社会思潮挟带错误价值观反向塑造大学生，以强大的势能渗入大学生的精神文化生活，对当代青年大学生产生了很大的影响，它们模糊青年的价值认知，降低青年的情感认同，消解青年的道德意志，加剧青年的行为失范，歪曲大学生的思想认知，导致自我行为的失衡。

近年来，在多元社会思潮中，对大学生产生较大影响的是非意识形态化思潮、历史虚无主义、新自由主义、后现代主义、消费主义等。错误的社会思潮"不断影响青年内在精神世界建构和外在精神生活发展的过程"②，给大学生带来负面影响。非意识形态化思潮表面提倡价值中立，实质却是"非马克思主义化"，企图否定马克思主义在我国意识形态中的灵魂地位和指导作用，消解大学生的马克思主义信仰，从而弱化大学生的政治认同感和国家归属感。历史虚无主义打着挖掘历史资料、还原真实历史的幌子，抹黑党的领袖、英雄人物，否定党的革命史，企图达到否定党和新中国的合法性的目的。习近平总书记多次强调：旗帜鲜明地反对历史虚无主义。③ 历史虚无主义以歪曲的历史观误导大学生的历史认知，弱化大学生的道路自信、制度自信、理论自信和文化自信，模糊大学生的"国家"认知，动摇大学生文化自信培育的思想基础。新自由主义、后现代主义、消费主义等错误思潮鼓动青年反传统、反理性，过度追求个人利益、玩世不恭、"佛系""躺平"，导致大学生精神家园颓败，精神支柱弱化，激情斗志丧失。更重要的是使大学生逐渐丢失家国情怀，制约大学生文化自信的形成和牢树。培育大学生文化自信必须同一切错误的、消极的社会思潮做坚决斗争，营造风清气正的社会舆论生态氛围。

---

① 伍廉松，万美容. 冲击与引领：多元社会思潮与青年精神生活发展论析 [J]. 思想教育研究，2019（03）：59-64.

② 伍廉松，万美容. 冲击与引领：多元社会思潮与青年精神生活发展论析 [J]. 思想教育研究，2019（03）：59-64.

③ 习近平在党史学习教育动员大会上强调 学党史悟思想办实事开新局 以优异成绩迎接建党一百周年 [N]. 人民日报，2021-02-21（01）.

概括起来，大学生文化自信培育取得了一定的成绩，也存在着一些短板和发展困境。在新形势下，大学生文化自信培育工作既有机遇，也面临种种挑战。这些挑战有时候往往正在或者将会产生难以消除的不利影响，牵制大学生文化自信培育工作的高效能推进。当然，我们也应该看到，道路是曲折的，但前途必定是光明的，道路的曲折并不会减少前途的光明半分，反而使其愈加光明。近年来，党中央高度重视文化建设，重视对高校大学生进行中华优秀传统文化、革命文化和社会主义先进文化自信培育，为这项工作的深入开展吃下了定心丸。此外，中国特色社会主义现代化建设的伟大成绩为大学生文化自信培育保驾护航，奠定了坚实的基础。

具体来说，经济发展水平是教育工作的重要保障，经济发展水平越高，教育工作就越有底气和实力。近年来，我国在教育领域不断取得进步，一个重要原因就是综合国力的不断增强。可以坚信，新时代大学生文化自信培育必将会取得突破式发展，一个重要参考指标就是我国综合国力的不断攀升。2022 年 9 月 30 日，根据国家统计局发布的信息，党的十八大以来，我国经济社会发展取得新的历史性成就，综合国力跻身世界前列。2013—2021 年，我国经济年均增长 6.6%，远远高于世界平均增速。2021 年 GDP 达 17.7 万亿美元，比 2012 年提高 7.2 个百分点。我国经济的增长是世界经济发展的重要的，准确地说是第一动力，贡献率高达 38.6%，比 G7 国家贡献率总和还要高，这表明世界的发展离不开中国，中国的国际影响力显著得到提升。

另外，我国对外开放不断开创新局面，对外开放新格局正在形成，并对经济增长起到重要推进作用。就对外贸易来说，2021 年我国对外服务贸易总额比 2012 年提高 1.8 个百分点，达到 8212 亿美元。我国在通信设施、现代交通等方面也领先全球。2021 年年底，我国已建成全球最大 5G 网，5G 基站总量占全球比重达 60% 以上，均居全球首位；建成世界上最发达的高铁网；高速公路运行里程居世界首位。值得一提的是，2020 年，面对新冠疫情严重冲击，我国经济增长 2.2%，是主要经济体中唯一保持正增长的国家。[①] 总的来说，党的十八大以来，在全球经济都处于下行状态，经济增速放缓，经济问题频出的情况下，我国乘风破浪、披荆斩棘、攻坚克难，率先实现经济增长由负到正，保持了经济增长速度，各项经济指标稳居世界前列，综合国力明显增强。国际竞争力显著攀升，为各项事业的顺利开展铺平道路。

随着内外形势的加速变化，国际关系的深刻调整，国家发展形势日益复杂化。但从国家统计局数据可以清楚看出，改革开放以来，特别是党的十八大以来，我国经济社会获得全方位发展，综合国力显著提高，与国际交往更加深入且为世界经济发展做出了巨大贡献，形成了"世界发展离不开中国"的新格局，一定程度上塑造了世界百年未有之大变局。这些都大大增强了我国推进社会主义现代化建设和实现中华民族伟大复兴中国梦的能力、信心、底气，为新时代大学生文化自信培育夯实了物质基础和提供了强大的精神支持。我们应该在此机遇期，乘势而上，以更加饱满的热情投入新时代大学生文化自信培育工作中去。

---

① 这里的数据都来自《综合实力大幅跃升　国际影响力显著增强——党的十八大以来经济社会发展成就系列报告之十三》，国家统计局，2022-09-30.

第五章　新时代大学生文化自信培育的体系构建

构建体系是新时代大学生文化自信培育厘清方向内容、持续深入推进的要求和保证，从需求体系、供给体系、保障体系、评价体系四个维度出发，能有效构建起推动新时代大学生文化自信培育行稳致远的合力。

一、明确需求体系

（一）明确大学生文化自信培育的内在需求基点

大学生文化自信作为一种思想观念、精神品格以及价值行为，由知识、情感、意志和行为实践四个维度构成，即领会中华优秀传统文化、革命文化、社会主义先进文化的知识，形成继承和维护中华优秀传统文化、革命文化和社会主义先进文化的情感，树立继承和维护中华优秀传统文化、革命文化和社会主义先进文化的意志，并将其落实到行为中的价值实践。"文化自信"逻辑起点和情感出发点是民族国家，方向和主线是文化，目标和落脚点是自信，大学生文化自信培育的核心基点是爱国意识培育，其内在需求结构包括国家意识培育、国家情感培育、责任意识培育、忧患意识培育、道德意志培育等。这些内容统一于爱国意识，构成大学生文化自信培育的重要环节，是形成大学生文化自信的必要因素。

爱国意识是人们在长期的生产与生活实践中自发形成的观念。人们在地缘、血缘、族缘关系共同影响下深刻认识到自己与父母、族人、乡土之间存在着同甘共苦的密切联系，成为"手足相亲、守望相助、休戚与共的命运共同体"①。随着认识加深和体验加强，人们会自发产生对父母的依恋、对族人的亲近、对乡土的热爱，进而上升为对先祖的敬仰、对家的恋慕、对国的热爱。爱国意识具有历史特征和时代特性，每个时代有每个时代的表现，每个阶段有每个阶段的内涵。在当代，爱国意识已经跳出血缘、族缘界限，在"孝"之外具有更加丰富的内容和更加深远的意蕴，表现为一种责任意识、忧患意识，并升华为中华民族的具有鲜明民族特色的优秀品格之一，是每一个中华儿女应具有且持之以恒的民族情感、政治原则、国家认同和道德规范。所以，爱国意识是将民族尊严、祖国利益与国家荣誉放在首位的道德意识，它早已超越了围绕个人、家族、乡土而形成的道德关系，属于公德而非私德范畴。

当代中国的爱国意识表现为关注祖国命运、投身祖国建设、促进祖国繁荣、追求民族复兴、守卫国家安定、维护国家安全的知识认知、情感认同和道德意志自觉。这种爱国意识是生活于社会中的包括青年大学生在内的人们为了整体利益而约定俗成的爱护、维护祖国的国家意识。维护国家文化安全，促进民族和国家文化发展，是其中的重要内容和应有之义，培育大学生文化自信需要加强且必须进行爱国意识教育。进行大学生爱国意识教育，要着力于使大学生了解祖国历史、民族耻辱和现实国情，把爱国意识的培养渗透到学生的实际学习生活之中，唤醒他们的社会责任感和民族使命感，使其心系民族安危和命运，心系国家安全和发展，心系人民需求和福祉，正确对待个人前途同国家利益、安全、发展、命运的关系。

培育大学生文化自信要从培育爱国意识开始，培育爱国意识重点在形成深厚、持久、热烈的爱国情感。列宁指出："没有人的情感就从来没有也不

---

① 罗彩娟. 从家族、地域认同到"命运共同体"：传统村落互嵌式民族关系的构建 [J]. 广西民族研究，2020（1）：32-40.

可能有人对于真理的追求。"① 情感在人的思想观念和道德品格的形成中起着巨大作用，有情感的倾向更能树立思想观念以及形成道德意志。爱国情感是爱国意识由认知转化为行为的重要介质，是最具活力的人格动力因素。它是大学生对民族和国家共同体的一种积极的心理反映和情绪体验，表现为了民族荣誉、国家利益而奉献自我的崇高情感。爱国情感平时往往埋藏在内心深处，一旦遇到重大突发事件，便会以兴奋热烈的方式表达出来，是激发和支配一切爱国行为的直接动因。爱国情感作为道德人格的社会品质，表现在对祖国大好河山的自豪感，对传统文化和民族风俗的感怀，对维护祖国利益、民族利益的先进人物事迹的崇拜，对损害祖国利益、民族利益，破坏国家安定和民族团结的一切言行憎恶等情感。爱国情感对于培育大学生爱国意识具有重要意义，进而得以大力促进大学生对于民族国家文化自信的培育。"学校是立德树人、厚植爱国土壤的重要阵地，直接影响学生的国家观念、民族情感、历史意识的形塑与建构"②，因此，高校需对大学生加以引导，使其把爱国情感同现实相结合，使爱国情感向系统性、整体性品格的更高层次升华，进而实现意识从量变到质变的飞跃。

道德意志培育是形成大学生持久的文化自信的必由之路。道德意志区别于一般的意志，是人们自觉确定以善为目的的意志，它克服内外障碍，坚决执行道德动机所做出的决定，进而完成一定的道德行为，履行一定的道德义务。爱国意志、民族意志等是道德意志中的重要类型表现，是人们的爱国爱民族之情经过长期锤炼，逐渐沉淀、稳定、深化和升华，最终形成的报效祖国、热爱民族，自愿继承维护发展民族国家文化的坚强意志力。它是无时不在、无处不在的民族气质，攻无不克、战无不胜的民族气魄，众志成城、所向披靡的民族气势，勇往直前、百折不挠的民族气度。这种道德意志不会因国家的贫富强弱、荣辱兴衰而有所动摇，不会为个人的生死祸福、宠辱顺逆

---

① 列宁．列宁全集（第20卷）[M]．中共中央马克思恩格斯列宁斯大林著作编译局．译．北京：人民出版社，2017：255.
② 冯庆想．激发爱国情感 增进身份认同 [N]．光明日报，2022-10-04（05）.

而有所改变，不会以他人的喜怒哀乐、褒贬扬抑而有所转移，不会受形势的风云变幻、好坏优劣而有所摇摆。它是一种在任何环境下都能激励民众奋发图强、推动民族发展进步甚至使人将生死置之度外的强大的精神力量。培育大学生文化自信，就需要引导大学生的爱国意识和包括民族自豪感、自尊感在内的民族情感，同时还要帮助学生将爱国意识、民族情感升华为一种坚定的道德意志，以毅力和恒心爱护国家，坚决自觉继承、维护和发展中华优秀传统文化、革命文化和社会主义先进文化。

（二）明确大学生文化自信培育的内容需求层次

大学生文化自信培育是一个多线立体过程，在其中发挥重要作用的内容不在少数，直接相关的以及间接相关联的内容都应该被考虑在内，因为每一个内容都有可能产生较大的或者关键的影响。这些内容具有基础性地位，以独立存在或者彼此联系的结构关系产生影响。民族和国家历史认知是大学生文化自信培育的前提，感恩教育是大学生自觉继承和维护民族国家文化的情感基础，民族认同教育和国家认同教育是意志形成的保障。大学生文化自信培育要遵循民族和国家历史认知—感恩教育—民族认同教育—国家认同教育这样的内容需求层次。

中华民族有着悠久的历史。从遥远的古代起，中华各民族人民的祖先就劳动、生息、繁衍在我们祖国的土地上，共同为中华文明和建立统一的多民族国家而贡献自己的才智。祖国广阔、富饶的土地，是中华各族人民共同开发的。在几千年的历史演进中，各族人民以各自的方式创造了辉煌璀璨的文明，这些民族共同形成中华民族，这些文明共同铸就中华文明。"中华文明源远流长、博大精深，是中华民族独特的精神标识，是当代中国文化的根基，是维系全世界华人的精神纽带，也是中国文化创新的宝藏。"① 其意义非常之重大。毛泽东指出："我们这个民族有数千年的历史，有它的特点，有它的许多珍贵品。对于这些，我们还是小学生。今天的中国是历史的中国的

————————

① 习近平. 把中国文明历史研究引向深入 增强历史自觉坚定文化自信［J］. 求是，2022（14）：4-8.

一个发展；我们是马克思主义的历史主义者，我们不应当割断历史。从孔夫子到孙中山，我们应当给以总结，承继这一份珍贵的遗产。"① 民族和国家历史是大学生爱民族爱国家的知识支撑，是形成文化自信的前提。大学生文化自信培育要以此为起点，并着力于夯实起点。

感恩教育是形成大学生文化自信的情感基础。大学生心存感恩，才会爱人、爱社会、爱国家，进而形成继承、维护和发展民族国家文化的认识和行为。感恩是指对给予过自己关心和帮助的他人、社会和自然所怀有的一种立志回报的认识情怀和实践行为。感恩是一种态度、一种品德，更是每个人都应具备的基本道德准则。常怀感恩之心，会让人与人之间的关系更加和谐，会让人更懂得珍惜生活，珍爱生命。感恩教育就是教育者通过创设一定的情境氛围，运用各种教育手段，对受教育者进行知恩、感恩、报恩、施恩的教育。感恩教育是一项"内化"品德教育、心理教育及心灵成长教育，其目的在于使"受教育者懂得知恩图报，将报恩当作一种良知和责任，进而外化为感恩行为实践"②。培育大学生文化自信，重点就是要教导大学生感恩祖国，感恩祖国才能对祖国的文化产生自豪感、自尊心和自信心。祖国不但为人们的生存和发展提供了安宁和谐的环境，还赋予了我们人之为人的文化生命。每个公民都有责任和义务深深感念祖国给予的恩德并以实际行动回报祖国。感恩祖国，不仅仅是形式或口号，而是一种情感、一种意识、一种责任、一种融入我们骨血的精神。当代大学生感恩祖国的方式多种多样，关键是要实实在在地付诸行动。大学生感恩祖国应该"家事、国事、天下事事事关心"，保持着一颗赤子之心，在实现中华民族伟大复兴的行动中实现自己的人生价值。

民族认同教育和国家认同教育是大学生国家安全意志形成的保障。民族认同感包括民族自我认同、民族归属意识、民族态度和民族社会参与及文化

---

① 毛泽东. 毛泽东选集（第 2 卷）[M]. 北京：人民出版社，1991：526.

② 龙汉武，刘利才. 论青少年感恩教育的价值取向 [J]. 中国教育学刊，2014（09）：53-56.

实践等要素。它涵盖对本民族和其他民族的信念、态度和可能关涉卷入的行为。在单一民族国家，民族认同基本与国家认同是一致的，而在多民族国家，国家认同是居于民族认同之上的更高层次的认同。作为一个统一的多民族国家，我国在几千年的历史发展进程中，各民族间的共同点不断扩大，内部认同不断增强，逐步形成了相互依存、荣辱与共的密切关系，并在认同意识的基础上构成了自觉的多元一体的中华民族实体，从而产生了更高层次的民族认同——中华民族认同。中华民族认同是所有华夏儿女对中华民族共同体和中华民族文化的认同感和情感依赖的稳定的心理特征。"中华民族共同体意识的形成是以中华文化认同为核心，由民族认同拓展为构筑各民族共有精神家园的圈层化迭代过程。"[①] 民族认同教育就是形成中华民族共同体意识。对大学生进行文化自信培育，就是要培养大学生对中华民族的高度认同，铸就中华民族共同体意识。通过对中华民族形成发展史、中华民族灿烂历史文化教育，大学生了解中华民族伟大成就，深刻认识民族团结高于一切，坚决与一切民族分裂主义的思想和行为做斗争。

国家认同是指对国家命运、主权、历史、文化、疆域等的认同，是对国家认知心理的趋同。国家认同是与国家荣辱与共，既要分享国家的荣耀，也要分担国家的屈辱。国家认同教育旨在增强大学生的国家认同感，让他们深刻认识到我国自古以来就是一个统一多民族国家，各族人民都是伟大国家的缔造者和国家统一的捍卫者，大学生是其中的一分子，而且是重要的一分子，必须旗帜鲜明地反对民族分裂，坚定不移地维护国家统一，为持久的国家安全和稳定做出贡献。当今世界，在全球化不断发展的大背景下意识形态领域的斗争不但没有减弱，反而更为加强，在某些地区和领域甚至出现了白热化。一些西方国家从未放弃对我国的意识形态渗透，在此影响下，国内意识形态领域开始出现了如自由化、普世价值论、指导思想多元化论、西方民主优越论等观点，严重违背了社会主义主流意识形态。同时，"民族分裂势

---

① 方堃，明珠. 多民族文化共生与铸牢中华民族共同体意识 [J]. 河南师范大学学报（哲学社会科学版），2020，47（05）：9-15.

力、宗教极端势力、暴力恐怖势力"① 三股势力蠢蠢欲动，一些不明真相、理性思辨能力和问题分析能力差的学生受到不利影响，动摇社会主义理想信念和对中国特色社会主义道路的认同感，一些大学生中出现了"爱国但不崇尚社会主义""爱国但不爱中国共产党"等错误思想。因此，必须加强大学生国家认同教育，引导他们抵御"西化"图谋，旗帜鲜明地反对"三股势力"，培养大学生坚定的社会主义信念和对国家强烈的认同感，从而奠定文化自信培育基础。

（三）明确大学生文化自信培育的条件需求

大学生文化自信培育是一个长期的、复杂的思想教育过程，需要一定的物质条件、制度条件、思想条件等支撑，离开了有效的条件支撑，大学生文化自信培育是无从谈起的。在诸多支撑性条件中，制度政策条件需求、教育主客体条件需求、环境条件需求是最基本和最主要的需求。

加强教育政策引导，满足大学生文化自信培育制度政策条件需求。政策引导前提，起着定调导向的作用。大学生文化自信培育需要政府积极予以政策引导，以更好发挥其价值导向、教化激励、协调凝聚的功能。各级政府和高校应根据党的十九大、二十大精神以及习近平总书记系列重要讲话特别是关于文化建设和文化自信相关讲话精神，大力加强战略性、前瞻性、全局性文化自信培育政策研究。

近年来，习近平总书记对文化建设、文化强国战略形势进行深刻研判，深入阐释文化自信内涵，对发展中华民族文化、提振"四个自信"做出了全面部署，提出了一系列重要观点，为大学生文化自信培育指明了方向。各级政府和各高校要认真学习贯彻落实，根据精神要求进行系统安排部署，从新的历史起点出发，高举中国特色社会主义伟大旗帜，立足新实践和新发展，紧紧围绕第二个百年奋斗目标对大学生文化自信培育提出的新要求，认真研

---

① 习近平. 高举中国特色社会主义伟大旗帜 为全面建设社会主义现代化国家而团结奋斗——在中国共产党第二十次全国代表大会上的报告［N］. 人民日报，2022-10-26（01）.

究改革发展关键阶段大学生文化自信培育工作的新思路、新举措，进一步做出方向引导。可加强对高校大学生文化自信培育的专项经费和师资力量的投入并提供一定的政策支持。加强对不同层次、不同类型高校具体工作的宏观指导和督导评估，夯实质量保障机制。

提升大学生文化自信培育工作主客体的重视程度，形成积极参与、自觉参与的生动活泼的局面。大学生文化自信培育的质量、效果与主客体的重视程度呈现正相关的关系。高校作为大学生文化自信培育的主体，应把这一项工作放在重要位置，以更大的工作热情和工作力度加强推进。高校的首要任务就是重视和加强理论研究，以中国特色社会主义理论体系为指导，以爱国主义为主线，立足本民族、本国人民的历史经验与现实实践，并借鉴世界各国人民的历史经验与现实实践，构建富有中国特色的文化自信培育科学理论体系。要积极探索以爱国为主要内容的社会主义核心价值观的培育机制和践行途径，探索中国梦的精神实质和实践要求。此外，高校还必须建立一支学风严谨、思想端正、理论水平较高的专业研究队伍。作为文化自信培育工作客体的大学生也应增强自我提高、自我教育意识，积极主动学习相关理论知识，用马克思主义的立场、观点、方法认识祖国统一、民族团结、文化传承和发展的现实问题，不断提升自身政治素养。

优化大学生文化自信培育的工作环境，筑牢环境条件保障。事物发展变化由内因决定，但受外因影响，高估外因而轻视内因是错误的，只顾内因而忽视外因也是不对的。作为外因的环境，其优劣往往具有不可低估的影响。对于生活于其中的人产生正面或负面效应，尤其对人的思想意识影响尤大。大学生文化自信培育也不例外。优化大学生文化自信培育工作环境，应把握好正确方向和方法，构筑积极向上的社会文化环境。加强先进文化建设，牢牢把握社会主义先进文化的前进方向，唱响主旋律，传播正能量。坚持以科学理论武装人，以正面宣传引导人，以崇高品格塑造人，以优秀作品激励人，净化网络环境，弘扬社会正气，帮助大学生明晰是非界限、澄清模糊认识，进而引导社会情绪、社会心理朝着积极向上的方向发展，形成良好的文化氛围。其次，营造文明和谐的家庭文化环境。要充分发挥家庭对大学生文化自信培育的引导作用，重视家庭美德建设、爱国主义教育，积极营造一个和谐宽松、民主平等、充满思想气息的家庭文化环境。此外，塑造健康和谐的校园文化环境也格外重要。要培育大学生文化自信，就要把握好校园文化活动的政治方向和价值导向，更要弘扬以爱国主义为核心的民族精神和以改革创新为核心的时代精神，紧紧围绕"国家利益至上""在新的征程上实现人生理想"等核心价值观打造层次多样、健康有益的校园文化活动，发挥校园文化环境潜润人心的作用，为大学生树立文化自信打下坚实的基础。

二、强化供给体系

（一）强化大学生文化自信培育内容供给

大学生文化自信培育如同煮饭，煮饭就需要米，好米煮好饭，什么样的米就能煮什么样的饭。放到大学生文化自信培育来说，文化自信的内容是"米"，好"米"煮好"饭"，没"米"做不成"饭"，这一浅显的道理凸显出大学生文化自信培育内容供给的重要性。明确大学生文化自信培育的内容，强化内容供给是基础。总体国家安全观教育、社会主义核心价值观教育、中华民族伟大复兴教育、依法爱国的法治教育是大学生文化自信培育供给体系中的主要内容，应在此基础上加大内容建设力度，强化内容供给体系。

总体国家安全观是对新时代国家安全的科学认识，总体国家安全观教育是新时代国家观教育的重要内容，旨在培养大学生新的国家观，使大学生从整体上认识国家责任，从而衍生出对民族国家文化的自信。从这个角度来说，对大学生进行总体国家安全观教育是大学生文化自信培育的题中应有之义。全面系统地进行总体国家安全观内涵和内容教育，加强总体国家安全观内容供给。大学生总体国家安全观教育内容不能只是简单的概念阐述和内容介绍，而是要抓住核心内容，讲深讲透，帮助学生入脑入心入行。总体国家安全观是一个系统性、全面性的关于新时代国家安全的理论体系，"总体国家安全观的'总体'揭示了国家安全是全面、系统的安全，是共同、整体的安全，强调的是大安全理念。这是对传统国家安全观的重大突破"①。其全面、系统、共同、整体的内容属性决定了其应该对国家安全体系各个要素及其内在逻辑关系和辩证统一关系、国家安全体系各个重点领域、国家安全工作战略部署等内容进行论述和讲解。总体国家安全观要求"以人民安全为宗旨，以政治安全为根本，以经济安全为基础，以军事、文化、社会安全为保障，以促进国际安全为依托"，这就要求大学生了解国家安全各个要素的具体内容、深层含义和工作要求，在此基础上清楚认识国家安全各要素的重要定位和其内在逻辑关系。总体国家安全观坚持了马克思主义辩证统一的基本观点，提出既重视外部安全，又重视内部安全；既重视国土安全，又重视国民安全；既重视传统安全，又重视非传统安全；既重视发展问题，又重视安全问题；既重视自身安全，又重视共同安全。这就要求大学生明白国家安全是一个不可分割的整体，各个要素都有侧重，又都与其他要素相互联系、相互影响，具有辩证统一性，要清楚每一个国家安全要素的侧重点，也要认识到要素与要素之间的密切联系，深入理解总体国家安全观的辩证性、全面性。由此才能有效培养大学生的国家责任感，由此助力形成基于科学认识的理性维度上的文化自信。

社会主义核心价值观是大学生文化自信培育的重要内容和载体，应强化大学生社会主义核心价值观相关联内容教育，丰富大学生文化自信培育内容供给。大学生文化自信培育基点在"民族"在"国家"，科学的国家观是大学生文化自信形成的价值基础。国家观蕴含着人与国家之间的价值关系，国家作为价值客体之于主体人的意义表征为国家价值，国家观就是关于这种价值的认识。任何社会都需要价值观，一个社会要存续下去离不开一定的规范和准则，国家作为社会发展到一定阶段的产物，同样需要一定的价值观。在我国，科学的国家观的核心内容就是社会主义核心价值观。社会主义核心价

①　杨明. 系统推进国家安全体系和能力现代化 [N]. 光明日报，2022-12-01 (06).

值观是引领社会进步的最大共识，具有根本性和决定性。习近平强调：人类社会发展的历史表明，对一个民族、一个国家来说，最持久、最深层的力量是全社会共同认可的核心价值观。① 核心价值观，承载着一个民族、一个国家的精神追求，体现着一个社会评判是非曲直的价值标准。社会主义核心价值观强调把个人的奋斗同国家的发展统一起来，追求增进自身对国家的认同和热爱，并以切实行动促进国家发展和进步。它以马克思主义理论为指导，在中华优秀传统文化的丰厚滋养中，在社会主义国家建设实践过程中形成并发展起来，与社会主义国家政治、经济、文化和社会制度相适应。总之，社会主义核心价值观就是社会主义国家利益的价值表达。

社会主义核心价值观支配着党领导、团结各族人民对中国特色社会主义道路、中国特色社会主义制度、中国特色社会主义理论体系、中国特色社会主义文化的选择和构建。对"富强、民主、文明、和谐"这一国家层面的社会主义核心价值观的认同，就是对国家的认同和对中国共产党作为执政党的认同。对"自由、平等、公正、法治"这一社会层面的社会主义核心价值观的认同，就是对中国特色社会主义道路和中国特色社会主义理论的认同。对"爱国、敬业、诚信、友善"这一公民个人层面的社会主义核心价值观的认同，就是对中华民族和中华文化的认同。

"落后就要挨打，贫穷就要挨饿"②，富强才能兴邦，国家富强是每一位爱国者的愿望。只有国家富强了，人民才会幸福，没有爱国者不希望自己的祖国繁荣强盛。每一个热爱国家的中国人都希望建设一个富强、民主、文明、和谐、美丽的社会主义现代化强国，实现全体人民共同富裕，实现人与自然和谐共生，实现物质文明和精神相协调，实现国家长治久安，实现和平发展。社会主义核心价值观的三个层面是一个不可分割的有机整体，三者相互渗透，互为前提。社会主义核心价值观与中国梦有机统一于中国特色社会

---

① 新华社记者. 以时代精神激活中华优秀传统文化的生命力［J］. 求是，2022（14）：59-65.

② 习近平. 在全国党校工作会议上的讲话［J］. 求是，2016（09）：3-13.

主义伟大实践，培育和践行社会主义核心价值观，能够以强大的正能量推进国家的发展、稳定、安全、和谐。因此，要树立、培养、践行、弘扬社会主义核心价值观，树立起大学生的马克思主义的人生价值观，构筑爱国主义精神在价值领域的话语表达，从而筑牢大学生文化自信培育的基石。

推进对大学生的中华民族伟大复兴教育，使大学生把自我理想同中国梦结合起来，在实现中华民族伟大复兴中国梦的过程中形成对中华优秀传统文化、革命文化和社会主义先进文化的自信。近代以来，中国沦为半殖民地半封建社会，面对民族危机，先进的中国人为求得民族独立、国家富强开始了艰辛探索，太平天国运动、洋务运动、戊戌变法、义和团运动、辛亥革命等各方力量、各种政治主张轮番登场，尽管在一时产生影响，却最终都以失败而告终。毛泽东在《论人民民主专政》中写道："中国人向西方学得很不少，但是行不通，理想总是不能实现。"[1] 之所以不能实现理想，根本原因在于未能找到一条符合中国实际的正确的道路。种种失败告诉我们，只有中国共产党和社会主义才能救中国，实现中华民族伟大复兴离不开中国共产党的领导，离不开走社会主义道路，离不开建立中国特色社会主义现代化国家。对大学生进行中华民族伟大复兴教育，就是要使其明白"我国爱国主义始终围绕着实现民族富强、人民幸福而发展，最终汇流于中国特色社会主义。祖国的命运和党的命运、社会主义的命运是密不可分的。"[2] 中国特色社会主义道路是实现中华民族伟大复兴的必由之路。在新时代条件下，爱国主义的最高表现就是要坚持和发展中国特色社会主义，为实现中华民族伟大复兴中国梦而不懈奋斗。从价值论角度说，中国梦是把爱国、爱党、爱社会主义内在统一起来的纽带和主线。"只有坚持爱国和爱党、爱社会主义相统一，爱国主义才是鲜活的、真实的，这是当代爱国主义精神最重要的体现。"[3] 对大学生

---

① 毛泽东. 毛泽东选集（第4卷）[M]. 北京：人民出版社，1991：1470.
② 习近平. 大力弘扬伟大爱国主义精神 为实现中国梦提供精神支柱 [N]. 人民日报，2015-12-31（01）.
③ 习近平. 大力弘扬伟大爱国主义精神 为实现中国梦提供精神支柱 [N]. 人民日报，2015-12-31（01）.

进行中华民族伟大复兴中国梦教育。"历史告诉我们，每个人的前途命运都与国家和民族的前途命运紧密相连。国家好，民族好，大家才会好。"① 大学生只有把人生理想融入国家和民族的伟大事业当中，才能最终成就一番事业。如此，大学生能够把自我同国家统一起来，把国家的事情当作自己的事情，把国家的发展当作自己的发展，树立起文化自信是水到渠成的事情。

依法爱国的法治教育是大学生增强爱国情怀、树立文化自信的重要的规范化、法治化前提，是大学生文化自信培育走好法治化道路的基础。法治教育是我国德育的重要内容，并贯穿于高校思想政治教育的改革和发展之中，也是增强大学生对民族国家文化自信，做忠诚爱国者、文化继承者和发展者的重要保障。高校法治教育具有德育性质，育人的落脚点在于人的法治意识、法治情怀、尊法守法懂法用法的价值逻辑。大学生感性情感尤为突出，更加具有也更易激发爱国主义情感，但感性情感的另一面是极端情绪，以爱国之名行僭越法律之实的事情并不鲜见。为了维护国家安全而违反法律的行为是不被允许的。爱国热情可以不分你我，爱国行为需要有序表达，否则爱国行为就会越轨，甚至会异化为违法犯罪。所以，大学生文化自信培育，必须要有依法爱国的法治教育作为保障。法治是一个相对于人治而言的概念，侧重于法律文化的观念层面，是实质意义上的法治。法治教育具有更高的正当性、民主性与合正义性，法治思维更注重法治理念，与大学生文化自信培育在本质上是一致的。大学生依法爱国的法治教育要以多种形式的爱国守法规范为依据，加强宪法教育，使大学生通过宪法学习，树立起维护国家统一和各民族团结，维护祖国安全、荣誉和利益的意识，明确不得有危害祖国的安全、荣誉和利益的行为。通过依法爱国的法治教育，使大学生形成对中华优秀传统文化、革命文化和社会主义先进文化的自信，并将继承、维护和发展民族的国家伟大文化入脑入心入行。

---

① 习近平. 一、中华民族近代以来最伟大的梦想——关于实现中华民族伟大复兴中国梦 [N]. 人民日报, 2016-04-20 (09).

（二）强化大学生文化自信培育方法供给

方法是联结教育主体和教育客体的桥梁，好的教育方法能够更有效地确保教育主体把知识、思想、情感传递给教育客体。大学生文化自信培育作为高校思想政治教育的重要组成部分，属于思想教育、信念教育和情感教育范畴，对教育教学方法要求高。在新媒体时代，高校思想政治理论课教育教学方法已经在不断的创新中得到较大程度丰富，为大学生文化自信培育提供了方法借鉴。新时代大学生文化自信培育还应结合现实，强化方法供给，进一步思考和探索显性教育方法、隐性教育方法、显隐结合教育方法。

显性教育方法是指充分利用各种公开手段、公共场所，有领导、有组织、有系统的开展思想政治教育的方法。显性教育方法是普遍的、常规的教育方法。大学生文化自信培育显性教育就是利用高校思想政治理论课课堂教学、主题报告、专题讲座、各种社会实践等平台，直接地、正面地、成体系地向大学生灌输马克思主义国家观、马克思主义文化观、国家安全、总体国家安全观、马克思主义中国化文化思想的相关理论知识，使大学生对中华优秀传统文化、革命文化和社会主义先进文化的情感、意志、行为遵循党和政府的要求，实现由感性向理性的过渡。显性教育方法下的大学生文化自信培育具有以下特点和优势，第一，利用有意识、直接、外显的教育手段，有目的、按计划、分步骤地安排大学生文化自信教学内容，向学生传输社会主义核心价值观、爱国主义、民族和国家认同，在整个教育过程中发挥强大的理论导向作用；第二，利用各种公开渠道、公共场所宣扬国家观、民族观、文化观，具有制造舆论声势、扩大宣教范围、增强宣教力度的优势；第三，能够借助固定平台及时传达党的路线、方针、政策以及关于文化建设、文化强国、"四个自信"等的最新指示精神和信息，让学生以最快速度了解和把握，信息传播高效率优势明显。

隐性教育是与显性教育范畴对应、作用互补的一种隐蔽的、无意识的、内隐的无形教育方式，能够使教育客体在受教育过程中潜移默化地自觉接受理论知识。大学生文化自信培育隐性教育注重大学生的主体意识，主要以间接的、隐蔽的、潜在的方式对大学生关于中华优秀传统文化、革命文化和社会主义先进文化的态度、动机、观念、行为等施加影响，通过学生无意识的、非特定的心理反应而达到效果，学生是在不知不觉中通过内化机制接受文化自信培育内容的。大学生文化自信培育隐性教育方式隐含在各类教育教学活动、社会实践活动、学生社团活动、家庭教育活动、校园文化建设之中，经由自身实践，大学生在参与中感受、体会、获得，这种感受、体会和获得更加深入内心，一旦形成不易改变。隐性教育方式持久的优势是非常明显的。比如大学生在模拟文物修复、在组织主题文艺演出、在文化发展宣讲活动中能够更加激发自主性，这种自主性会持续产生影响。西方一些国家在对大学生开展思想意识教育时大多采取隐性教育方式，成效比较突出。隐性教育方式在大学生文化自信培育工作中应发挥出更大作用。相关工作者应加强研究，探索更加可行的、更加生动的隐性教育方式。

显隐结合式教育方法是指运用科学的方法将显性教育与隐性教育相融合的兼具二者优势的育人模式。大学生文化自信培育显隐结合式教育可分为大学生文化自信渗透式教育、大学生文化自信体验式教育、大学生文化自信开放式教育、大学生文化自信熏陶式教育、大学生文化自信网络化教育等。以上种种显隐结合式教育方法都是灵活运用语言、艺术、文学、图像、网络等载体，将大学生文化自信培育的目标融于健康向上的文化氛围和教育环境中，组织开展丰富多彩并被大学生喜闻乐见的实践活动、学习活动、文化活动，充分发挥学生的主体作用，倡导优良的校风、学风、班风、社会风气，形成校风、学风、班风、社会风气的良性互动，从而净化学生心灵，提升学生思想境界，熏陶学生精神世界，使其在不知不觉中自我感知、感受、体会、领悟，以量的逐步积累引起思想认识质的变化，逐渐实现牢固树立大学生文化自信的目标，以收到"随风潜入夜，润物细无声"的效果。新时代大学生文化自信培育应注重在显性教育过程中进行隐性渗透，在显性课堂教学的知识性、严谨性、系统性、前沿性的基础上，多在教师的价值观念、教学态度、授课方式、个性特点与师生关系上下功夫，使整个教学活动具有生动性、趣味性、娱乐性，引导学生在理性和感性的交汇中，形成坚定的对中华优秀传统文化、革命文化和社会主义先进文化的自信。

（三）强化大学生文化自信培育平台供给

任何一项工作的顺利开展都离不开平台条件的支撑，新时代开展大学生文化自信培育工作，同样需要搭建相应的平台。具体而言，就是要搭建新时代大学生文化自信培育的网络传播平台、实践育人平台和科学研究平台。

其一，搭建大学生文化自信培育的网络传播平台。

随着网络信息技术和新兴媒体的发展，互联网络逐渐打破传统时空边界和话语秩序，快速成为人们生活、学习和工作的重要平台，成为人们获取信息、传播信息和话语表达的必不可少的场域。在这些网络社会群体中，新时代大学生是典型的"数字原住民"，具有鲜明的数字化生存特质，"无人不网、无事不网、无时不网"是新时代大学生学习和生活的常态。因之，开展大学生文化自信培育，必须强化互联网思维，注重网络平台建设。搭建好文化自信培育的网络传播平台，注重校园网络传播平台建设、专题网络学习平台建设、师生网络互动平台建设，为大学生文化自信培育营造良好的网络环境，提供必要的网络平台空间。

第一，注重校园网络传播平台建设。要运用好"易班""两微一端"、贴吧、论坛等新型媒介进行校园文化建设，持续丰富平台内容，不断创新内容呈现形式。

要持续丰富校园网络传播平台的内容。创新和应用校园网络传播平台，动态更新文化自信培育的相关信息，能够实现对传统相对固定信息资源的拓展和补充，能够增加大学生文化自信培育需要的信息资源量。比如，大学生文化自信培育的基本知识专题、相关国内外热点事件的新闻报道、理论分析、时事评论等，均可通过大学生文化自信培育的校园网络传播平台进行信息发布和线上理论讲授。要善于利用校园网络传播平台的时效性优势，及时传递最新知识信息，积极主动发声，积极引导校园舆论，从而为大学生文化自信培育营造良好的校园氛围。此外，要不断创新校园网络传播平台的内容呈现形式。综合采用文字、视频、音频、图片等多样化形式，制作开发大学生喜闻乐见的新媒体内容产品，从多种角度更好呈现大学生文化自信培育的相关内容，将抽象道理转化为生动具体的素材，增强内容吸引力，使大学生自觉接受文化自信培育。

第二，注重专题网络学习平台建设。探索搭建大学生国家意识教育的专题网络学习平台，整合网络教育教学资源，开辟一个专题或者是版块，通过视频、音频、图片、文字和动画等形式，专门推送和宣传大学生文化自信培育的相关内容，同时也可以实现远距离多媒体数据的获取、存储、处理、传输，从而更好地发挥网络在大学生文化自信培育中的重要作用。应科学制定专题网络学习平台建设规划。高校各部门在人力、物力、财力上大力支持专题网络学习平台建设。其次，加强专题网络学习平台的软硬件建设，在设备建设、资源建设、核心技术开发、数据库建设、专业队伍建设等方面着力。可指定专人负责、定期更新、完善专题网络学习平台的内容和呈现形式，确保大学生能够接收到最新、最前沿、最热点的国家意识相关信息，确保大学生文化自信培育的及时性、有效性。此外，还应指定专人负责专题网络学习平台的硬件设施维护，避免技术故障问题的发生。完善专题网络学习平台的运行机制，确保师生交流和资源共享的机制畅通，推动形成共建共享、互联互通、同向同行的高校网络育人工作格局，充分发挥互联网络在培育大学生文化自信培育中的优势和作用。

第三，注重师生网络互动平台建设。建设师生网络互动平台，意在为文化自信培育工作的开展提供师生互动的网络媒介场域。网络互动平台通过建立互动社区、专题讨论区、匿名互动区等，为双方互动营造一个活跃阳光的平台环境，使教师与学生的互动交流在线进行，避免了线下面对面交流可能带来的顾虑和尴尬。在网络互动平台中，教师和学生之间可以畅所欲言，学生更愿意自由表达自我、平等表达观点，缓解大学生文化自信培育中主体和客体之间的紧张压抑氛围。网络互动平台能够突破师生交流的时空限制，使随时交流成为可能。如此，教师能够及时关注学生思想意识动态，及时发现学生中存在的问题，并及时对学生进行解疑释惑和纠偏归正。大学生文化自信培育的实效由此得以增强。

其二，搭建大学生文化自信培育的实践育人平台。

2016 年习近平总书记在全国高校思想政治工作会议上强调指出："要重视和加强第二课堂建设，重视实践育人，坚持教育同生产劳动和社会实践相结合，广泛开展各类社会实践，让学生在亲身参与中认识国情、了解社会，受教育、长才干。"① 社会实践具有育人的重要意义，必须"用社会实践的大平台为思政课的改革创新持续注入活力，赋予思政课以生动有力的实践支撑"②。开展当代大学生文化自信培育，必须注重搭建实践育人平台，引导大学生在亲身实践、实地参观和现场体验中深化爱国情怀，理解中华优秀传统文化、革命文化和社会主义先进文化的深刻内涵和核心内容，体会国内外文化发展形势变化，特别是意识形态领域的激烈斗争，强化文化自信。具体而言，就是充分运用实践教学平台和社会实践平台开展文化自信培育。

第一，充分运用教育基地开展文化自信培育。从某种程度上说，教育基地承载着文化自信培育的重要内容，是开展实践教学的重要平台。充分运用教育基地开展大学生文化自信培育实践教学，需要建好教育基地，挖掘教育资源，并组织学生参观学习。教育基地以其固有的物化形态承载着国家意识教育的重要内容，能够集中、直观地向大学生展现祖国的悠久历史、灿烂文化、英雄事迹、发展成就、时代风采等。文化自信培育基地主要包括各类纪念馆、展览馆、博物馆、科技馆、革命遗址、烈士陵园、历史文物古迹、自然人文景观、军事演习模拟场地等。高校可以探索与地方共建的新路子，坚持校地共建、资源共享、人才共育、成果共享的原则，将自身理论优势与地方特色优势有效整合起来，加大教育基地内容建设，凸显基地教育功能，为

① 刘水静．善用"社会大课堂"推动思政课改革创新 [N]．光明日报，2023-08-24 (11)．

② 石书臣．深刻把握"大思政课"的本质要义 [J]．马克思主义理论学科研究，2022，8 (07)：104-112．

大学生文化自信培育提供更加丰富、更加优质的实践教学平台。

第二，充分运用仪式活动开展文化自信培育。仪式活动承载着特定的价值意义，是传递国家价值的重要形式，也是开展文化自信培育实践教学的重要平台。充分运用仪式活动开展实践教学，应以重大纪念活动、节日庆典、仪式礼仪等为实践载体进行文化自信培育。需要高校充分挖掘重大历史事件、重要历史人物、重大纪念日等蕴含的文化自信培育资源，引导大学生在重温历史中产生情感共鸣、深化意义认知。比如可组织开展歌唱祖国、歌颂党、军民一家亲等系列纪念活动和主题教育，以此为依托，激发大学生的爱国热情，凝聚大学生的拼搏力量。其次，以重要节日庆典为实践载体开展文化自信培育。以节日为契机，组织开展丰富多彩、健康向上的系列文化活动和庆祝活动，引导大学生在感悟中华文化、体验中华文明中增进爱国情怀，强化大学生的民族自尊心、自信心和自豪感。此外，以仪式礼仪为实践载体开展文化自信教育。仪式礼仪往往承载着特定的价值意义，是一种庄重严肃的价值呈现方式。如在开学典礼、毕业典礼、运动会等大型集会中组织学生升国旗、唱国歌，开展国旗下的演讲等，认真组织学生入党仪式，通过公开宣誓、重温誓词等形式开展文化自信培育。

第三，充分运用社会实践平台强化大学生的国家意识、民族意识、爱国热情、集体意识、安全意识、文化价值观。社会调查是大学生了解国情、把握党情、掌握社情、体察民情的重要方式，是大学生走近社会、了解社会、融入社会的重要途径。开展大学生文化自信培育，可引导大学生围绕国家发展相关主题进行社会调研，真切感受社会主义现代化建设取得的伟大发展成就，客观看待我国经济社会发展过程中出现的矛盾和问题，正确看待国家发展中的问题和形势，深刻认识新时代进行新的伟大斗争的长期性、复杂性、艰巨性，深刻理解我党所做出的重大战略决策部署等。从而形成对社会主义先进文化的自豪感和自信心。在此基础上，注重引导大学生自觉产生对国家的热爱之情，对党的领导的坚决拥护，对中国特色社会主义的坚定信念，对实现中华民族伟大复兴的坚定信心，并自觉投身民族复兴的伟大历史实践。

在亲身体验、真实感知中，大学生的责任感、使命感不断增强，文化自信也会得到进一步强化。此外，"生产劳动同智育和体育相结合，它不仅是提高社会生产的一种方法，而且是造就全面发展的人的唯一方法"①，因此可开展志愿服务活动、生产劳动，在实习锻炼、志愿服务、生产劳动的过程中，大学生不仅能够检验自己的知识文化水平，提高自己的实践操作能力，还能够养成正确的价值取向和积极的精神风貌，而且能够在现实磨砺中进一步强化集体意识和责任意识，努力成长为全面发展的人，成长为社会主义现代化建设的可靠接班人，这正是文化自信培育重要的基础。

其三，搭建大学生文化自信培育的科学研究平台。

新时代大学生文化自信培育的顺利开展，需要以科学研究为支撑，这是保证文化自信培育实践科学性、有效性的重要理论基础。具体来说，要成立大学生文化自信培育研究中心，开展大学生文化自信培育研究工作，并加强管理，保障国家意识教育研究中心有效运行，充分发挥其"思想库"的作用。

一方面，成立大学生文化自信培育研究中心，开展科学研究工作。结合时代要求，根据大学生文化自信培育的理论研究状况和现实实践需要，瞄准重点难点问题和热点焦点问题，依托相关项目和课题研究，进行大学生文化自信培育的理论研究和实践探索，努力产出具有前瞻性视野和应用性价值的研究成果，形成相关调查研究报告，为文化自信培育的重大决策提供有建设性和影响力的咨询报告。同时，积极承办和举办有规模的、高质量的学术交流活和工作研讨会，探索建立相关资料库、数据库等。在持续深化理论研究的基础上，积极回应大学生日益增长的关于中华优秀传统文化、革命文化和社会主义先进文化方面的理论需求。要从学理层面加强对新时代大学生文化自信培育的研究，完善理论体系，讲清楚、说明白、道透彻文化自信的内涵、本质、主题、要求等，帮助大学生形成关于中华优秀传统文化、革命文

---

① 周洪宇．在学生中弘扬劳动精神［N］．人民日报，2021-12-15（05）．

化和社会主义先进文化的理性自觉，防止滑向错误的意识倾向。科学研究必须注重研究成果的现实转化和推广应用，注重研究中心工作团队的建设，组建一支政治素质高、业务能力强、理论功底扎实、结构优化合理的工作团队，为新时代大学生文化自信培育实践提供必要的理论支撑和智力支持。

另一方面，加强管理，保障文化自信培育研究中心高质量运行。建立有效的运行机制，注重制度建设，探索工作简报制度、成果简报制度、科研档案管理制度等。工作简报制度主要是及时报告重大工作活动开展情况，如主管部门或承建单位工作部署的落实情况、重大项目进展情况、专家指导委员会会议纪要、规章制度制定修改和执行情况等；成果简报制度主要是定期报告重大项目阶段性成果摘要、工作和学术交流研讨会成果摘要、重大研究成果摘要以及典型工作案例摘要等；科研档案管理制度主要是由专人负责、中心承担项目档案、工作成果档案、会议活动档案、科研经费档案、工作报告档案等相关档案管理工作。此外，还要加强考核评价，对研究中心的中长期发展规划、承担工作和科研项目的总体情况、研究成果的质量以及转化应用情况、开展决策咨询情况、学术与实践交流情况、内部管理情况等进行考核评价，确保大学生文化自信培育研究工作有序开展。

（四）强化大学生文化自信培育师资供给

2016 年 12 月，习近平总书记在全国高校思想政治工作会议上指出：长期以来，高校思想政治工作队伍兢兢业业、甘于奉献、奋发有为，为高等教育事业发展作出了重要贡献。要拓展选拔视野，抓好教育培训，强化实践锻炼，健全激励机制，整体推进高校党政干部和共青团干部、思想政治理论课教师和哲学社会科学课教师、辅导员班主任和心理咨询教师等队伍建设，保证这支队伍后继有人、源源不断。教育的关键在教师，教育好不好，关键要看教师好不好。一个好的教师能够给学生带来思想的启蒙、情怀的洗礼和人格的引导。建设工作队伍能够为大学生文化自信培育提供必不可少的人力支撑。强化大学生文化自信培育师资供给，必须建设大学生文化自信培育教师队伍，注重打造"四支队伍"，坚持好队伍建设的基本原则，把好队伍建设的重要关口。

第一，着力抓好高校党政干部和共青团干部队伍建设。党政干部和共青团干部作为领导者和管理者，必须承担起大学生文化自信培育的规划、协调和管理职能。首先，党政干部和共青团干部在学校党委统一领导、部署和安排下，根据大学生文化自信培育的实际情况，对具体目标、内容、主体、程序、资源、措施、体制和机制等方面作出总体布局和全面安排，实现大学生文化自信培育各种要素和各类资源的有效配置，实现教育效果的最大化。其次，从全局出发，将相关的不同职能部门和要素有机统一起来，充分发挥好各方面的优势和力量，为整个教育活动提供良好的运行条件和环境，避免由于沟通不畅出现阻碍力量，确保教育活动能够高效顺利开展。最后，党政干部和共青团干部通过制定相应的规章制度、工作办法，建立相应的运行机制，使大学生文化自信培育按照一定的规范运行，减少人为因素的干扰，确保工作开展有依据、有组织、有秩序、有保障。

第二，重点建设思想政治理论课和哲学社会科学课教师队伍。思政课教师直接承担高校思想政治理论课教学任务，是高校立德树人的第一责任人，哲学社会科学课教师包括承担哲学、历史学、经济学、政治学、心理学、法学、新闻学、社会学、民族学、人口学、宗教学等学科的教师。哲学社会科学课程一般具有鲜明的意识形态属性，能帮助大学生坚定正确的政治方向，树立坚定的理想信念。思政课教师应当注重将国家安全、总体国家安全观、国际形势的主要内容融入教材、课程中去，把握大学生文化自信培育的方式方法，结合大学生实际，有针对性地开展不同层次的教育活动，不断提高大学生独立思考、分析和解决现实问题的能力。哲学社会科学课教师应积极自觉发现、运用本学科存在的多样的、具体的大学生文化自信培育主题内容，并与本学科教学结合起来，提高大学生对国家主权、国家安全、国家发展、国家形象、国家责任、民族尊严、民族国家文化等的正确认识和理性实践，进而在潜移默化中提升大学生的文化自信水平。

第三，高效打造专业化的辅导员班主任队伍。辅导员（班主任）与大学生接触多、广、深入，是大学生文化自信教育的直接承担者和具体实施者。在工作中应主动肩负起培育大学生文化自信的责任，将大学生文化自信培育融入日常生活中去，紧扣寝室生活、班级活动、社团组织活动，与重大事件、重要节日、重大活动结合起来，通过开展丰富多彩的文化活动，使大学生在日常不自觉地学习和生活中潜移默化形成对中华优秀传统文化、革命文化和社会主义先进文化的正确认识和理性实践。用营造出的积极向上的氛围引导大学生有效抵制各种有害的、错误的、腐朽的国家观念、安全观念，从而逐步提升和坚定大学生的文化自信。

第四，注重加强心理咨询教师队伍建设。心理咨询教师肩负排解大学生心理障碍、不断提高大学生心理素质的使命，其工作目标和职责就是培养新时代大学生的良好心理品格。心理咨询教师应当将心理健康教育规划、心理咨询服务等工作与大学生文化自信培育密切结合起来，在开展心理咨询服务的过程中，注重引导大学生养成健康心态，树立文化自信。可将大学生文化自信培育与学校心理健康教育结合起来，根据相关政策要求，结合学校实际情况，将大学生文化自信培育融入心理健康教育规划之中。可将学校开设的心理健康课程、讲座以及网络公开课等与大学生文化自信培育的常规开展工作紧密结合起来，积极向大学生宣传普及文化自信的相关知识。还可在为学生提供各种障碍性心理咨询和发展性心理服务时，有针对性地融入文化自信培育的丰富内容，在帮助大学生正确认识自身心理状况和解决自身心理问题过程中，引导大学生养成积极健康心态和科学人生态度，学会正确认识中华优秀传统文化、革命文化和社会主义先进文化，理性对待民族国家文化，形成继承、维护和发展中华优秀传统文化、革命文化和社会主义先进文化的心理机制。

三、完善保障体系

（一）完善大学生文化自信培育组织保障体系

完善组织保障体系是大学生文化自信培育行稳致远的重要基础。加强大学生文化自信培育，要研究相关组织制度，使具体工作在有组织、有计划、有制度、有规范的道路上开展。这里的组织保障主要包括统一领导机制保障、相关输入型力量主体保障、相关制度规范保障。

第一，统一领导机制保障。领导是方向和保证。这里所说的领导包含了中央领导和地方领导，所谓的统一领导就是党中央部署布局，各级党委规划实施。统一领导中的各相关主体缺一不可。"四个自信"培育是国家层面的关乎文化强国建设、中华民族伟大复兴的战略理论，是中国特色社会主义现代化建设各项工作、各条战线的指导思想，必须在党中央的统一领导下进行贯彻和落实，各级党委要加强统筹规划和宣传指导，使中华优秀传统文化、革命文化和社会主义先进文化得到有效的传播和内化。新时代大学生是国家建设和中华民族伟大复兴的"未来力量"，加强关于民族国家文化的教育，形成文化自信培育组织体系十分迫切和重要。这就要求党中央和各级党委和政府部门加大对文化自信培育的探索和部署，明确任务目标和权责体系，确保教育的切实开展，让大学生认识、了解国家文化自信培育工作的战略意义，学习中华优秀传统文化、革命文化和社会主义先进文化的相关内容，将民族国家文化内化于心，关键时刻能够将其外化为自觉主动的实际行动，促进大学生文化自信的有效提升。

第二，相关输入型力量主体保障。输入型力量主体是大学生文化自信培育的重要促进要素。这里的输入型力量主体大体上可归纳为政府和社会媒体。政府和社会媒体在大学生文化自信培育上承担着不可推卸的责任。政府应加大资金投入力度和社会宣传教育力度。加大资金投入，并成立专门机构，确保资金的合理分配，对高校经费的使用进行监督和管理，保障资金专款专用。此外，政府还应加大力度进行社会宣传教育。可组织专家学者对中华优秀传统文化、革命文化和社会主义先进文化进行理论研究，提供内容支撑。还可通过引入社会资源和官方渠道加大宣传力度，拓宽大学生文化自信培育途径。社会媒体应主动承担宣传责任和义务。社会媒体首先要坚定政治方向，树立大局意识，引导舆论朝着正确的方向发展，及时纠正、查处网络上的不实内容和虚假信息，肃清网络舆论环境。此外，运用网络媒介手段对大学生进行正确舆论引导，传播有关于中华优秀传统文化、革命文化和社会主义先进文化的内容，比如中华民族传统美德、君子修行道德、家国情怀经典、社会主义核心价值观等，让大学生能够提升辨别能力，在媒体平台上获取正确的信息，树立正确的民族国家文化思想，提升文化自信，积极进行文化实践。

第三，相关制度规范保障。深化大学生文化自信培育相关制度规范是可靠且不可或缺的前提。科学的制度规范能够提供系统的、全面的统筹和指导，确保大学生文化自信培育的有效开展。应当制定明确的教育目标，即通过对大学生开展国家观、民族观、文化观、爱国主义等教育，使大学生正确认识当前我国文化强国建设形势，了解文化自信的丰富内涵和重大意义，增强文化自信，提高继承、维护和发展中华优秀传统文化、革命文化和社会主义先进文化的能力，主动承担文化发展的责任和义务。还要有明确的权责主体。政府、高校、主流媒体、家庭等都是其中的责任方，都有参与并促进大学生文化自信培育的义务，各方共同协作是关键。此外，大学生文化自信培育要坚持正确的方向原则，牢守坚定的政治方向，贯彻落实党的路线、方针、政策。从文化发展形势、国家文化发展工作需要、文化自信具体内容出发，再者，大学生文化自信培育还应坚持主体性原则，在发挥教育者主导作用的同时重视大学生主体地位，形成促进大学生把继承、维护和发展中华优秀传统文化、革命文化和社会主义先进文化的认识内化于心和升华为志的教育教学工作规范。

（二）完善大学生文化自信培育协同保障体系

大学生文化自信培育是一个系统性工作，靠单一主体或少数两三个力量支持是不够的，必须从整体性、系统性、全面性、结构性角度进行研判，找准确、搞明白大学生文化自信培育的相关主体，并在利益契合点和平衡性中找到协同的可能性，在实践探索中形成协同保障体系。在相关主体中，要注意区分"主导"和"主要"关系，做强"主导"，优化"主要"，使各主体切实在发挥自己资源优势与明确责任的基础上，真正形成协同效应。

第一，高校思想政治理论课是大学生文化自信培育的主渠道和主阵地，发挥着主导作用。提升大学生的文化自信，就是通过思想政治理论课教学，帮助大学生形成关于国家安全的正确理论认知，解决大学生在文化自信形成过程中的理论认识问题，夯实大学生的理论素养。探索把文化自信培育融入高校思想政治理论课教学是问题的关键，也是难点。从大的方向来说，要以高校思想政治理论课为课程依托，开展专题式文化自信培育。充分挖掘和开发思想政治理论课教学蕴含的文化自信培育资源，并结合培育工作的要求、目标、任务、内容等开发新的教育资源，增强融合度。实现有效融合，主要在细化和具体化上下功夫。注重制定好课时安排、教学计划、教学目标、相关教学材料①。中宣部、教育部等主管部门要把好教材准入关，发挥好统筹协调作用，调动名师专家资源，组织一批政治过硬、水平够高、经验丰富、能力够强的专家学者，组织编写相应配套教材和制订计划目标。

大学生文化自信培育作为意识形态教育范畴，单靠课堂理论教学是远不够的，要注重"日常养成教育"的积极意义。日常思想政治教育与大学生的学习、生活实际密切相关，筑牢主阵地，推动大学生文化自信日常养成，需要充分发挥教育者特别是辅导员（班主任）的关键作用。辅导员（班主任）要具备高度的思想自觉和行动自觉，及时发现突出问题，引导大学生正确分析，帮助大学生树牢捍卫国家核心利益、维护国家文化生存、安全、发展的信念。工作重点在于指导思想、实施环节、方式方法、评价反馈等方面的一体系统，要抓好工作方案的落实，避免徒有其表、流于形式。在日常教育管理过程中，及时向大学生宣传、解读相关文件精神和政策规定，引导大学生

---

① 思想政治理论课专题式的教学版块，最好有相应的教学材料与之相匹配，唯有如此，才能更好地推进文化自信培育工作的具体实施。当前高校思想政治理论课教材中有一定篇幅的文化自信教学的相关内容，但是不够明朗系统，需要进一步梳理整合，编写相应的教辅材料。此外，市场上也有一定数量的包括专著在内的辅助性素材，可以服务于大学生文化自信培育工作，但在市场化下层次不够分明、质量参差不齐等问题一直存在，需要加以改善和正确引导。

正确认识国际国内形势、国家发展成就和问题等，学会站在政治的高度、全局的角度分析国家文化发展问题。注重解决大学生在学习、生活、思想等方面存在的现实问题，在回答时代困惑和解决现实问题的过程中，向大学生传递正确的文化观。

第二，教书育人、管理育人与服务育人相协同。大学生文化自信培育，既要注重教书育人，又要注重管理育人，还要注重服务育人，教书育人是根本，管理育人是保障，服务育人是支撑。三者共同构成新时代大学生文化自信培育的育人格局。教书育人是高校的核心工作，以教书育人为根本推进大学生文化自信教育，就是通过各类教学活动，依托于一定的、尽量丰富的课程而开展。高校的课程可以分为四类，即思想政治理论课、专业课、其他公共课、选修课。思想政治理论课是树立大学生正确的世界观、人生观、价值观的主要课程载体，是大学生文化自信培育的主要依托课程。必须把文化自信教育融入思想政治理论课教学。专业课、其他公共课、选修课与思想政治理论课的教学指向不同，有其各自的教学目标和任务，但从其内容和育人定位来看，也都具有培育大学生文化自信的合理要素。应把文化自信培育渗透于课程教学之中，以形成课程协同效应。

管理育人是高校育人工作的重要环节，开展新时代大学生文化自信培育，必须以管理育人为保障。以管理育人为保障推进大学生文化自信教育，就是把管理育人作为开展大学生文化自信培育工作的重要保障。高校是一个小社会，有其必要的管理工作系统。"建设具有中国特色、世界水平的高等教育，要构建以党委领导下的校长负责制为核心，以职能部门和专业院系为依托，以学术委员会、教代会、理事会等为支撑的现代化大学内部治理体系。"① 这里的内部治理体系，实际上就是强调了高校管理育人的重要意义。我国高校的管理工作系统主要由党政系统构成，分别负责学校的党务工作和行政工作。虽然学校党政系统并不直接实施具体的育人工作，但其管理工作

① 杜玉波. 加快推进大学治理体系现代化［N］. 光明日报，2020-04-07（13）.

都是为教育工作服务的，教育工作的效果受学校管理工作的影响。党政工作人员特别是领导干部对大学生文化自信培育工作的重视程度，以及其自身的素质具有榜样影响力；学校各项规章制度和管理工作影响对大学生文化自信培育工作的服务水平。据此，学校管理部门必须自觉树立管理育人理念，自觉提高自身修养，不断提高决策管理水平，围绕文化自信培育工作，制定科学合理的管理准则，发挥管理育人职能，引导大学生树立并强化文化自信。

服务育人是高校育人工作的重要组成部分，开展新时代大学生文化自信培育，必须以服务育人为支撑。以服务育人为支撑推进大学生文化自信培育，即激活学校后勤服务部门和其他各项服务工作中的服务环节。高校具有相对独立的后勤服务部门，后勤服务工作的开展既能为高校的正常运转提供必不可少的条件，又能为满足大学生的日常生活需要提供便利。"高校后勤不仅要为教育教学科研和师生工作生活提供服务保障，更要紧扣立德树人根本任务。"① 后勤服务并不直接作用于大学生文化自信的形成发展，但能够为高校教书育人和管理育人提供必要的物质条件支撑，发挥间接育人作用。服务工作本身就内含一定的价值理念，通过生活化的、渗透式的方式传递给大学生，往往能够达到隐性且事半功倍的教育效果。因之，后勤服务人员首先必须具备强烈的服务意识，切实解决大学生面临的现实生活问题，同时树立服务育人的理念，自觉把大学生文化自信培育渗透到日常服务工作中去。高校其他部门要树立服务育人理念，提高学校服务育人的整体水平。

第三，家庭教育、学校教育与社会教育相协同。新时代大学生文化自信培育是多元空间场域中进行的一项系统复杂的工程，在根本上离不开家庭教育、学校教育、社会教育的协同推进，三元要素相互影响、相互作用，共同构成大学生文化自信培育合力。发挥家庭教育在大学生文化自信培育中具有

---

① 陈岸，谢春春. 紧扣立德树人根本任务 推进高校后勤服务育人 [N]. 湖南日报，2022-04-20（11）.

的基础作用。"家庭是人生的第一所学校，家长是孩子的第一任老师。"① 家庭教育是一种基础性教育，对人的影响是持续深刻的、是全方位的。一般而言，人的教育自家庭始，家庭教育不仅是人生教育的起点，奠定了个人成长发展的基调，而且是贯穿人的一生、持续在场的教育，影响着人们未来发展的方向和可能。家庭教育对人的影响是全方位的，涉及生产生活、工作学习的方方面面，家庭教育总是在潜移默化中影响着人们的思想观念、价值理念和行为选择。家庭教育因其重要意义在大学生文化自信培育中发挥着重要作用。进入大学后，大学生的生活空间逐渐由家庭转向学校，但家庭教育所发挥的作用并不会因此而减弱。其影响也是更加深刻、持久和广泛的。对此，必须推动家庭教育实现新时代的新自觉、新发展。也即新时代的家庭教育要立足时代发展，突出家国情怀，注重在言传身教、耳濡目染中，培养大学生崇高的理想信念、深厚的爱国情怀、高尚的品德修为、过硬的本领才干、昂扬的奋斗精神，引导大学生把爱家庭与爱党、爱国家、爱人民、爱社会主义有机统一起来，把家庭梦与国家梦、民族梦紧密结合起来。从而壮大大学生文化自信的情感基础。

发挥学校教育在大学生文化自信培育中的主导作用。学校教育的主导作用是由学校本身的地位和性质决定的。学校教育是系统性规范化教育模式，明确的教育目标、完整的教育内容、系统的课程设置、明确的教学计划、专业的师资队伍、特定的教育对象、专门的教材资料、完整的教学实施、固定的教学场所等，是一项有目的、有计划、有组织的培养人的专门活动，是全面的、系统的、完整的教育影响过程。学校教育所能达到的教育效果是其他零散的、偶然的、片面的教育所不能比拟的，在家庭教育、学校教育、社会教育并立的教育格局中占据着主要地位，发挥着主导作用。培育大学生文化自信需要以学校教育为主导。高校要承担起大学生文化自信培育的主体责任，在学校教育的总体构成、学校教育的各个环节、大学生成长发展的全过

---

① 坚持中国特色社会主义教育发展道路 培养德智体美劳全面发展的社会主义建设者和接班人 [N]. 人民日报，2018-09-11（01）.

程中进行渗透贯穿。明确大学生文化自信教育的总体教育目标，依托课程、教育内容要求、考核评价体系提高对大学生文化自信培育的支撑保障能力等。这里用好课堂教学主渠道、营造积极向上的校园文化氛围、注重拓展实践教学、创新开展网络育人等都是可资选择的重要方式。

发挥社会教育在大学生文化自信培育中的支持作用。从大学生文化自信培育的角度来看，社会教育具有广义和狭义之分，广义层面的社会教育是社会环境对大学生文化自信的形成发展施加的积极作用和正面影响；狭义层面的社会教育是社会文化机构或组织团体施加的积极干预和正面影响。这里所说的社会教育是针对广义层面而言的。近年来，随着网络信息技术的飞速发展和人们社会交往的不断扩大，社会环境对人们思想观念、价值理念和行为选择的影响越来越大，社会成为新时代大学生文化自信培育的大课堂，社会教育成为重要组成部分。实际上从本质来说，新时代大学生文化自信形成发展的过程，就是大学生实现社会化的过程。在这个过程中离不开社会大环境的作用。据此，应提振社会教育的重要作用，在具体实施中发挥社会教育的支持作用，要充分挖掘、运用社会各方面资源，为大学生文化自信培育提供必要的社会支撑，在这方面，各类社会公益活动、志愿服务活动、红色资源都应该被利用起来。

此外，要注重营造浓厚的社会氛围，用好大众传媒，做好中华优秀传统文化、革命文化和社会主义先进文化，以及关于文化自信相关知识的宣传报道，推出关于文化自信的系列宣传作品，引导社会舆论走向，为大学生文化自信培育提供必要的环境保障。

四、优化评价体系

评价是风向标，在教育教学导向中起着十分关键的作用。因其关键，所以是重点和难点。特别是对于思想政治教育，因其思想之不可量化、价值影响之长期过程中才能生效的性质，形成有效的评价体系更是一个难点。在思想意识教育领域，评价体系创新始终是理论研究和实践研究的重点，但一直以来处于探索阶段，可值得思考的地方还有很多。无论怎样创新评价方式，"实效"和"体系"是两个不变的主题，也是最基本的方向。大学生文化自信培育评价创新也大体应该在实效和体系上下功夫，建立起实效性的评价体系。

（一）大学生文化自信培育实效性评价体系的系统设计

科学的评价系统不是一个单因素、单方面、孤立的社会活动系统，而是一个开放的社会系统。大学生文化自信培育和践行的实效评价是一个整体性、系统化的系列过程，包含评价主体、评价客体、评价介体、评价环体等诸要素。在评价活动中，主体是评价者，客体是评价对象，介体强调的是方法和联结对象，环体是环境要素，各子系统和要素间相互作用、相互联系、相互影响，构成有机的整体。评价主体是开展评价工作的组织者和实施者，可以是教育主管部门或者高校思政教育和教育教学管理部门等组成的评价团队，也应引入社会第三方评价组织；可以是集体组织的机构评价或专家评价，也可以是个人的自我评价。无论是个人还是组织，都是由社会关系中的人组成评价主体，这决定了评价主体的主观性、社会性。

评价主体无论是评价组织还是评价个体，都是现实生活中有着思维活动和主观意识的社会人，有其自身认知和评判的局限性。评价客体就是被评价对象，是社会实践中发生的"价值事实"的人，在这里，作为对象的价值事实是指对于社会的价值事实，而不同于仅仅对于每个个人和群体的价值事实，对于大学生文化自信培育的实效性评价来说，评价客体是新时代在校青年大学生这一特定群体及其一切与社会有价值关系的现象。作为评价客体的青年大学生是还未进入社会的成年人，他们具有多维性、发展性、能动性，当然也具有一定的局限性。这是实施大学生文化自信培育的总的背景。在信息化时代，大学生处于一种与以往截然不同的社会生活空间里，在这样信息化的社会空间里，大学生又呈现出评价客体的多维性，主要体现在需求的多维性、认知的多维性和现实行为的多维性，他们获取信息的渠道、沟通学习的平台和人际交往的方式多样且前所未有的方便快捷，使之呈现出价值认知和现实行为的多层次性和多样性。

评价介体是评价主体面向价值客体开展评价活动中相互关联、互相影响的中间介质，主要包括评价活动中的评价方法、评价工具、评价原则、评价标准及其指标体系、评价模型、评价反馈和评价运用等内容。评价介体具有关联性、互动性和多样性等特点。其关联性表现在评价介体一头连接着评价主体，另一头连接着评价客体，是评价主体和评价客体的中间桥梁和纽带，也是他们之间发生评价关系的介质和媒体。主客体间的评价活动是在一定的历史背景、现实情境和工作场景中开展的，评价环体是开展评价活动的背景、场景和情景等外部环境，它是评价得以进行的客观背景中评价者可直接感知的、当下的具体条件的综合，也可称为评价的微观背景，或评价的场景、评价的场合、评价的境遇。评价环体并非孤立于评价过程的、客观化的绝对存在，而是在评价活动中不可缺少的前提条件和渗透在评价过程中的必要因素，同一评价主体在不同的评价环境下对评价客体的认知和评价都不同，评价环体影响着评价主体对评价客体的认知、情感和判断，也影响着评价介体的选择、运用。大学生文化自信培育实效性评价体系要在深入分析评价主体、评价客体、评价介体和评价环体等系统要素基础上，进行针对性设计，尽可能地凸显出系统性、全面性和科学性。

（二）大学生文化自信培育实效性评价体系的原则和方法

评价原则是对评价过程中各项工作的规范、导向和保障，有什么样的原则就会有什么样的评价工作模式，原则正确了工作方向才能正确，各项工作也才有了严格的规范、清晰的导向和扎实的保障。大学生文化自信培育实效性评价应遵循一定的原则，主要包括主体性原则、客观性原则、动态性原则、全面性原则、开放性原则、整体性原则、可操作性原则等。大学生文化自信培育实效性评价还需遵循"六结合"工作原则，即定性评价和定量评价相结合、个体化评价和整体化评价相结合、认知维度评价和行为维度评价相结合、外部主体评价和自我主体评价相结合、短期评价和长期评价相结合、即时评价和延时评价相结合。这"六结合"的工作原则总体上涵盖了大学生文化自信培育的相关要素，具有内涵深、覆盖广的优势。

大学生文化自信培育实效性评价的方法主要有定量研究方法、定性研究方法、社会分析法、网络分析法、同行评议法等研究方法，其中系统模型分析法是较为科学有效的研究方法。系统模型分析法建立在实证研究的基础上，或者说完全不能离开实践调查研究的支撑，它是运用实际观察、调研、访谈等方式，采集大学生日常中对国家和民族的思想认知、对爱国主义的情感表达、对总体国家安全观的了解理解、对维护国家安全的行为表现等信息，将收集的资料和数据通过预设的系统模型进行评估或验证，对大学生文化自信培育的特征、规律、趋势、意义、效果等内容进行评价、估计和研判。评价的系统模型主要包括"评价目标""评价内容""评价标准""评价指标""评价逻辑""数据采集""数据处理""评价反馈""结果运用"等部分内容。这些部分内容呈现层层递进的关系，环环相扣、彼此联系，任何一个要素环节都不可缺少。

评价体系的目的和目标依据培育大学生文化自信的重要意义和指导思想，根据习近平总书记对总体国家安全观的深刻阐释精神以及对有关培育大学生文化自信的精神意旨和指示要求，结合高校思想政治教育的教学大纲和育人要求，确定大学生文化自信培育实效的评价目的。评价体系的内容、指标和标准是评价系统的核心，科学设定评价的标准、指标和参数，包含培育和践行社会主义核心价值观的认知指标、教学指标、行为指标、量度指标等关键信息，便于评价工作的操作和运行，避免评价主体的主观干扰。逻辑模型是价值评价的有效工具，构建科学评价的逻辑模型，阐明评价工作的内在逻辑和相互联系，明确评价工作的逻辑方法，建构的评价体系的逻辑模型包含大学生文化自信培育的环境资源、评价方案、培育过程和教育效果等环节及其逻辑关系，把评价工作的相关资源、因素和变量融入具体的评价工作中，以此来设定评价体系的因变量。大学生自我提供的数据和主管部门对大学生的日常行为记录、日常管理跟踪等都是评价数据的来源，这里的数据来源渠道越多越好，越多就越能体现科学性。对于系统数据要进行分类和效度信度分析，通过分析，把数据转化为科学信息，形成评价结果。评价结果的反馈与运用目的是促进和完善大学生坚定树立文化自信，形成轻易不会改变的国家安全意志，并把文化自信化为自觉行动。大学生文化自信培育的评价结果运用于培育的过程监测、过程管理、效果改进等环节。

（三）大学生文化自信培育实效性评价机制思考

大学生文化自信培育实效性评价机制要建立在多元化的评价主体、优化的评价标准和指标明晰的评价框架等基础上。把大学生文化自信培育纳入实效性评价体系中，建立"校政家社"四位一体的多元化主体参与的评价模式是基本方向；优化评价标准和指标是重要保障；明晰和搭建评价框架是主要方法。

第一，建立多元化评价主体。建立大学生文化自信培育"政校家社"四位一体的多元化评价模式，赋予政府、学校、家庭、社会多主体同等的评价主体地位，尊重每一主体的立场和诉求。构建由地方政府、教育行政部门直接负责，相关专家等共同参与的评价领导小组，并由该领导小组根据具体的指标组建评价工作队伍，专业性是工作队伍的第一要求，从而保证质量评价工作的全面性。此外，"第三方评价随着教育管办评分离的发展而成为教育的重要评价方式，第三方评价基于其客观性、公正性的价值而成为当前推进教育改革的重要举措"①，还应积极引入第三方评估机构对大学生文化自信培育的各个环节以及最终成果进行监督和评价。政府、学校、家庭、社会四维主体的不同性质，决定了大学生文化自信培育评价内容的多元化。根据评价主体的属性和定位，大学生文化自信培育评价内容也应分为育人价值评价、资源整合评价、人才供给评价等方面。在具体的评价过程中要围绕育人价值、资源整合价值、人才供给价值等方面分别构建相应的评价指标，以此形成完善的多元化评价内容体系，为多元评价机制的运行提供支撑。

第二，优化评价标准和指标。评价标准建设是确保大学生文化自信培育

①　顾云湘，雷正光．积极构建职业教育第三方评价机制［N］．中国教育报，2021-04-
06（06）．

评价科学性的前提，评价指标建设则是基本条件。"评价标准是评价活动中应用于对象的价值尺度"①，尺度即为规范和版式，它"是评价过程和评价结果具有科学性的重要依据。"② 制定大学生文化自信培育评价标准，要综合考量各相关评价主体的诉求。在具体实施上，大学生文化自信培育评价领导小组要积极采用集体协商的方式，广泛征集意见和建议，构建评价标准的总体框架，并由评价部门细化和完善总体框架。大学生文化自信培育评价相关标准的制定要遵循前瞻性与现实性相结合的原则。既要建立高标准，激励各主体履职尽责、协同配合，也要立足于国情、社情、学情等实际情况和客观条件，使评价标准具有现实可行性。此外，要完善评价指标。"评价指标是基于评价内容、评价标准而制定的具体评价目标参数。"③ 与大学生文化自信培育评价内容相对应，应构建出一级评价指标，然后根据一级指标涵盖的工作面进一步细分出二级指标，从而形成系统完整的评价指标体系。评价指标的建立应与评价内容结合，以评价标准为依据，遵循科学性、完整性和系统性的原则。在具体指标的设计上，既要包含过程性指标，也要包含结果性指标；既有定性指标，也有定量指标，以求全面反映大学生文化自信培育的特性和成果。

第三，明晰和搭建评价框架。评价框架是指评价活动所依据的组织结构与流程结构。大学生文化自信培育评价框架应包含流程、阶段、频次等部分。大学生文化自信培育是一个长期推进、逐步深入的过程，在不同阶段质量评价的侧重点不一样，如认知评价和情感评价的内容和指标框架自然是有所差别的。评价流程与评价阶段密不可分，两者应进行一体化设计。在设计大学生文化自信评价流程时，要根据所处的不同阶段确定评价的具体内容，并从评价标准

---

① 索传军. 论学术评价的价值尺度——兼论"唯论文"问题的根源 [J]. 中国社会科学评价，2021（1）：11.

② 李婷，徐乐乐. 职业教育产教融合质量评价体系构建研究 [J]. 教育与职业，2022（04）：21-27.

③ 李婷，徐乐乐. 职业教育产教融合质量评价体系构建研究 [J]. 教育与职业，2022（04）：21-27.

与指标体系中抽取相应的标准与指标展开辅助评价。这一工作由评价领导小组制订具体的评价工作计划，并专人专职负责实施。大学生文化自信评价的频次总体上应依据发展阶段与实施进度而定，可按季度、年度分别进行不同规模的评价，可按季度进行过程评价，按年度进行结果评价。多样化评价方法构建要纳入大学生文化自信培育评价框架里。可建立集诊断性评价、形成性评价与总结性评价于一体的评价方法。诊断性评价在开展初期实施，在大学生文化自信培育实施过程中应采用形成性评价，在年度工作质量评价工作中采用总结性评价，根据整体工作质量，形成总结性评价报告。此外，也要做好评价过程监督工作，把输入型监督制度和自查制度结合起来，形成评价过程监督的资料，使大学生文化自信培育评价更具科学性和客观性。

第六章　新时代大学生文化自信培育的
对策建议

新时代大学生文化自信培育是一项系统性的、长期性的内含多种关联要素的育人工程，它涉及认知、情感、意志、行为等多个维度的内容，具有多元复杂、涵盖面广、主客体交织、理实结合等特点。帮助新时代大学生树立坚定的文化自信，需要从整体性、总体性和协调性等层面出发，从完善机制、夯实主渠道、立足"需求侧"、做优"供给侧"等多个方面着手，制定一体化、可操作的对策建议。

一、完善新时代大学生文化自信培育机制

（一）完善领导统筹机制

首先，健全各高校党建工作统筹指导大学生文化自信培育运行机制，推动健全党对各高校全面领导的组织体系、制度体系和工作机制。习近平总书记强调：加强党对高校的领导，加强和改进高校党的建设，是办好中国特色社会主义大学的根本保证。① 各高校党委要高举习近平新时代中国特色社会主义思想伟大旗帜，全面落实新时代党的建设总要求，紧紧围绕立德树人根本任务，坚持"顶层设计、固本强基、培根铸魂"，让高质量党建引领高水平高校建设取得显著成效。新时期加强党建引领思想政治教育工作，关键在

---

① 习近平就高校党建工作作出重要指标［N］. 人民日报，2014-12-30（01）.

于提高"引领力"，积极探索党建工作的新举措，增强党建引领学校思想政治教育新动能。坚持以党的领导为根本，落实党对学校工作的全面领导，把加强学校党建总体布局作为党建工作的前提和基础，切实发挥总揽全局、协调各方的领导核心作用，将党建引领与院校发展相结合，突出整体性、系统性、科学性①，构建以政治建设为统领，全面加强思想建设、组织建设、作风建设和纪律建设的有效工作体系，夯实学校发展建设的思想、政治和组织保证，推进学校高质量发展。

健全各高校党建工作运行机制，要坚持以政治建设为统领，在抓好思想建设和组织建设的同时，突出加强作风建设和纪律建设。把心系师生提升服务效果、爱岗敬业干好本职工作、积极作为改进工作作风、遵章守纪加强自我约束作为学校党建的基本原则；把提升履职能力、提升执行能力、提升攻坚能力、提升服务能力作为高校党建的基本方法；把党性修养、示范引领、内涵建设、实干勇为作为学校党建的基本标准。加强完善学校党建工作，须在坚持以政治建设为统领，抓好作风建设和纪律建设的同时，突出加强思想建设和组织建设，实施"铸魂强基·党建领航"，构建与高校发展建设和大学生文化自信培育相适应的党建工作格局。通过抓基本教育、抓基层基础、抓骨干队伍等方法，全面增强思想政治素养、全面增强战斗堡垒作用、全面增强党建工作能力。加强思想建设和组织建设，需要在"思想"上做实文章，对标新思想，强化思想引领；对标新要求，强化标杆引领；对标新标准，强化先锋引领，在学思践悟、知行合一、固本强基的高校党建总体方向指导下，使各高校党建理论武装全面过硬、党建质量全面过硬、事业发展全面过硬。

党建引领，制度先行。各高校党委坚持把制度建设摆在突出位置，贯穿全面从严治党全过程。制定党委常委会会议实施细则、基层党委（党总支部）议事规则和基层党建工作达标考核实施办法，构建"两联系、两清单、

---

① 卢景辉. 奏响党建领航曲 推进新发展阶段高质量发展［EB/OL］. 光明网，2021-10-29.

两述职"党建工作制度体系,即党委常委联系基层党委(党总支部),校、院(教学部)党员领导班子成员联系优秀青年教师制度;基层党委(党总支部)党建责任清单和党支部建设标准清单;开展基层党组织书记述职评议和基层党支部书记抓支部党建工作述职,压实全面从严治党主体责任。从而以刚性制度保证党的建设质量,推动基层党建工作全面进步、全面过硬。采取"线上"和"线下"相结合的教育方式,"让线上线下联动起来,推动思想政治工作传统优势同信息技术高度融合"①,引领全体党员坚守"为党育人,为国育才"的初心使命依托"学习强国""党建云平台",激发了党员教师干事创业的热情,推动学校高位优质发展。

其次,提升各高校基层党组织指导组织大学生文化自信培育的政治功能。习近平总书记强调,基层是党的执政之基、力量之源。② 基层党组织是党的组织体系的神经末梢,是党在社会基层组织中的战斗堡垒,是党的全部工作和战斗力的基础,是大学生文化自信培育的重要指导力量和组织力量。只有基层党组织坚强有力,党员发挥应有作用,党的根基才能牢固,党才能有战斗力,大学生文化自信培育工作才能有可靠的组织基础。各高校党委要坚持以提升组织力为重点,突出政治功能,抓实基层,打牢基础,健全基层组织体系,激发基层组织活力,全面推进基层党组织标准化、规范化建设,切实发挥基层党组织战斗堡垒作用和党员师生在大学生文化自信培育工作中的先锋模范作用。

各高校党委始终把党的政治建设摆在首位,以政治建设引领带动党建质量全面提高,持续推进"两学一做"学习教育常态化、制度化,不断巩固深化"不忘初心、牢记使命"主题教育成果,推动党员干部学懂、弄通、做实习近平新时代中国特色社会主义思想,增强"四个意识"、坚定"四个自信"、做到"两个维护",始终在政治立场、政治方向、政治原则、政治道路

---

① 筑好党建堡垒 当好育人领路人 [N]. 光明日报,2020-02-10 (05).

② 习近平:突出问题导向确保取得实际成效 把全面从严治党落实到每一个支部 [N]. 人民日报,2016-04-07 (01).

上同以习近平同志为核心的党中央保持高度一致。坚持树立一切工作到支部的导向，以党支部标准化规范化建设为着力点，突出抓好"头雁"工程、"固本"工程、"先锋"工程，在社团组织、科研平台等设置党支部，建立智慧党建平台，树立基层党委先进典型，着力加强新、好、强领导班子和干部队伍建设，深化党建"标杆院系""样板支部"培育，全面加强基础工作、基本制度、基本能力建设，特别是进行支部文化自信主题专项建设，提高基层党支部在大学生文化自信培育中的针对性和水平。

此外，推动教育系统贯彻落实《党委（党组）意识形态工作责任制实施办法》的实施细则有关要求在高校各级党组织落地见效。组织实施院系党组织书记政治能力提升、教师党支部书记"双带头人"队伍质量攻坚、大学生党支部书记骨干培养等专项计划，部省联动开展相关群体全覆盖培训。各高校党委始终紧扣习近平新时代中国特色社会主义思想入脑入心这个重点，推动"两学一做"学习教育常态化制度化，以"一个党支部、一名党员、一名入党积极分子"三个方面为抓手，把握大学生思想特点和发展需求，制订基层学生党员考核办法，加强对党员组织生活的过程管理和检查，通过创建主题党建工程，持续开展党员先进性理论研究和实践工作。

切合需要，才能具有说服力；具有说服力，才能走进内心，成为坚定信念，转化为孜孜追求的行动。因此，提升高校基层党组织政治功能，发挥基层党组织对大学生文化自信培育的政治引领力，必须向实处去，向学生对于中华优秀传统文化、革命文化和社会主义先进文化需求之解决要答案。各高校党委及各学院党委要坚持以"党管人才，团抓凝聚"的原则，始终把"党建带团建，团建促党建"作为一项重点工作来抓，深入了解青年思想动态，通过举办党课、开展主题鲜明的知识竞赛、主题党团日活动促进青年大学生理想信念培育和社会主义核心价值观教育。同时从大学生的实际出发，坚持"三贴近"原则，探索"第二课堂"推进大学生素质拓展工作，积极组织团员青年开展社会实践、志愿服务、校园文化等活动。更重要的是要回应且有效回应大学生的关切，在强化服务中提升基层党组织的政治说服力和吸引力，应以"引领青年，服务师生"为核心理念，积极开展"我为群众办实事"实践活动，既要打造践行理论教学、实践教学、科学研究和创新创业有机结合的人才培养模式；还要列出急难愁盼的问题清单，通过入党积极分子"一帮一"活动结对帮扶困难学生，解决大学生的成长难题。以切切实实的行动激活思想政治工作内生动力，夯实大学生文化自信培育的现实基础。

最后，加强高校党建重点难点问题攻关，增强对新时代大学生文化自信培育统筹指导的效能。积极探索高校党建与文化育人事业发展深度融合，以高质量党建引领高校高质量发展的方法路径。强化高校党建工作分类指导、精准施策，用高质量党建领航思想政治教育。以高质量党建引领高质量发展是高校治理现代化的必由之路。所谓高质量党建，就是要在抓好的基础上抓优，抓优的基础上抓强，"推进党支部标准化、规范化建设，严格党员教育管理"①，其关键路径在于抓住重点、攻克难点。具体体现在大学生文化自信培育上，就是要把握党建引领文化自信培育的核心问题，避免"眉毛胡子一把抓"，重点问题重点抓，突出问题突出解决。各高校党委要坚持"围绕中心抓党建"的理念，着力推动党建工作与文化事业发展和大学生文化自信培育深度融合，确保党中央决策部署和省委工作要求落地见效。聚焦事业发展的重点、难点、堵点，可坚持每年围绕一个工作主题统筹推进各项工作。工作效率、工作作风、人才提质、基层党建、教育深化改革、学科内涵建设、机制体制改革创新等都应被作为主题，并结合区域发展和学校实际将其发展成为学校基层党组织建设和党员队伍建设的重要抓手、重要载体，引导基层党组织和党员找准开展工作、发挥作用的着力点、切入点，激发创新活力，汇聚智慧力量，夯实基层基础，破解发展瓶颈，有力推动大学生文化自信培育工作迈上新台阶。

各高校思想政治教育工作的主要弱项体现在人才队伍、思政育人路径和

---

① 中共中央政治局召开会议审议《中国共产党党和国家机关基层组织工作条例》和《中国共产党国有企业基层组织工作条例（试行）》中共中央总书记习近平主持会议 [N]. 人民日报，2019-11-30（01）.

思政工作合力。这三个问题是高质量党建引领职业院校思想政治教育的聚焦点、突破点。创新的关键在于人才，干事的保障在于得人，"功以才成，业由才广"①。经济社会越是深入发展，人才的意义越是重大，当前人才已成为各项事业发展的"最强引擎"。各高校党委要坚持把人才工作放在事关事业发展全局最重要、最核心的战略位置，坚持引进人才、培养人才、留住人才一起抓，把"以人才强校为要务"作为重要办学理念，把"打造高层次人才队伍"作为重要发展战略，出台相关政策和措施，不断深化人才工作体制机制改革，着力于推动人才工作呈现良好发展态势。着力加强思政课教师队伍建设，形成专职为主、专兼结合、数量充足、素质优良的思政课教师队伍，大力促进和发展一批以"全国思想政治理论课教学能手"为代表的教学骨干。通过"优选拔""精培育""双晋升"等举措，不断提高辅导员专业水平和职业能力，使之成为思想政治工作的坚定、坚强力量。思政课教师队伍建设要围绕大学生文化自信培育工作，进行有针对性的重点培养。

各高校党委要始终坚持"以学生发展为中心"，统筹立德树人合力，立足全局画好学校思政工作"同心圆"。习近平总书记指出："大学是立德树人、培养人才的地方，是青年人学习知识、增长才干、放飞梦想的地方。"②各高校党委要坚持把立德树人成效作为检验一切工作的根本标准，聚焦"为谁培养人、培养什么样的人、怎样培养人"这个根本问题，坚持为党育人、为国育才，围绕学生、关照学生、服务学生，制定加强和改进新时代思想政治工作实施意见，推进课程思政教育教学研究，提升课程思政育人质量。一方面，可加快省级、校级一流的优秀传统文化、革命文化、中国共产党人精神谱系、社会主义核心价值观、社会主义先进文化学科和课程建设，实现文化自信培育内涵式发展，以做强学科为抓手，为思政课程注入强劲动力。具体可开展"学科攀峰党员先锋岗"，强化党建引领，凝聚发展合力，聚力优

---

① 黄金新，张大鹏.创新的根本在人才——大兴识才爱才敬才用才之风系列谈⑧[N].解放军报，2021-09-15（02）.

② 习近平在北京大学师生座谈会上的讲话[N].人民日报，2018-05-03（02）.

势学科，发展特色学科，突出核心优势，高水平学科建设带动高质量发展和包括思政育人课程在内的全面发展能力不断增强。另一方面，各高校党委应抓育人整体，盘活学校的思政工作全要素。结合学校实际，激发各部门思政育人的积极性和要素优势，形成一体多维、相互协同的"同心圆"。

各高校党委要加强党建领导引导，探索思政育人、文化育人、实践育人新路径，不断在赋予思政育人和文化育人实践性、时代性的基础上提升其实效性，使思政育人富有文化性，使文化育人包含思政性。一方面，牢守培根铸魂、为党育人底线，将立德树人贯穿到教育教学管理的各个方面，引导广大学生坚定跟党走的决心和信心，培养具有家国情怀和德智体美劳全面发展的全能人才。可将实践育人作为立德树人的重要抓手，引导学生将个人"小我"融入国家发展"大我"之中，弘扬爱国奋斗精神，厚植家国情怀，着力培养担当中华优秀传统文化、革命文化和社会主义先进文化发展大任的时代新人，构建以"立德树人"为核心，以"提升实践内核、拓展外部资源"为引擎的实践育人模式。另一方面，聚焦特色活动，发挥特色育人的正向激励和带动效应。可实施"青马工程""灯塔工程"，深入开展"两学两争当"活动，即依托校史馆，开展学党史、学校史，学先进、学先辈，争当优秀教师，争当模范学生活动；扎实推进党员"双培养"活动，将优秀教师培养成党员，将优秀党员培养成教学骨干。将党建活动与教学主业紧密结合，引领大学生文化自信培育工作高标准推进。

（二）完善协同培育机制

高校大学生文化自信培育是国家统筹下各地方协调推进、各院校具体实施的系统性工程。高校是文化自信培育生态系统中的核心主体，但这一主体价值的发挥以国家和省的统筹协调为条件。统筹协调得好，则主体作用能最大程度彰显；如果统筹协调力度不足、内容不彰，主体便会成为"孤岛"，影响立德树人根本任务的落实。因此，要健全国家、省、校协同推进机制，细化分工、建好台账，将责任传导到职教战线的"神经末梢"，把改革任务落细落小落地。加强激励引导、强化制度保障，充分调动各方面积极性、主动性、创造性，扩大发展大学生文化自信培育的总体效应。

国家层面。加快修订法律法规，出台专门性的指导性的法律文件，地方结合实际，制定修订有关地方性法规。健全政府投入为主、多渠道筹集经费的体制。优化支出结构，新增教育经费向大学生文化自信培育项目倾斜。严禁以学费、社会服务收入冲抵进行生均拨款。其次，建立健全教师、课程、教材、教学、实习实训、信息化、安全等教育标准，鼓励地方结合实际出台更高要求的地方标准，支持行业组织、龙头企业参与制定标准。此外，加强正面宣传，挖掘宣传基层文化人才成长成才的典型事迹，弘扬文化传承、文化创新创造的时代风尚。

省级层面。首先，各级党委和政府要把推动文化自信培育高质量发展摆在更加突出的位置，更好支持和帮助高校推动大学生文化自信培育工作。相关教育工作部门联席会议要充分发挥作用，教育行政部门要认真落实对大学生文化自信培育工作统筹规划、综合协调、宏观管理职责。其次，选优配强学校主要负责人，建设高素质专业化文化自信培育干部队伍。再者，加强学校党建工作，落实意识形态工作责任制，开展新时代高校党组织示范创建和质量创优工作，把党的领导落实到办学治校、立德树人全过程。此外，推进高校大学生文化自信培育工作诊断与改进制度建设。完善教育督导评估办法，加强对地方政府的履职督导。

学校层面。各高校应树立正确观念，在思想政治教育工作中创建大学生文化自信培育的长效机制，以学生为导向建设文化育人的教育机制，保证育人工作的有效实施。习近平总书记指出，把思想政治工作贯穿教育教学全过程，实现全程育人、全方位育人①。新时代高校的大学生文化自信培育工作，应全方位把握实践育人工作机制，实现全员化、全程化的育人。就全员化育人机制来说，可探索多种方法，有效组织全体学生参与到文化实践活动中，建设一体多样的文化实践队伍，培养学生的团队合作精神，磨炼学生的良好

---

① 习近平：把思想政治工作贯穿教育教学全过程 开创我国高等教育事业发展新局面 [N].人民日报，2016-12-09（01）.

人格修养和思想素质。就全程化育人机制来说，可从学生的课外活动入手，如采用社会调查研究方式、生产组织方式、志愿者服务方式与公益活动方式等开展文化实践育人活动。全方位育人机制应结合院校实际情况和时代发展需求，创建出完善的文化育人长效指导机制。此外，可以探索特色化育人机制，以特色化育人基地为载体，将适应性教育平台、励志性教育基地、创新性与综合素养拓展基地等融合为一体，增强中华优秀传统文化、革命文化和社会主义先进文化教育对学生的感染力、吸引力、影响力。总之，各高校要在国家的政策支持下，认真落实任务要求，以省市为依托，制订完善的大学生文化自信培育规划方案，在主体作用的发挥中不断为文化强国战略实施贡献高素质人才。

此外，要高度重视和压实高校思想政治教育主体责任，发挥思想政治教育工作对大学生文化自信培育的引导和促进作用。近些年高校思想政治教育在各级部门的高度重视下，已经取得了一定成绩，在思政育人方面有了一定的成效。当然，这些成绩及成效离政策要求和育人目标还有一段距离，特别是文化育人功能未能得到充分挖掘和发挥。当前和今后高校思想政治教育工作的一个重点是在巩固已有成绩的基础上，加大落实落细力度，特别是要解决主体不明及主体衔接不畅的问题，进一步压实高校思想政治教育主体责任，狠抓任务落实，对思想政治工作任务和项目执行情况进行绩效评价，提出定量定性相结合指标，积极营造思想政治工作贯穿教育教学全过程的浓厚氛围，确保思想政治教育工作不衰减、不走样。

要压实党委的主体责任。学校党委在思想政治工作中负有主体责任，这是学校党委的使命所系、职责所在，更是学校思想政治教育方向不错、道路不偏的根本保障。党委要坚持用习近平新时代中国特色社会主义思想铸魂育人，把做好高校思想政治工作放在世界百年未有之大变局、党和国家事业发展全局、提升"四个自信"大局中来看待，强化识变、求变、应变的自觉性、自信心，保证学校正确办学方向，牢牢掌握思想政治工作的主导权，保证学校始终成为培养社会主义事业建设者和接班人的坚强阵地。要把思想政治工作摆在重要位置，形成党委统一领导、党政工团学齐抓共管的工作格局。要把方向、管大局、作决策、保落实，要加强学校党的基层组织建设，创新体制机制，改进工作方式方法，全面提高党的基层组织做思想政治工作的能力，要进一步加强对学校的统筹指导，树立强烈的阵地意识，管好课堂阵地，管好教材阵地，管好网络阵地，管好各类校园文化活动阵地。

要压实领导的直接责任。一分部署，九分落实。一个行动胜过一打纲领。领导方向明确后，接下来就是落实。部署再好，不谈具体落实，一切都是空话。高校思想政治工作之所以还存在一些问题，并不是领导不够，而是落实欠缺。做好落实工作，要从压实直接责任这个关键点出发。做好思想政治工作是每个领导干部的政治任务，每一个领导岗位都是思想政治工作的工作站，每一名领导班子成员都是党的思想政治工作者。要全面贯彻党的教育方针，坚持社会主义办学方向，落实立德树人的根本任务，以高度的责任感和使命意识深刻检视学校思政工作和育人体系的差距不足，把"培养什么人、怎样培养人、为谁培养人"这个根本问题作为工作重点，深入研究分析办学规律、人才培养规律，补短板、强弱项、堵漏洞，改进教育教学工作，确保责任到位、工作到位、管理到位，助力完善全员育人、全程育人、全方位育人体系，使学校真正成为落实党的教育方针、培育大学生文化自信的主阵地。

要压实教职工育人责任。"要优化教师素质，提升使命感与责任感"[1]，努力打造一支有理想信念、有道德情操、有扎实学识、有仁爱之心的教职工队伍。强化"育"的责任，提升"专"的水平，转变"管"的方式。要调动所有教师、管理干部和机关、后勤服务人员，全员、全程、全方位育人，做到教书育人、管理育人、服务育人，都要围绕学生、关照学生、服务学生，自觉把思想政治工作贯穿教育教学全过程，让学生成为德才兼备、全面发展的文化人才，更加自觉地爱党、爱国、爱社会主义，更加自觉地维护民

---

① 张卓群，张红."大思政课"视角下高校思政课教学改革探索［J］. 沈阳大学学报（社会科学版），2021，23（6）：693-697.

族团结和祖国统一，更加自觉地为中华文化、民族文化的繁荣发展做出贡献。具体来说，学校教职工应学在先、悟在先、讲在先，创新改进教育传授方法，把学生心灵的窗户打开，以多种形式使中华优秀传统文化、革命文化和社会主义先进文化的甘露润物无声地进入学生头脑、深入思想灵魂，把真理、原理、道理变成易于学生学习、消化、吸收的"美味佳肴"，增强习近平新时代中国特色社会主义思想的学习教育领悟实效。要关注学生思想动态和成长过程，增强思政工作针对性，从小看大、见微知著，从源上、因上、根上和日常细微处入手，引领方向、廓清思想、涤荡心灵，坚决抵制不良思想、错误认识的侵害，使大学生们形成科学的文化观。

（三）完善监督考核机制

第一，完善大学生文化自信培育奖惩机制建设。奖惩机制是一种通过社会性的干预，对个人品德的塑造、良好社会环境的形成，起着规制作用。奖惩机制运用得好能起到非常重要的效果。对于从事和深耕大学生文化自信培育工作的教师，高校要从多个方面、多个角度进行奖励和照顾。其一，高校要对家庭经济困难的教师进行必要关注，缓解其经济压力，可在工资、津贴、福利等方面酌情照顾。比如设立"专项工作业绩突出教师关爱基金"，由学校财政根据实际情况拨款，确保专款专用。其二，在教师职称职务评聘方面，高校人事部门要通盘考虑，对于竭心尽力于大学生文化自信培育工作的骨干，要予以政策方面的倾斜。要抓住"教学第一"这一条育人原则，为科研成果一般但教学业绩突出的教师"开绿灯"。其三，对于在大学生文化自信培育工作中德才兼备、成绩优异的教师，要给予表彰和授予荣誉，从而激发他们的工作热情。可专门开展"三育人标兵"评选、"师德标兵"评选、"最受学生欢迎的老师"评选、十佳班主任评选等活动。

在构建奖惩机制过程中，正向激励很重要，负向激励也不可缺少。高校对于触犯法律底线、严重违反学校管理制度的行为应采取明确的惩罚措施，发现一例惩罚一例，绝不给错误行为蔓延的空间。此外，大学生文化自信培育工作过程中出现的"倦怠"或者"懒散"行为虽然没有违反学校的纪律，但其散漫的态度和不思进取的消极心理，将直接导致育人效率低下，不仅不能帮助大学生树立正确的文化意识，反而会使大学生产生"逆反"心理，排斥、抵触相关方面的学习。若不对其进行必要惩罚，消极影响难免发生"扩散"和"滋长"。在大学生文化自信培育中，高校利用负激励手段时，对出现的问题应加以关注和及时分析，对于产生恶劣后果的行为要追究其相应责任，并及时通过有效手段进行"修复"。

法律法规一方面可以扭转社会风气，另一方面可以理顺人们的社会关系。法律法规以其效力保证大学生文化自信培育工作顺利推进，改变不良风气，形成良好氛围；消除各种阻碍，贯通利害关系。高校要着力于运用好法律法规手段，对于大学生文化自信培育专业教师要进行法律法规框架下的课堂纪律教育，使之明白需要讲的话，要讲好讲到位；不该讲的话，坚决不能讲。此外，高校要大力进行师德师风教育，把师德师风建设放在教师培育和发展的首位，以推进法律法规的严格度推进高校教师师德师风建设，牢牢抓住不松懈。教师则不仅要在课堂上争做学生的楷模，成为爱国爱党爱民族、继承维护和发展民族国家文化的模范，而且在课堂之外也同样要严于律己。

第二，完善大学生文化自信培育约束机制建设。优良的传统伦理道德是中华民族优秀传统文化绝美画卷中的精彩之笔，也是在历史长河中历久弥新的精神资源。优良的传统伦理道德经过几千年的传承、流变、赓续，已经渗透于人们的精神血液中，成为一种代代相袭的精神基因。伦理道德不像法律那样具有强制作用，但其具有约束功能。这种约束功能是深入内心的影响，一旦发生作用，容易形成坚定的意志。高校大学生文化自信培育要充分发挥好、利用好伦理道德的约束力量。在校园的各个角落，随处可见的标识标语和提示牌，都可以重新进行规划，有规模地换成"我们的家园，我们守卫""我们的文化，我们传承""民族文化是我们的精神栖息之所""文化兴则国兴，文化强则国强"等。这些标语背后体现的就是伦理道德，能起到道德约束的作用，提示大学生规范其言行举止、导引其内心追求、塑造其意志品质。

除利用伦理道德约束功能外，还可以发挥舆论约束作用。舆论能引导社会评价方向，塑造整个社会的风貌。良好的社会舆论能够催人向上，在全社会形成崇德向善的风气；不良的社会舆论则会滋生"负能量"，导致社会下行。舆论监督之意义由此可见一斑。习近平总书记就强调，完善坚持正确导向的舆论引导工作机制。① 社会各个领域、各个行业都需要以正确舆论为导向，发挥好舆论监督作用。高校大学生文化自信培育工作，同样离不开舆论的监督和约束，缺乏舆论监督和约束，就有走调变形的潜在风险。主动构建起舆论监督和约束机制，主要是在校园媒体监督方面下功夫。高校校报、广播、电视、网络新媒体等都是监督的主要力量，要通过制定规则、政策引导、方向规范等方式发挥其舆论监督功能。舆论监督和约束要讲究传播策略，有选择性地进行"鼓励"报道和"批评"报道。对于传承和维护民族文化的行为要"大张旗鼓"地进行舆论表彰；对于抹黑中华民族文化、革命文化和社会主义先进文化的行为要敢于批评，舆论表彰要有效、舆论批评要有力。舆论监督和约束具体可以采用新闻消息、新闻评论、新闻图片、新闻视频等方式。此外，新闻媒体要"在锤炼脚力、眼力、脑力、笔力上下功夫"②，提高政治站位和业务水平，以达到有效监督。

第三，完善大学生文化自信培育评价机制。评价是风向标，具有重要的导向作用。"评价激励是'指挥棒'"③，一个好的评价机制能够纠错纠偏，评价方式不合理则会形成错误引导。大学生文化自信培育属于高校思想政治教育范畴，具有关乎国家长治久安的"未来意义"。需要从国家安危、民族存亡的高度创新评价体系，有效发挥积极评价的正向引导作用。

一方面，进行评价机制建设。高校大学生文化自信培育工作是一个完

---

① 中共十九届四中全会在京举行 [N]. 人民日报，2019-11-01（01）.

② 李云，李凌波. 舆论引导机制的理论意义及实践路径 [N]. 中国新闻出版广电报，2019-12-30（04）.

③ 赖德胜. 优化配置、完善评价机制 持续激发人才创新活力 [N]. 工人日报，2021-03-15（07）.

整、严密的系统。包括教育目标、教育内容、教育主体、教育客体、教学方法、教育评价，其中，教育评价是这个系统的终端部分。教育评价是对教育效果所作出的评判，其目的在于总结其教育经验，发现教育中的不足，进行纠偏扬优，以此更好地推进教育活动。大学生文化自信培育评价由两个部分组成：一是对作为教育客体的大学生的评价，主要是高校从宏观层面，了解、把握大学生文化自信培育的总体状况；二是对大学生文化自信培育的相关教学部门、管理部门和服务部门的评价，主要是通过构建相关指标体系，形成督促作用。具体来说，要做好以下两项工作：

一是细化工作指标，开展过程评价。大学生文化自信培育工作涉及高校的教学部门、职能管理部门和后勤服务保障部门。树立大学生的文化自信，实现教育教学最终目标，不只是教学部门的责任，或者说单靠一线教学是较难完成的，需要职能管理部门和后勤服务保障部门的配合以及全力协作。高校应成立大学生文化自信培育工作领导小组，以此为组织基础，充分发挥领导职能，统筹相关部门职能，厘清各部门权责，确保工作负责制的层层到位，另外，负责发布大学生文化自信培育的总的工作计划和分阶段工作任务，督促有关部门在教育管理过程中履职尽责。工作计划的制订要坚持方向正确、目标明确、责任清晰的原则，根据不同单位和部门要设置相应的工作指标体系。以方便在过程评价中一一对照，一目了然。所发布的工作计划要避免内容空泛，防止出现各单位和各部门在具体的教育管理服务中不知所措、无从下手，相互推诿扯皮、敷衍塞责的现象。

就教育评价的有效性来说，高校层面在制定和发布工作计划时，必须拟定各项指标，务必在"细""实"两个字上下功夫，革除之前存在的一切"粗""虚"的问题。所谓的"细"指的是把能考虑的情况都考虑在内，所有能够产生影响的指标都应该被放到评价体系中来，做到应有尽有、应评尽评；所谓的"实"指的是所有的指标要结合实际，具有完全的可操作性。不具有现实可能性的"表面"指标应该被剔除出去。比如规定专业教师在一个月内完成学生中华优秀传统文化、革命文化和社会主义先进文化知识架构、情感塑造和意志形成，这是不切实际的指标。过程评价中，根据工作指标体系，主要是对教学部门中教师备课、授课、课后答疑的情况进行过程评价，同时对教师文化自信树立及其变动情况进行评价；对于教务部门，主要是对教育课程人数规模、课时分配、规范教材使用等一系列情况进行评价；对于群团组织，主要是对大学生文化自信培育工作中开展的爱国主义主题活动、中华传统文化主主题活动、大学生社会自愿服务活动等指标体系进行评价；对于财务部门，主要是对专项经费的投入与使用情况进行评价；对于后勤部门，主要是对物资硬件支持等情况进行评价。通过设立细化的、具体的、有现实操作意义的工作指标体系，对各部门、各单位大学生文化自信培育工作过程进行评价，能够提高教学、管理与服务工作的效率，实现以评促进的目的。

二是细化评价层次，开展效果评价。考核评价关键在"效果"，没有"效果"的评价只会流于形式。高校大学生文化自信培育工作评价，必须向"效果"要答案。要树立起科学观念，正确理解"效果"之意义，把评价工作做实、做出成效。目前，有少数高校领导不经过充分调研，不依靠统计数据作为支撑，完全凭靠直观感受"拍着脑袋"做决定，对某一个事情做出武断的评价。评价工作做不好，大学生文化自信培育工作主体的积极性就会遭到破坏。从效果上来说，大学生文化自信培育工作实效可分为很差、差、合格、良好、优秀五个不同层次。每个层次要有细化指标，差在哪里，好在哪里，优在哪里都要有层次化标准。如通过一个学期教学和实践，学生们对中华优秀传统文化、革命文化和社会主义先进文化中的某一项或者某一点有了较为充分的认识和理解，达到了说得出、讲得好，即可对教师作出"良好"的评价；学生们实践活动平台丰富、渠道畅通且每学期安排合理、推进安全顺利，即可对教育教学管理部门作出"优秀"的评价。高校对效果评价结果进行定期统计，是进一步开展大学生文化自信培育工作的科学依据。高校因此要"建立健全多元治理主体参与的高等教育质量评价体系，将政府评价、市场评价和社会评价相结合"①，以主体的多元化促评价的科学化。同时，高校要将效果评价的最终结果纳入学校各单位各部门的年终考核体系之中，以严明的奖惩制度奖励先进和惩戒后进。

另一方面，进行信息反馈机制建设。反馈是普遍存在和被较为广泛运用的一种控制方法，对于决策能够起到较好的监督约束作用。大学生文化自信培育作为一个环节完整的动态系统，其培育大学生对中华优秀传统文化、革命文化和社会主义先进文化的认知、情感和意志的目标并不是一蹴而就或"毕其功于一役"的，需要建立在操作—反馈—修正—再操作—再反馈—再修正的基础上，在反馈机制助力下，大学生文化自信培育工作才能成为健康的"循序渐进、螺旋上升"②进而达成目标的系统。

大学生是文化自信培育活动的对象和主体，也是文化自信培育的信息反馈者。网络时代，信息充斥在各个角落，改变着人们的思维和行为方式。"00后"大学生个性鲜明、思想活跃，且生于信息时代，长于信息无限发达的时代，具有超强的信息反馈意识和能力。信息化手段的发展也进一步激发了大学生的信息反馈欲望。当然，还应该看到的是由于信息流通渠道不对称，高校教育者对大学生的思想、思维、行为状况实际上时常出现无法全面把握的现象。这如同在教育者和教育对象中间存在了一个"中梗阻"。通过建立完善的反馈机制，高校能及时了解大学生的思想动态，提升大学生文化自信培育的实效性。此外，在互联网和新媒体普及的时代，大学生接收信息的速度快，了解信息的范围广，而自身的阅历和能力又无法完全明辨网络信息真假，这更突出了建立有效的反馈机制的意义。

信息反馈并不是纯粹的单向性反馈。相反地，建立完整、系统的大学生文化自信培育信息反馈机制的关键在于信息的确凿和有效的沟通。这就要求

---

① 杜玉波. 聚焦大学治理关键 推进治理能力现代化［N］. 中国教育报，2020-01-06（05）.

② 习近平. 思政课是落实立德树人根本任务的关键课程［J］. 求是，2020（17）：4-16.

信息反馈的双向或者多向渠道必须是畅通的、正确的、有意义的。所谓的信息的有效沟通，既包括大学生主体向教育组织者和教育实施者的信息反馈，也包括教育组织者和教育实施者向大学生的信息反馈，还应包括教育组织者和实施者间的信息反馈。从追求信息有效沟通的角度而言，应当建构一个由信息收集、信息处理和信息回应构成的信息反馈机制。信息反馈机制主体和客体，分别是高校教育者和大学生主体。信息反馈机制由大学生文化自信培育工作领导小组统筹负责，由学校专职工作人员负责信息收集整理工作，在领导小组的部署下，学校各相关部门分工进行具体的信息处理工作，最终进行信息反馈。构建信息反馈机制，具体来说，应包括以下三个方面内容：

第一，构建信息反馈机制要着重于加强信息收集工作。信息收集工作是其他一切工作开展的前提。信息收集分为线上、线下两个部分。线上系统即通过网络手段收集信息，可通过建设专门的网站、设立电子信箱、开通专门APP、创设公众号等方式搭建网上信息收集平台。其中，尤其要重视微信、微博、QQ等与人们生活学习最密切相关的新媒体的作用。线下系统即在现实交往中获取信息，如调查问卷、开座谈会、个人访谈等等。信息收集过程中，可以由专职工作人员和辅导员（班主任）组成信息收集工作小组。工作小组根据信息针对的不同部门，对信息进行分类系统整理。信息收集应当建立长效机制，有关于大学生文化自信培育的信息都应该"尽入其中"，并且获得系统化整理，且应当定期向学校党委、职能部门和领导小组办公室进行通报，确保信息的及时有效。

第二，构建信息反馈机制要加强对信息的高效处理。高校大学生文化自信培育工作领导小组应认真对待信息收集小组前期通报的信息，并且按照一定的标准进行有效处理。在处理反馈信息的过程中，应当区别对待收集来的信息，分出轻重缓急，重点问题重点解决，急迫问题紧急解决。比如，针对大学生文化自信培育课堂教学中学生对文化理论和复杂性的文化知识学习热情不高的问题，工作领导小组要选派代表主动、及时和教学单位的负责人及相关老师进行约谈，共同商议和解决问题。针对大学生文化自信培育校园主题文化建设不充分的问题，工作领导小组要主动和文化活动主办方进行约谈。总之，在信息处理环节，领导小组要发挥其调控作用，为大学生文化自信培育工作总体推进保驾护航。

第三，构建信息反馈机制要加强信息回应。信息回应是信息反馈机制的终端环节。信息回应环节应当注重点面结合，立体布局信息回应工作。所谓"点"的回应，即是对信息反馈的源点进行回应。所谓"面"的回应，即是对反馈信息所反映的某个"面"上的问题进行集中回应。点面结合能够扩大回应信息的传播范围，提升回应信息的到达率，更有利于问题的高效解决。比如，在大学生文化自信知识和情感培育环节中，存在专业教师所讲内容枯燥，难以引起学生兴趣；教师授课方式单一，难以提振增强学生的情感价值体验等问题。这些反馈信息表明在大学生文化自信知识和情感培育环节中，课堂教育效果这个"面"上存在的短板需要补齐、堵点需要疏通。因此，大学生文化自信培育工作领导小组需要通过统筹包括教务处、相关二级学院等在内的教学部门、单位，以组织讲课比赛、教学心得交流、教学技能切磋等方式，提升教育者的课堂教学效果，进而集中回应"面"的问题。通过信息的反馈，大学生文化自信培育系统环节得以融会贯通，在不断发现问题和解决问题的螺旋式上升中实现帮助大学生通中华优秀传统文化、革命文化和社会主义先进文化知识，树维护中华优秀传统文化、革命文化和社会主义先进文化情感，立维护中华优秀传统文化、革命文化和社会主义先进文化意志的目标。

二、夯实新时代大学生文化自信培育主渠道

（一）创新文化自信培育课堂教学

课堂教学是大学生文化自信培育的主渠道和主阵地，与其他课程相比，大学生文化自信培育课程具有一定的特殊性。它不仅要完成理论知识讲授的教学任务，还要实现情感教育和价值引导的教学目标。这就需要教师在进行理论讲解的同时，还要善于和学生面对面交流，要实现"晓之以理"与"动

之以情"相结合，既要"以理服人"，又要"以情感人"，最终达到释疑解惑和价值引导的教学效果。这一特殊性决定了课堂教学始终是无可替代的重要教学空间。因此，即便线上教学的优势再明显。课堂教学都不能也不会弱化。当然，当前大学生文化自信培育课程教学确实面临一系列问题，如理论讲解不透彻，教学过程形式化；理论与现实脱节，缺乏对现实问题的关注，教学内容表面化；照本宣科，脱离学生思想实际，教师自说自话；教学方法千篇一律、千人一面，缺乏针对性、落后僵化。增强大学生文化自信培育实效，需聚焦问题、直面短板、疏通堵点，在线下课堂教学中做好创新化、精细化工作。

第一，探索专题式教学模式。专题式教学指的是根据教学需要重新编排教学内容，打破原有的教材体系和内容逻辑，是按照新的思路进行教学设计的方式。经过重新安排的教学专题紧紧围绕大纲要求和教学宗旨，使得点面结合。专题式教学的优势在于能够从学生的学习、生活、思想实际和社会热点问题中去捕捉、提取、总结和确立教学专题，使得教学真正贴近学生、贴近实际、贴近需要。专题式教学模式还打破了一位教师完全承担一门课程的传统教学模式，可充分发挥教师的研究和教学专长，"是落实从教材体系向教学体系转化和从知识体系向信仰体系转化的重要环节"①。专题式教学的优势是很明显的，它既不会脱离教材，又能够"搞活"教材，突出重点；既可以发挥教师各自的优势，又能够把个人优势集合成综合优势；既可以形成多样化的教学风格，又能够"抓住"学生。总之，探索专题式教学模式对改善大学生文化自信培育线下课堂教学的"窘境"是有价值的。

大学生文化自信培育开展专题式教学并不是一件说到就能做到的事，需要在探索上下点功夫，把握几个重要原则和方法：

一要注意所确定专题的全面兼顾。开展专题式教学的首要前提就是确定专题，筛选和确定专题具有极端重要性。确定专题时要从完整性和育人性上

---

① 孙巍.开展高校思政课专题式教学 [N].中国社会科学报，2020-11-05 (008).

出发。所谓的完整性就是要立足于教材，不唯教材但也不离教材。教学大纲和教材有着严密的逻辑体系，专题的选择应取自于教材又丰富了教材，避免逻辑不清、内容破碎。所谓育人性就是要求专题确定时要牢牢把握大学生文化自信培育的根本任务，要守好文化引领、思想引导和价值塑造的底线。大学生文化自信培育的根本目标在于使新时代大学生认知中华优秀传统文化、革命文化和社会主义先进文化的内涵和意义，养成在爱民族爱国家爱社会主义爱社会基础上的传承、维护和发展民族、国家文化的情感，形成传承、维护和发展民族、国家文化的坚定意志，专题的选择和确定必须以这一根本目标为统摄，既要强调知识性和学术性，更要突出育人性。这样才做到了不离本根，枝叶茂荣。

二要注意处理"单个"和"整个"的关系。专题式教学集单个教师的优势为课程的整个优势，使每一堂呈现给学生的课都是专业的、精彩的课。但处理好单个和整个的关系是一个亟须解决的问题。在专题式教学中，教师往往只关心学生对自己专题的学习情况，轻视专题外的问题，而且教师上完一个专题后就完成了"任务"，导致师生接触很少，教师对学生总体情况的了解十分有限，从根本上与思想政治理论课教学的育人宗旨相违背。因此，专题式教学要加强课程学习的统筹设计，"如作业如何布置与批改，实践环节怎样设计与安排，课程考核如何实施，学评教怎样进行"① 等问题都必须有明确规定和实施，单个专题授课教师与整个教学群体之间应厘清关系、明晰权责。

三要注意专题式教学的落细。专题式教学模式要真正做出实效，就不能停留在宏观层面，而是要落细。具体来说，首先，加强大学生文化自信培育专业教师集体备课。专题式教学更考验教师之间的合作，主讲教师团体是一个整体，应就"如何照应本门课程内在逻辑体系的完整性和各个专题之间相互衔接的合理性，如何进行专题内部结构的设计布局，如何吸纳、取舍、运

---

① 荆钰婷，谭劲松. 高校思想政治理论课专题式教学模式新探［J］. 思想理论教育，2010（23）：54-57.

用有关资讯和音像资料，如何突出和彰显主题，如何及时沟通学生的学习情况，如何有效落实课程教学的总体要求"① 等问题加强沟通与交流。其次，加强专题设计的规范化建设。专题设计时要从题目、内容、目的、方法等方面进行精心设计和周密安排。专题内容要做好"兼顾"工作，既要有知识性，又要有思想性；既要理论深刻，又要不乏趣味性。这样才体现出专题设计的目的。专题教学方法的选择要结合传统教学手段和现代教学手段，发挥学生的主体性，牢抓方法的有用性。最后，完善专题教学评价体系。专题式教学的评价"应注重过程性评价"②，着重于考察内容安排科学与否、专题设计合理与否、教学态度认真与否、教学方法得当与否等。在这个教学过程中学生到底学到了什么，学的感受怎么样，对中华优秀传统文化、革命文化和社会主义先进文化是不是有了更加清晰的了解，对文化自信的重要意义、对文化强国战略的长远价值是不是有了更加深刻的认知，都是过程性评价的方向。通过这些方式，专题式教学才能在落细中不断落实。

第二，用好研讨式教学方法。传统课堂教学多采用"老师台上讲，学生台下听"的灌输式讲授方式。师生之间缺乏有效的课堂互动，有些教师会组织一些诸如提问、答疑等课堂互动，但也多半是形式创新而已，深度交流因传统师生关系的限制而无法实现。这种情况的长期存在使得课堂教学非但不能达到育人的目的，反而还会使学生产生逆反心理。虽然思想政治理论课教师队伍不断深化教研教改，但思想政治理论课被贴上的"枯燥乏味""填鸭"和"照本宣科"等标签一直去不掉，一些高校思想政治理论课课堂到课率一般、抬头率不高、点头率更少。解决这个问题，提高大学生文化自信培育课程吸引力、感染力和引导力，需要在讲授方式上探索由"灌输式讲授向研讨式讲授"的转变，帮助学生由被动的知识接受者转化为主动的学习参与者，

---

① 荆钰婷，谭劲松. 高校思想政治理论课专题式教学模式新探 [J]. 思想理论教育，2010（23）：54-57.

② 陈彩娟. 新时代高校思想政治理论课专题式教学实施路径探析 [J]. 吉林省教育学院学报，2020，36（05）：98-102.

提升课堂教学中学生的参与度，用研讨式教学手段助力线下课堂教学主渠道作用发挥。

研讨式教学方法实质是重构教学主客体关系，引入"翻转课堂""研讨教学"等新的教学理念，通过开展课题研究、现场展示、互动讨论等多样化的手段实现线下课堂教学的总体性创新。研讨式教学方法的意义在于实现师生角色的转变，改变了思想政治理论课教师高高在上的"知识灌输者"角色，实现了由"知识灌输者"到引导学生开展研究式和讨论式学习的"课程导师"的身份转变。传统教学方法中教师和学生处于"不对等"的地位，教师说，学生听。而在研讨式教学中，学生既是"听者""受教育者"，也是"主动参与者""积极研究者"，在课堂教学中处于具有自我身份感的主体。研讨式教学方法不仅能够提高学生的自主分析能力，增强学生的积极研究意识，而且有利于教师直观且及时地掌握学生心理变化和思想动态，为第一时间调整思想观念教育方法提供依据，从而提升大学生文化自信培育课程教学的针对性和有效性。

研讨式教学是基于线上教学和线下教学融合产生的"翻转教学"，它一方面表现在教学内容的"翻转"，另一方面表现在师生互动方式的"翻转"。研讨式教学下，基础知识已通过线上学习方式完成，重难点被提取出来作为课堂讨论的主题。学生变成了"探索者"，教师变成了组织者、聆听者和引导者。研讨式教学有一定的实施程序，具体来说可分成前期准备、过程实施和总结评价三个部分。前期准备环节包括划分小组和设计论题。小组的划分可根据学生规模的不同，具体选择方案。各高校应根据校情、学情具体选择研讨式课堂的规模。针对论题设计，应根据大学生文化自信培育课程的教学内容，教学目标，理论重点、难点、疑点以及社会上的热点，筛选出若干论题，如中华优秀传统文化究竟离我们有多近、革命文化是怎么形成的、革命精神是如何引领中国革命的胜利的、历史虚无主义的荒谬性在哪里、中华民族传统美德的时代传承和发展等。论题的选择既要紧扣教学内容，还要有新意，更要难易适度，高度控制在学生踮一踮脚够得着的程度。

　　研讨式教学的实施过程主要包括论题研究和小组讨论、课堂讨论两个部分。在论题研究和小组讨论环节，要进行合理分工，集体协作。每个小组在其组员个人研究的基础上定期进行交流、讨论、共同探究。教师要以平等身份深入到每一组的讨论中去，发挥引导作用，对于那些不敢表达自己观点的学生要特别关注，以积极鼓励和表扬为主。教师要针对学生研讨中遇到的问题的难度进行适当、适时、适度的指导。在课堂讨论环节，各小组推举代表对本小组研究得出的主要观点以及独到见解进行汇报。汇报形式可以由学生自行选择。学生汇报结束后，由教师和同学有针对性地进行提问。这一环节学生是课堂讨论的主体，教师要以鼓励和肯定为主，并对典型问题进行指导。

　　总结评价具有激励、导向、奠基等作用。总结评价是研讨式教学最后一个环节，是提升认识层次、理论高度的重要步骤，研讨式教学要把总结评价工作做扎实，以客观、公正、科学的评价形成良好的研讨学习风气。每一次研讨结束后，教师都应对学生表现、研讨内容进行科学评价，进行概括性的总结。"应引导学生做出恰当的价值判断，引导学生辩证地从历史与当前、全局与局部、主流与支流等多个角度和侧面分析问题，帮助学生认清事物本质和发展趋势，增强学生分析问题和解决问题的水平和能力。"[①] 同时，还应在总结评价后，引发学生的延伸式思考和深层次体会，使学生每一次研讨都有每一次的收获，每一次研讨都能更上一个台阶。

　　第三，进行有效的课堂管理。课堂教学与课堂管理相互影响，共同作用和规定着课程实施的实效性。当前，高校思想政治理论课基本采用大班教学模式，一个教学班级学生数量少则七八十，多则一百多。这样的大班教学为课堂管理出了难题。课堂管理有效与否，直接影响着课堂教学能否顺利开展以及能否取得成效。以往的思想政治理论课课堂管理权在教师手中，教师靠威权或奖惩方式实行课堂管理。事实证明，这种课堂管理方式效果不佳，学

---

① 聂智. 论高校思想政治理论课基于问题导向的研讨式教学模式的建构 [J]. 思想理论教育导刊，2017（09）：126-129.

生即便到课率很高，抬头率却无法保障。在新的教学模式下，学生是主体，这不仅意味着教学目标转向了能力发展和兴趣培养，还意味着"教学设计的价值取向发生了变化，相应的教学模式、策略和方法也需要发生变化。"①这里的变化理应包括课堂管理的变化。

为了满足学生对于课堂互动的新要求，大学生文化自信培育专业教师们可采用"教学相长"的课堂教学管理模式，充分发挥学生"反哺"老师的主动性。通过为每位同学建立一个"教学相长"管理手册的方式，每一位同学的观点和心声都能被倾听。任何一个学生对课堂有任何问题和想法都可以在管理手册上进行体现，在这里，学生成了参与课堂管理的"新力量"。学生不再是服从者和局外人，积极性自然就高了起来。教师要认识到提高大学生文化自信培育教学实效性，光靠研究教材和教法仍是不够的，还需要根据学生的特点和教育教学规律，在课堂管理上用些精力和智慧，以优质的课堂托举高效的教学。

其一，实现由"纪律管理"到"学习管理"的转变。传统的课堂管理大多是纪律管理，即教师花费大量的时间来维护课堂的纪律。在纪律管理方式下，课堂是安静的，课堂秩序仿佛井然有序，实际上学生各干各的事情，认真听课的学生少之又少。这样"有纪律"的课堂实际上与教学宗旨完全相悖。搞好课堂教学，教师首先就要树立科学的课堂管理理念，"应通过与现实社会生活相融通的教学内容组织以及与当代大学生成长方式相呼应的教学方法应用，以增强高校思想政治理论课程的吸引力与参与性，从而使教育对象的知识兴趣、成长愿望以及积极情感成为课程学习的根本动力而不是外在的纪律约束，大学生的课堂问题行为就能得到最大限度地抑制和消除"②。简而言之，就是化外在管理为内在管理，化纪律管理为学习管理。

---

① 冯晓英，王瑞雪."互联网+"时代核心目标导向的混合式学习设计模式［J］. 中国远程教育，2019（07）：19-26+92-93.
② 韦世艺. 高校思想政治理论课有效课堂管理：内涵与动因［J］. 高教论坛，2017（08）98-100+109.

其二，实现课堂中学生的自我管理。"课堂管理是学生发展自我、教师展示综合素质的重要方式"①，教师适度使用控制型课堂管理方式的同时，激励学生自主管理课堂往往会收获较好效果。学生的自我管理远比教师外在的纪律施压效果要好得多。实现学生的自我管理，关键在于让学生全程参与到课堂教学中来，消除学生中普遍存在的"我是被迫来听课的""这门课听不听都行""反正我不听课也能及格"等观念。具体来说，一方面，加大过程评价在整个考核评价中的比重，通过课程学习过程评价的具体实施使学生确立平时成绩的评定与课堂学习有效参与高度相关的观念，学生认识到来不来听课或者到了课堂上听不听课是大不相同的。另一方面，增强课堂的积极吸引力。如果说考核评价是消极吸引力，那么课堂教学紧密贴近学生、贴近生活、贴近实际就是积极吸引力。教师要不断探索把学生的成长环境、生活习惯和交往方式等因素与课堂教学相融合的方法，使学生"不请自来"。

其三，实现协同管理。课堂管理是一个系统，一个好的课堂管理，一定是各子系统内部以及系统间协调的结果。协同管理是课堂管理必不可少的、长效性的方式。课堂管理的协同，一方面在于资源整合，另一方面在于行动协调，通过资源整合和教育教学行动的协调，系统内部才能免于松散和混乱。在资源整合方面，应建立大学生思想政治教育日常工作与文化自信培育主课互动联通机制，推动学生党建、班团建设等工作与文化自信培育课的融合，"可把学生党员或积极分子、班团干部的课堂表现和学习成效作为学生党干考评的重要依据"②。在行动协调方面，高校文化自信培育课的不同课程、不同教师在课堂班级氛围和整体性学风建设上应保持观念上高度一致和行动上的步调趋同。只有这样，文化自信培育的课堂管理才能实现劲往一处使、力往一处用，最终打造既有纪律，又有活力；既热热闹闹，又有条不紊

---

① 杨新燕. 从"控制"到"自主"的课堂管理思路转化［J］. 教学与管理，2022（21）：43-45.

② 韦世艺. 高校思想政治理论课有效课堂管理：内涵与动因［J］. 高教论坛，2017（08）：98-100+109.

的生动课堂。

第四，深化完善实践育人机制。实践育人不是单纯的实践活动，而是与课程教学密切联系的、具有明确目标的育人活动，它是课程育人的拓展和延伸，是大学生文化自信培育的基本路径。构建实践育人长效机制，是实践育人深入开展的保障，只有建立可行的实践育人机制才能保障实践育人的效果。在实践育人中培育大学生文化自信，必须建立领导机制、指导机制、激励机制、保障机制和容错纠错机制。

作为思想政治教育重要组成部分的大学生文化自信培育，其目标是培育大学生爱国主义情感、民族自信和文化自信。因此，建立领导机制是保障大学生文化自信培育工作方向正、道路稳的关键，也是培育工作根本贯彻党的教育方针的保障。领导机制是指要建立校、院两级领导机构，每一次开展的社会实践活动都要明确责任人和具体负责人，形成一级抓一级，层层抓落实的齐抓共管的工作局面。校级领导机构要发挥主导性作用，优化资源配置，协调工作分工，解决工作冲突，落实考评督查。院级领导机构要在进一步的部署和落实上做好工作，特别是在人员配备、资源调配等方面发挥关键性作用。学工部门要抓好"第二课堂"的具体开展工作，协调组织好各类实践活动的开展。没有高水平的指导，就不可能有高质量的社会实践活动，没有专业的指导，也不会产生高效的文化自信培育实践活动。所以，领导好很重要，指导好是关键。作为大学生实践活动的组织者、参与者和直接指导者，教师一方面要加强课程建设，致力于构建体制化的大学生文化自信培育工作，另一方面要制定实践教学大纲，积极推进知识化和专业化。优化建立实践指导教师进修培训制度，推进指导教师的团队建设。

探索和推进大学生文化自信培育激励机制。建立激励机制的目的在于实现大学生从"要我做什么"过渡到"我要做什么"，也实现从"跟随"到"主动"的角色转换。学校应将社会实践纳入学分制，建立学分奖励制度，形成以学分及综合评测为主要手段的激励机制。进社会、走基层有利于当代大学生看见中国社会的翻天覆地的成就，树立坚持和发展社会主义道路的信心，增强对祖国的自豪感和自信心，从而形成持久稳定的文化自信。但"用脚丈量"祖国的土地对于生活不太优渥的大学生来说不是一件轻松的事情，学校可建立相应的物质奖励机制，给予学生一定的生活补助和交通补助，同时注重与其他奖励机制相结合。对于教师的激励机制也应该不断完善，以充分发挥教师的积极性，在评优评先中，建立以师德、教学和科研为统一，突出师德为重点的激励机制，充分调动教师指导大学生实践的积极性。总之，学校应建立以综合测评为主要手段的激励机制，把物质奖励、学分奖励、荣誉奖励都纳入奖励机制中来，避免激励片面化。

保障机制是大学生文化自信培育实践育人的必要条件。保障机制包括条件保障机制和安全保障机制。条件保障机制主要指建立相对稳定的实践育人基地，营造和谐的实践育人情境，制订详细的社会实践活动方案等。可建立学校、文博馆、非遗传承人、文化部门、道德模范、中国好人、时代楷模、大学生多方共同参与的多元联动机制，如带领大学生走近非遗传承人，感受中华优秀传统文化跨越时空的魅力；和道德楷模、中国好人等面对面接触，从他们身上感受中华优秀传统文化、革命文化和社会主义先进文化的传承与积淀。安全保障机制指的是顺利开展大学生文化自信培育实践育人活动所必需的系统性、常规性安全举措。任何一项社会实践活动都具有可能存在的风险和种种不确定性，大学生文化自信培育实践活动也不例外，要做好方案设计和应对可能遇到的问题的预案，增强他们的安全知识和处理突发事件的能力。对此，必须加强对指导老师及学生的安全教育，特别是非传统安全教育，增强风险意识，明确安全责任划分，着力防范化解风险。界限明确才能有的放矢，实践活动难免会出现这样或那样的失误，要构建容错纠错的长效机制，理清问责的边界范围，保证实践育人活动有质量，使得大学生切切实实在实践中坚定文化自信。

（二）拓宽文化自信培育线上平台

方法手段是联结教育教学主体与客体间的桥梁，多样化的方法手段能够更有效地形成主客体的多向互动，激发教育教学效能。新时代大学生文化自信培育因其内外要素的复杂性以及自身发展规律，需要结合实际不断丰富方法手段，用好线上教学等手段。

第一，丰富大学生文化自信培育的线上资源。当代大学生是网络社会的"原住民"和"常住民"，他们在网络上"获得信息、交流信息，这会对他们的求知途径、思维方式、价值观念产生重要影响，特别是会对他们对国家、对社会、对工作、对人生的看法产生重要影响"①。大学生学习方式、生活方式和思维方式因网络媒体的影响而发生改变，这对文化自信培育提出了方法创新的要求，也提供了方向。丰富大学生文化自信培育线上资源是必然趋势，也是重要的突破点。线上教学的开展把教师的"教"与学生的"学"从时间和空间的局限中解放出来，随时随地学习、自由自在选择资源的极大优势使学生的主体地位得以保障，学生的学习更加自由、个性，更具针对性。在线上教学开发以前，这些进步是难以想象的。当然，由于发展时间短、技术水平不同步、学习运用滞后等问题，线上教学还存在一些短板。提升大学生文化自信培育的实效性，必须想方设法补齐短板。

要有效开发线上教学平台。线上教学平台是开展线上教学的基石和载体，为大学生文化自信培育工作的推进提供了必要媒介，离开了这个基石和载体，一切都无从谈起。当前国内外诸如学堂在线、智慧树、雨课堂、课堂派等线上教育平台的发展已较为成熟，同时 SPOC 平台使用起来也较方便。部分高校利用这些平台"玩"出了花样，打造出深受学生喜爱的精品课。但多数学校的线上教学平台与学生的学习需求实现不了"无缝连接"。开发什么样的线上教学平台或选择什么样的线上教学平台，是实施大学生文化自信培育教学首先要解决好的问题。高校应根据自身特点，打造具有本校特色的线上教学平台，同时积极参与高校间的平台交流和共享，在资源的共享中实现最优选择。作为线上教学先行者和引导者的清华大学以"学堂在线"为载体，为众多高校部署虚拟私有云平台，让清华大学优质课程资源众校共享就

---

① 迈出建设网络强国的坚实步伐——习近平总书记关于网络安全和信息化工作重要论述综述［N］. 人民日报，2019-10-19（01）.

是一个鲜活的例子。有些高校依托清华大学共享平台也取得了不错的成绩。开发线上教学平台可供选择的渠道是多样的，具体来说包括三种主要方式：

第一种是开发集中统一平台。线上教学对传统教学模式是一种颠覆性革命，其技术具有很强的复杂性，需要投入巨大的人力物力财力，所以开发集中统一平台是首要选择。国内高校可以通过名校牵头、区域联合、多校共建的方法，开展线上教学平台建设的合作，完善慕课制作体系，发挥高校各自的学科和教学优势，组建专业化的线上教学平台开发团队，共同攻克技术难题，突破技术障碍。在实现教育资源优势互补的同时，充分发挥先进科学技术的积极作用，以移动互联网、大数据、云计算等先进技术为依托，积极建设集易用性、支持性、适用性和可访问用户等功能特点合一的区域性和全国性的慕课平台，实现教学资源、教育技术和优秀师资的共建共享。比如可建立全国统一的高校大学生文化自信培育慕课中心，由中心统一建成和管理，进行覆盖全国的、具有引领作用的大学生文化自信培育示范教学，各参与共建主体共同致力于课程建设和推广，共同分享课程发展带来的红利，形成良性的互联互动、合作共赢的关系。

第二种是协调自建平台和统一平台。线上教学平台的选用是一个"技术活"，不少高校开展线上教学都面临着这一问题。很多线上教学平台实际上都有其优势，易用性和适用性都有保障，但不同的学校在选择平台时必须综合考虑学校自身的条件和学生的具体情况。资源优势明显的院校可发挥自身优势，开发线上教学平台，既可以满足本校的特色需求，也可以以优质资源输出共享的形式助力他校大学生文化自信培育教学工作。多数院校资源优势较小，可采用统一平台和自建平台相结合的方式。集中本校力量啃一块骨头、发展一个特色、创一两个精品。对此，学校应进行政策倾斜和资金扶持，为自建线上教学平台提供充足的物力、财力保障。突出解决好无线网全校覆盖、线上教学设备供给、网络提速等关键性问题。此外，学校自建平台的开发要"反复征求各方意见，针对经过多角度模拟预演和科学论证的技术方案和系统设计，开发便捷实用、用户黏度高的网页和手机 APP"①。平台的开发和运用应严格规范，注重数据的完整性、有效性、安全性和深度化。

第三种是提高线上教学平台品质。随着现代信息技术的发展，多种社会力量也在经济效益的驱使下，积极投入到线上教学平台的开发中来，有些社会企业按照市场化和商业化运作模式，以实现利益最大化为本，追求短、平、快，出现不规范、低质量等问题。为此，学校方面可与相关企业签署订单式开发协议，牢守品质关，在外观设计、内容整合、功能扩展等方面提出具体标准。比如可根据大学生文化自信培育相关课程的属性，要求线上教学平台更富有创意感和时代感，在具备信息发布、资源共享、视频观摩、在线互动等基本功能的同时，还应添加教学管理系统、成果展示系统、动态监管系统等多样化的技术模块，强化系统的教学功能。确保开发出来的线上教学平台品质高、效果好。开展大学生文化自信培育课程教学，不仅要依托新平台开发，还要利用好已有的平台。教师应认识到移动教学平台的发展潜力和重要价值，用好微信、微博、QQ 等移动平台，建立"微课堂"，"赋予其教学功能，在移动课堂中设置课程导学、课外阅读、教学调研、教学互动等部分教学内容，从而有利于发挥移动互联平台信息量大、形式生动、使用便捷的强大优势，适应学生的学习特点。"② 移动"微课堂"能够增强大学生文化自信培育课程的教学黏性，使学生随时随地学习，符合"三贴近"原则，有利于提高教学品质。

第二，打造线上教学精品内容。信息时代，内容为王。线上教学平台设计得再精美、功能再完备，如果没有一批精品内容进行填充，也只能成为"花架子"。因此，高校大学生文化自信培育线上教学要把内容建设当作一切工作的重点，在打造线上教学精品内容上下一番实功夫。目前，各种网络教

---

① 冯淑萍．"互联网+"时代高校思想政治教育模式创新［J］．思想教育研究，2017（08）：111-115.
② 杨志超．建构思想政治理论课混合式教学模式的现实思考［J］．思想理论教育，2017（11）：63-68.

学资源不是太少，而是太多，各种视频资料充斥各个线上教学平台，学生在进行选择时往往无所适从。面对海量、重复、枯燥的教学视频，"快进"或只为"刷存在感"成为一些学生的在线学习方式。"把握学情是确保线上教学质量的根本前提"①，在信息爆炸时代，要充分了解学生，知道赢得学生要靠"精品"，不靠"走量"。这就要求在制作线上教学内容时把握好原则、选择好方法、形成共建合力。

一方面，把握好内容制作原则。对于多数高校而言，线上教学平台应把统一平台和自制平台结合起来，在充分利用好统一平台上的优质资源的基础上，可结合学校情况和学生需要自制线上教学资源，打造具有地方特点和学校特色的"校本课程"。无论是选择统一平台上的教学资源，还是自制教学资源，都要把握好一定的原则。就选择统一平台上的教学资源而言，一定要结合自身的大学生文化自信培育教学、师资、内容、主客体的实际，不可全盘照搬复制。就自制教学资源而言，要注意把握精良、实用的原则，着力于与理论课程有机结合，确保视频体系的完整性，以供学员随时随地重复观看，"从而仔细品味和消化教师的教学内容"②，达到完全吸收内化的教学目标。

另一方面，选择好内容制作方法。线上教学文字资源与长篇大论的教材不同，必须提纲挈领、直击要点、重点突出；线上教学视频资源多采用短视频方式，要求内容凝练、知识完整、长度适中。这是线上教学内容制作首先要把握的基本方法。其次，线上教学资源的制作要坚持以问题为导向。比如线上教学视频制作应紧紧贴近学生的实际和需求，在制作视频前必须做好调研工作，获取学生最迫切需要解决的问题，视频中重点详细分析1~2个问题，使学生一看就能被吸引并且有所得。对于基础性知识或者已有相关讲解视频的课程内容，在内容制作时应该避开，避免重复性低效工作。另外，内

---

① 赵祝雍. 线上教学三维度 [J]. 思想政治课教学，2022（09）：52-54.
② 申梓刚. 疫情期间线上教学对我国未来教学模式的启示 [J]. 中国教育信息化，2022（08）：47-53.

容制作要注意细节问题，依照 10 分钟注意法则理论，教学视频时间长度应少于 10 分钟；按照知识碎片化的时代特征，教学视频要"小巧"，存储空间小，方便收藏和下载；依照系统化学习原则，教学视频内容要浅近，能起到承前启后、提点总结的作用。

此外，要着力于形成内容共建合力。大学生文化自信培育课程线上教学精品内容的打造，不是任课专任教师的"独特待遇"，线上教学视频制作以及运行和维护是一项系统而又复杂的工作，任课专任教师的"单打独斗"是远远不够的，它需要学校层面包括学院、教务处、培训中心等多方机构和管理人员、技术人员的相互配合和支持。就线上教学而言，教师的主要任务是知识点的圈定、视频教学环节设计、课程的教授、线上线下答疑解惑、组织学生学习讨论，另外可以完成相对简单的编制课程要点、上传课程视频等任务，但对于较为专业和复杂的课程网络设计运行、网络后台检测、平台管理与运营等任务一般胜任不了。如果没有专业的技术操作和运行管理团队，线上教学内容制作的可持续性就得不到保障。因此，高校有必要聘请和组建专业的技术团队，进行技术上的整体性把关和系统性管理，形成线上教学内容共建合力。

第三，完善线上教学体制机制。体制机制保障是最根本的、最可靠的保障。线上教学是一个新鲜事物，尚处在发展阶段，而且由于其具有发展迅速、不易管理的特点，伴随发展而来的是一系列亟待解决的问题，如基础设施跟不上发展速度、安全监管缺位、数据建设和管理严重不足、传统教学理念和评价方法转型较慢等。解决好这些问题，是推进线上教学健康发展的必要。当然，问题较多，头绪繁芜，短时期内不可能面面俱到，一步到位，可抓住一些关键点、紧迫点率先把大的框架立起来。

其一，完善线上教学管理机制。大学生文化自信培育线上教学工作是一个包括了众多要素的系统性程序。"线上教学的环境、方式、方法与线下截然不同，且在不断变化，与之相对应的日常教学质量监控和管理制度也应随之变化。"① 高校应把推动大学生文化自信线上教学作为学校工作的重要方面，专门组建学校领导小组，领导小组由校党委书记、二级学院党委书记担任。在领导小组的领导下，由马克思主义学院、人文学院、学生工作部、校团委、教务处、校园网管理部门等共同协调参与课程线上教学建设与管理工作。充分利用大数据技术，大力提高校园网支撑网络教学的服务能力，实现校园网与校外专业网络教学平台的互联互通。发挥新技术在线上教学中的作用，利用大数据了解学生的学习轨迹，以便有针对性地开展课程教学工作。通过完善教师教学质量评价机制、教师线上教学工作绩效考评机制，加强线上教学团队的建设，建立起权责明确的线上教学管理体系。

其二，完善线上教学评价机制。线上教学实际是对传统师生关系的重要调整，随着一系列新的教学方式的开展，教与学在整个教学过程中的占比，教师与学生的角色定位不断发生变化，这就决定了传统的教学评价机制也需要因势而新。为适应文化自信培育线上教学，提高线上教学质量，完善评价机制成为基础性、保障性工作。一方面，采取定性与定量相结合的方式，将评价标准细分、建立层次分明的学习评价体系。对于内容明确、可量化的部分采用定量的方式，比如在线上教学平台讨论模块中，可根据学生回答问题的数量和质量等具体情况给予相应的评分。这部分内容是完全可以量化的。对于没有明确答案的部分可采取定性的方式，把学生在课堂的表现、参与学习的质量重点纳入评价指标中。另一方面，采用过程性评价和总结性评价相结合的方式。过程性评价注重教学的过程而非单一的考核结果。既包括教师的评价也包括学生互评、自评等，在过程性评价中，学生自评、互评为主，教师评价为辅。此外，要"打造以教师、学生、教学督导、高校管理者和在线教学平台建设者等为核心的共同体"②，使评价更具科学性。在总结性评价

---

① 宋保胜，刘淼，刘瑞峰等. 高校线上教学质量评价体系重构的现实诉求及路径研究[J]. 河南教育（高等教育），2022（09）：68-70.

② 黄毅. 线上教学督导评价探究——以贵州商学院为例[J]. 高教论坛，2022（7）：54-57.

中，可具体划分比例，比如学生的在线自主学习占50%，学生的讨论区参与自评和互评占30%，作业和考试占20%。如此产生的评价结果将会更具客观性和参考价值。

其三，完善学分认证机制。学生学习的动机很大程度上来自于学习成果的认定。如果长时间得不到认定，学生的学习积极性必将因为缺乏激励因素而大打折扣。对于线上教学而言，这一点更为明显。据此，可在线上学习学分认证方面做出努力。教育部《关于"十三五"期间全面深入推进教育信息化工作的指导意见（征求意见稿）》中明确提出"要充分发挥资源平台建设和网络学习空间的作用，在资源平台上积极引入终身教育资源和学分银行机制，完善以网络学习空间为基础的学分认证、学分互认、学分转换机制"①。完善学分认证机制，一方面抓好校内课程学习认证和校外课程学分认证两种方式。对于高校自建平台或是通过购买其他服务机构平台的校内课程，由学生经过统一注册账号，选择学校规定的课程，完成规定的学习任务，通过测试合格后即获得相应的成绩和学分。对于校外课程，可由学生自行学习并把学习所得进行系统性总结，把学习总结报告报备给学校相关部门。学校相关部门结合学生校外线上课程学习效果和学生学习报告进行综合考察，决定学分认证与否。另一方面，相关部门可通过建立学分银行、个人学习账号和学分累计制度的形式，把学分认证工作做细、做活、做实。

（三）优化文化自信培育"文化场"

文化之于身处其中的人的影响是潜移默化而持久的。良好的文化造就积极健康的人。大学校园文化是中国特色社会主义先进文化的重要组成部分，对于培育大学生健全人格、乐观心态、高尚追求和崇德向善的意志品质具有不可忽视的意义。从这个意义上说，校园文化肩负着大学生文化自信培育的重要使命。习近平在全国高校思想政治工作会议上明确指出："要更加注重

---

① 教育部办公厅关于征求对《关于"十三五"期间全面深入推进教育信息化工作的指导意见（征求意见稿）》意见的通知［EB/OL］.中华人民共和国教育部，2015-09-02. http：//www.moe.gov.cn/srcsite/A16/s3342/201509/t20150907_ 206045. html

以文化人以文育人，广泛开展文明校园创建，开展形式多样、健康向上、格调高雅的校园文化活动，广泛开展各类社会实践。"① 校园文化以其春风化雨、润物无声的间接育人优势，成为大学生文化自信培育的重要路径。发挥校园文化在大学生文化自信培育中的重要作用，须牢牢把握先进文化的方向，用爱国主义精神引领校园文化建设，因校制宜拓宽校园文化建设路径，加强学校宣传文化阵地建设与管理。

第一，用爱国主义精神引领校园文化建设。爱国主义精神是大学生养成文化自信及树立维护民族国家文化坚定意志的精神源头。理论研究和实证研究表明，大学生对国家的认同感和情感热烈程度，与文化自信培育呈正相关。具备浓厚的爱国主义情感的大学生，很难说不具有文化自信和自觉传承、维护和发展中华优秀传统文化、革命文化、社会主义先进文化的行动。培育大学生爱国主义精神是高校的神圣职责和重要使命，是高校在立德树人全过程都必须认真推进的关键性工作。因此，高校教育必须成为国家的事业，也就是说高校育人必须担负国家责任，把履行"国家责任"放在各项工作的首位，传承和弘扬爱国主义精神，用爱国主义精神引领校园文化建设，增强大学生对民族和国家的认同感、自豪感和自信心，从而筑牢文化自信培育的精神基础。

《荀子·劝学》有言："蓬生麻中，不扶而直；白沙在涅，与之俱黑。"校园文化对大学生的影响是极端重要的。大学生了解国内外形势，深刻把握世界发展走向，领会百年未有之大变局的含义，深刻感悟马克思主义国家观、习近平总体国家安全观的真理力量，不仅需要在课堂教学中夯实理论知识，在社会实践中强化爱国之行，还需要在润物无声的校园文化中接受濡染。校园文化从内容和表现形式来说，有广义文化与狭义文化之分。广义的校园文化涵盖的范围很广，是指学校全部存在方式的总和，包括学校物质文化和精神文化。狭义的校园文化具有专指意味，强调的是学校的精神文化，

---

① 习近平：把思想政治工作贯穿教育教学全过程 开创我国高等教育事业发展新局面 [N]. 人民日报，2016-12-09（01）.

即把学校精神内涵作为校园文化的核心和主要表现形式。系统的校园文化建设应该是物质文化和精神文化两手抓，即以课程文化、制度文化、组织文化、价值取向、立校文化等建设为途径。用爱国主义精神引领校园文化建设，就是把爱国主义精神贯穿在校园物质文化和校园精神文化建设之中，即把马克思主义爱国主义精神贯穿于校园教学设施、自然环境、建筑风格、课程文化、制度文化、组织文化和学校符号文化建设之中。

校园物质文化建设侧重于硬环境，即把爱国主义精神贯穿于校园硬环境建设中。一花一草，一砖一石，一栋楼，一棵树都可以"说话"，成为宣传爱国主义的有效载体。校园硬环境建设旨在让大学生在校园环境的浸润中体悟民族历史和文化的厚重、党的奋斗的炽热、群众力量的伟大。首先，把爱国主义精神融入学校人文景观建设中，注意学校或学院场地的格局、规划及人文景观的设计，名人画像，英雄雕塑安放到适当的位置，如行政楼、教学楼和学校地标建筑群等醒目地方，使学校的人文景观说话，让大学生时常擦拭民族历史的记忆，捡拾起遗落在片石瓦砾里的家国情怀。其次，打造鸟语花香、葱葱郁郁的和谐的校园生态，给人以赏心悦目之感之余，引导形成大学生保护环境、节约资源、维护生态安全的意识。各学校应根据各自的地域特点进行统筹布局，达到以恰适的自然景观培育大学生文化自信的目的。再者，注重学校的运动场地建设。学校的运动场地是弘扬爱国主义传统的绝佳场所，体育原本就具有浓郁的爱国主义特色，它是民族自豪感和荣誉感的重要载体，体育运动中彰显出的团结精神、拼搏精神、永不服输的精神承载着厚重的爱国主义价值，具有很强的育人指向。通过完善运动场地、设施和器材，在操场附近拉置横幅，张贴标语，在球场地面、球架上张贴爱国的标签符号，激发出学生对民族前途、国家命运的强烈社会责任感与历史使命感最后，完善学校形象标识，如校徽、校歌、校标、校服等。在学校的校歌中把学生的个性发展、学校的历史文化特色和爱国主义情怀串联起来，让大学生在日常生活中感受中华民族优秀传统文化，浸润红色气质。

第二，因校制宜构建校园红色影视"文化场"。红色影视资源是高校大学生文化自信培育的重要手段，由红色影视资源群打造的"文化场"能够为大学生文化自信培育提供持久有效的影响。习近平指出："对中国人民和中华民族的优秀文化和光荣历史，要加大正面宣传力度，通过学校教育、理论研究、历史研究、影视作品、文学作品等多种方式，加强爱国主义、集体主义、社会主义教育，引导我国人民树立和坚持正确的历史观、民族观、国家观、文化观，增强做中国人的骨气和底气。"① 2017 年 5 月，《教育部办公厅国家广播电视总局办公厅关于推进"全国校园电影院线"建设的通知》，指出，为"进一步推动校园文化繁荣发展，促进以文化人、以文育人，充分发挥影视艺术作品对广大师生思想引领和价值导航的重要作用。"② 通过放映优秀电影作品和开展丰富多彩的校园电影文化活动，满足新时代大学生不断增长的精神文化需求，帮助他们提高政治觉悟、道德品质、思想水平，以红色影视带给人的强烈的视觉冲击效果和感染性，弥补学理性国家安全意识培育的空洞无感，增强弘扬爱国主义传统、培育爱国主义情操、激发维护国家情感以及坚定维护民族国家文化意志的实效性。大学生文化自信培育要"活"起来，红色影视文化大有可为，大有作为。

新媒体时代，审美从静观向流观转向，并且正以春风化雨、润物无声、精准抵达的方式深深嵌入我们日常的精神生活，不断解构、重构着我们的价值趋向，影响并改变着传统的艺术格局。视听艺术语境下，观看电视、电影成为一种意识形态的日常仪式，影视文化已经成为当今最具影响力的意识形态传播方式之一。红色影视作品作为社会主义文艺的突出表现样态，通过综合运用人物、故事等艺术元素，观照现实生活，为人民画像，为时代放歌，在国家观教育的价值实现中发挥着不可替代的作用。利用红色影视文化对大学生进行国家观教育，是把光荣革命史中理想信念、价值观念、人格品质等融入影视艺术当中，通过生动的故事情节、鲜明的艺术形象和丰富多彩语言

---

① 习近平. 习近平谈治国理政［M］. 北京：外文出版社，2014：162.

② 教育部办公厅 国家新闻出版广电总局办公厅关于推进"全国校园电影院线"建设的通知［EB/OL］. 中华人民共和国教育部，2017-05-03.

去概括历史和表现现实，让"国家机器"既有棱有角，又有情有义。红色基因是鲜活的历史教科书，能有效提升大学生文化自信培育的亲和力。红色影视文化饱含爱国主义、集体主义和英雄主义精神，并兼具时代性、科学性、娱乐性等特点，每一个社会个体都可以在种类繁多的红色影视作品中找到自己精神落脚点，从而使自己受到心灵的洗礼。像《林海雪原》《红海行动》《长津湖》《战狼》《万里归途》等都体现了浓厚的英雄主义、民族精神和爱国主义情感。影视文化的去中心化特征，可以使大学生摆脱单一信息接收者的束缚，激发"我在感受"的主观能动性。

用校园红色影视打造大学生文化自信培育"文化场"，需要坚持"内容为王"，格外注重品质和适恰度。习近平指出，要提高质量和水平，把握好时、度、效，增强吸引力和感染力，让群众爱听爱看、产生共鸣，充分发挥正面宣传鼓舞人、激励人的作用。① "时、度、效"是对文艺作品的要求标准，也是在进行校园红色影视选用时应该遵循的原则。在使用红色影视文化进行大学生文化自信培育时，要把握好"时、度、效"这三个原则。首先，构建校园红色影视文化场域要顺应时代要求，适应大学生文化自信培育发展的实际，做到因时而谋、应事而动、顺势而为，这样才能充分发挥红色影视文化独特的魅力和触及人内心情感的优势，以收获育人功能。其次，构建校园红色影视文化场域要根据各地区不同学校的具体情况因校制宜，注意区分不同学校的现状，把握好"度"，不能急于求成，以免过犹不及，适得其反。条件好的高校可以把标准定高一些、速度调快一些；条件不好的高校则要在恰当的水平上形成合力，逐步发展。最后，坚持问题导向，明确目标指向，精准发力，破解难题。要明白中国革命历史是最好的营养剂，只有坚定革命文化自信，红色影视文化才能常写常新。此外，要建立长效机制，学校可与院线签署长期合作战略协议，实现育人工作的常态化。

第三，加强学校宣传文化阵地建设与管理。校园文化体现着一个学校的

---

① 习近平：胸怀大局把握大势着眼大事 努力把宣传思想工作做得更好 [N]．人民日报，2013-08-21（01）．

校园风貌、办学宗旨、育人特色、精神特质。校园文化由每一个在校的学生汇聚而成，并对身处其中的每一个学生产生影响。校园文化与人是相互影响、相互作用的关系。校园文化具有开放性、易变性和综合性。因此，发挥校园文化育人功能，需要大力发展红色校园文化，积极拓宽红色校园文化的传播途径，让内容健康、格调高雅、形式多样的文化在校园中弥漫，同时更需要加强对校园文化阵地的监督管理，杜绝各种不良思想文化的侵蚀，规范校园文化发展方向，营造风清气正的校园文化建设生态。厘清线上线下校园文化建设思路，坚持社会主义办学方向，实现中国特色社会主义大学内涵式发展，为大学生文化自信培育提供条件保障。

当前，随着校园网络的兴起以及新兴媒体的深入影响，大学生获取信息极为便利，学习效率提高，学校教学方式创新也有了技术支撑，教学质量因之更高。但网络弊病也随处可见，"随着互联网的普及，大量社会问题通过网络聚集、传播和放大，滋生了网络负面情绪"①，消极的、错误的信息大肆传播，侵蚀着校园文化环境，在相反的方向塑造大学生的世界观、人生观和价值观。加强对校园网络安全监督管理，为全校师生营造安全、优质的校园网络环境具有重要意义。从主动安全角度说，要提高对安全上网和文明上网的宣传力度。从被动安全角度说，要建立完善的校园网管理制度，实行网络信息监控措施，如要求全体师生必须实行实名制认证上网，并签署网络安全入网协议。以严格管理的方法把网络文化安全意识的树立关口往前移，使源头正而风气清。

加强对校园思想文化阵地建设，还必须加强对课堂教学、研讨会、报告会、讲座、学会（协会）等的监督管理。课堂教学是主渠道和主阵地，要进一步完善课堂教学组织和管理制度，推进"抽查""自查"工作常态化，守好主阵地，用好主渠道。研讨会、报告会、讲座是知识和思想交流传播的重要手段，有意义，同时也有风险，要通过严格监督管理的方式扬长避短。学

---

① 杨静娴．网络负面情绪对马克思主义意识形态认同的消解及战略应对［J］．毛泽东邓小平理论研究，2019（6）：24-29，108.

校党委、宣传部、团委以及各二级学院要做好研讨会、报告会、讲座的组织筛选，实现校园内一切阵地可管、可控，杜绝有政治错误、反动倾向的言论走向讲台，严禁给错误观点和言论提供传播渠道。此外，发挥校内广播、校报校刊为广大师生思想引领和价值导航的重要作用，坚持正确的舆论导向，壮大主流思想舆论，提高广大师生政治素养。加强学校宣传文化阵地建设与管理，旨在构建全方位的校园文化育人格局，使校园文化成为孕育大学生爱国主义精神、奉献精神、民族意识等的文化土壤。

三、立足新时代大学生文化自信培育"需求侧"

（一）从大学生需求出发提升文化自信理性认知

一方面，树立认同教育人本理念。理念是实践活动在哲学层面的指导思想，它综合反映实践活动的价值观念，行为准则。科学的教育理念具有先导性、决定性作用。理念的创新是大学生文化自信培育路径优化的灵魂。"文本"教育理念以书本为教育培养的基础，是对受教育者进行一种思想"灌输"，而"灌输"的主要内容为上级传达的文件精神、国家制定的新的政策方针等，这是一种以理论教育为目标的教育实践形式，这种教育形式只重视教育者对文本的准备，忽视了对受教育者的个性特点和具体诉求；课程讲授以理论为主，注重文本逻辑，强调文本阐释，却忽视了受教育者实际和需要，忽视了具体实践对受教育者的作用。概括起来就是只重书本，不重人本。传统的文本教育模式具有封闭性、理想化、泛政治化等特征，在经济全球化、文化多元化、信息网络化的新时代背景下，大学生思想日益趋向多元化，以单向灌输为主的文本教育方式难以实现对大学生的文化自信培育。

"人本"教育理念，就是以人为本，受教育者不仅是教育对象，更是教育的主体；人的全面发展不仅是社会发展的根本目标与根本利益，更是社会发展的基础与手段；教育中既要尊重人、关心人，更要培养人、塑造人。人本教育把满足人的合理需要、发挥人的主体性、促进人格完善、实现人的全面发展作为教育的出发点和落脚点。相比文本教育模式，人本教育理念更具有开放性、情感性、生活化的特征，注重以学生需求为导向，设置课程内容，准备授课方式，且注重持续的总结和创新。改革开放以来，学界对人本教育理念的研究成果颇丰，做了大量的实践探索。然而，由于文本观念的惯性思维犹在，加之高校在校学生规模持续扩大、思想政治教育理论课教师队伍数量普遍不足、质量参差不齐等客观因素的影响和制约，"文本"与"人本"相结合教育理念难以在高校思想政治教育实践中得到有效落实。

目前的在校大学生成长于全球化、网络化新时代，文化多元、思想开放，更加富有批判精神和维权意识。缺乏"人本"理念的教育可以通过制度约束力来完成课程，但是只能造成"人在心不在"的课堂和越来越排斥和漠视主流价值观念的学生。在这样的教育模式下，要想真正达成文化自信"内化于心、外化于行"的教育目标非常困难。"文本"与"人本"相结合的思想政治教育势在必行。当前，高校大学生文化自信培育正面临能否适应时代发展要求，实现"文本"与"人本"相结合教育转化的挑战，同时又具备享有较好的人才基础条件和政策环境资源的机会。各高校应该抓住大力提倡文化自信、大力建设文化强国的历史契机，明确以人为本的教育工作理念，充分动员高校思想政治教育人才资源，整合技术力量，形成线上线下课程培育并行、思政课程专门培育与课程思政植入式培育并重的教育新模式，努力提升大学生文化自信培育实效。

另一方面，立足学生需求进行人本化认同教育。人们对新的文化价值观念都有一个是否接受以及如何接受的问题。接受的标志是接受者对新观念的认同和接纳，并将有可能付诸实践的态度及行为。高校大学生文化自信培育的首要任务是要解决学生对中华优秀传统文化、革命文化和社会主义先进文化接受的有效性问题。具体来说，可从以下三个方面着手：

第一，以学生需求为导向设计教学课程。目前大学生文化自信培育的效果与预期还有一定的距离，首先表现在，在校大学生对中华优秀传统文化、革命文化和社会主义先进文化的知晓度较高，但对其具体内容的正确认知率普遍偏低；其次，不同社会特征的学生在认同度上也存在明显差异。究其原因，一是在宏观上缺乏一个系统有效的课程教学模式统领文化自信具体内容教育；二是在微观上，各高校在培育过程中缺乏对学生不同社会特征的关注和细分，教育实践活动还处在完成任务的粗放模式阶段。针对以上问题，高校需要根据研究结果设计培育课程。可以设立专门机构进行长期研究、系统分析，在较好掌握学生思想成长规律和现实需求的基础上，设计出既符合文化自信培育目标，又深受大学生群体认可的课程方案。

第二，以网络平台为基础传授文本内容。网络课程是互联网时代新生的网络课程资源共享模式，在这种模式下，教师们可以突破传统教学的时空限制，将录制好的课程在互联网空间进行共享，再辅以相应的学习过程考核管理系统，让学生可以享受无差别的优质课程教学。这种课程形式具备前所未有的优质教育资源的整合能力和课程教学的时间空间的自由度和灵活性。在实践过程中，可以通过组织国内优秀教育工作者联合开发精品网络微课程，学生在课堂教学前可以自由选择时间完成文本内容的学习。这一方式将在很大程度上把教师和学生从传统的单向灌输式的课堂中解放出来。一个班级的学生可以在课前围绕同一主题，选择由自己喜爱的教学名师主讲的网络课程，完成具体内容的初步学习，并通过网络向现实任课教师提前提交自学过程中出现的问题和思考。任课教师则可以根据学生的网络课程学习情况，充分准备，将现实课时间完全用作学生知识接受难点分析和学生思想疑问交流，真正实现平等、互动、对话的参与式教学。

第三，以师生对话为内容创新课堂模式。教师要以学生为中心，开展课前准备工作。在后喻文化时代，纯粹的知识信息不再需要教师在课堂上进行独白式的宣讲。大学生都具备较强的互联网咨询能力，几乎每个人都拥有一部智能手持终端 24 小时与互联网链接。每一个知识主题都可以通过搜索引擎获取数以百万计的支持信息，再加上文本教学内容的网络化。文化自信培育专任教师应该从传统"备课"当中解放出来，用更多时间关注学生参与网络课程后反馈的学习情况，围绕学生学习的难点和关注的兴趣点，因势利导，准备一场以学生为中心的思想交流课，在课堂上形成师生平等对话的局面，在教与学之间寻求最佳结合点。此外，要将文化自信培育工作延续到课外。成功的文化认知教育不能仅仅停留在课堂的阶段性时空，它应该是一项具有延续性的工作。任课教师们需要梳理课堂上还未探讨出结论的问题，通过网络交流平台继续与相关学生交流，基于此总结和分析教学过程中存在不足，为下一次课做好准备。这一空间应该对学生的长期学习、终身学习开放。

（二）运用情感教育写好文化自信价值内化文章

情感是指人在对事物的属性、特征及其关系等形成认识的同时所产生的对该事物满意与不满意、喜爱与厌恶、肯定与否定等一系列的态度。情感是在认知认同的基础上产生的，这种认同来源于对某一文化价值观或文化价值体系的真实、深入的了解。情感认同具有相对的稳定性，一旦形成，就会对认知认同产生深入影响，从而调控大学生认知活动的方向，成为左右其认知的一项重要因素。所谓情感认同，指的是当认知主体对于某种文化价值观有了一定程度地了解之后，从情感上感到认同，这种满意、肯定、认同的态度一旦形成，就会强化认同。新时代大学生对中华优秀传统文化、革命文化和社会主义先进文化的情感认同，就是在对它们经过简单的认知认同的过程之后，通过进一步巩固与强化而形成的。在某种程度上说，情感认同的完成意味着大学生实现了对于民族国家文化的初步内化。情感认同的阶段，是包括上面所论述的简单的文化价值认知的。除此之外，它还伴随着价值评判和价值选择的过程。因此，从认知认同到情感认同的发展过程，可以大致理解为由最初的价值认知到一定程度的自主的价值评判，到最后主体进行价值选择的过程。

高校需要完善校园文化的承载力，利用校园积极进取的、健康向上的文化氛围，为情感认同搭建活动平台，不断丰富大学生的校园文化生活和精神文化环境。校园文化总是能对大学生的思想和行为产生潜移默化影响，高校要充分利用校园活动这项重要资源，利用多种文化载体进行中华优秀传统文化、革命文化和社会主义先进文化宣传，着力营造良好的心理氛围，使之为培育大学生民族国家文化认同营造情感共鸣，使每个大学生都能从心底认识、理解并最终树立文化自信。同时，高校要充分发挥榜样的力量，花大力气宣传先进事迹。引导大学生用心发现、仔细总结，既要向社会中感人至深的先进典型学习，也要发现身边这些看得见的优秀大学生，使莘莘学子在情感上获得高度共鸣，从而做出正确的价值判断和价值选择。

具体来说，一方面高校要花大力气搞活校园文化建设，通过完善校园文化相关基础设施和体制机制，努力为大学生提供富足的精神食粮，使他们能够在学习科学文化知识的同时提升精神境界。学校特别要营造出适宜中华优秀传统文化、革命文化和社会主义先进文化生根发展，适宜大学生思想自由发展，火花四溅的学术氛围，让大学生能够在理论与现实的思辨中，在一元观点和多元观点的博弈中把握民族国家文化内涵和价值，从而形成文化的自尊自信。另一方面，要坚持贴近学生、贴近实际、贴近生活的"三贴近"原则，切实地帮助大学生解决各种困难和迷茫。大学生学业上的困难、求职过程中的碰壁、生活上的困惑、情感方面的纠葛，都是学校要关心的问题。此外，学校还应该对贫困学生给予更多的关注，时刻留意这些学生的心理动态，及时帮助他们排忧解难，塑造其健全的人格和健康的心理。另外，"要全面贯彻党的教育方针，落实立德树人根本任务，发展素质教育，推进教育公平"①，发挥情感教育的重要价值，使大学生切实感受到教育实践折射出的中国特色社会主义先进文化，比如社会主义核心价值观的魅力，增强其对民族国家文化的情感认同。

（三）把握主体性教育促发文化自信思想转化

一方面，针对大学生特点开展文化自信培育。大学生是国家的未来和希望。开展大学生社会主义核心价值观的培育和践行，不仅是迎接世界文化挑战、抵御落后腐朽文化的侵蚀和错误思潮的影响所要求的，也是加快中国特色社会主义现代化事业发展和实现中华民族复兴的时代要求和强大精神动

---

① 汤菊平.学习总书记回信精神，勇做走在时代前列的奋斗者、开拓者［EB/OL］.光明网，2020-07-14.

力，亦是大学生自身健康成长所需要的。青年大学生是社会发展的未来，他们的文化价值取向在某种意义上代表着未来整个社会的文化价值取向。同时，青年时期又是人一生中价值观的主要形成期。在这一时期加强对青年学生的文化自信培育，对于帮助他们形成正确的文化价值观意义十分重大。此外，在人生发展阶段上，每一个青年都会有自己的特殊环境和机缘，也都需要根据时代际遇和社会机缘，谋划自己的人生发展，创造属于那个时代的人生和社会历史。作为青年，大学生就是要在党的领导下，勇敢担负起属于自己的历史重任。但文化自信的树立并非一日之功，大学生能否把文化自信自觉付诸行动，并形成一以贯之和自觉奉行的准则信念，关键在于能否针对大学生心智成长阶段和特点，使中华优秀传统文化、革命文化和社会主义先进文化入脑、入心、入生活。因此，文化自信培育和践行能否取得实效，关键就在于能否顺应大学生的个体成长特点。

从心理成熟度视角分析，目前在校大学生大多属于 18～24 岁的年龄段。这个年龄段属于青年中期，大学生个体生理已经基本成熟，并且大多基本具备了成年人的种种生理功能和体格，也能够进行基本判断，但心理上还未完全成熟，属于心理成熟的前期。因此对于处于青年中期的大学生而言，就是尽快让自己的心理成熟起来，长成为一个具备完整身体和心智的成年人。判断人是否成熟，取决于三个方面的基本判断：一是身体的生理性成熟，尤其是指性成熟，这个目前大学生基本上已经具备；二是心理上成熟，即指性格成熟，具有自我概念，能熟练进行自我定位；三是社会化成熟度。以一个人的社会成熟程度为判断标准，即一个人能够正确认识自己所担负的社会角色以及所应承担的社会责任。

在这三个判断标准中，身体成熟是心理成熟的物质基础和依据，对一个正常人而言，年龄是划分依据，而心理成熟是社会成熟的必要条件，社会成熟是成熟的重要表现。其中社会成熟最复杂、需要的时间最久，因为一个人是否已经社会成熟和一个人所处的成长环境、参与的社会交往、具备的社会交往经验有关，参与的社会交往愈多，参加的社会实践越多，其社会成熟度会相应的高一些。而社会实践对于基本处于学校学习生活阶段的大学生而言，基本上是缺乏的。因为他们还未能完全走向社会，还不能真正参与社会实践，社会交往范围也比较有限，已经拥有的社会经验也比较少，感性且不深刻。因此，大学生的社会成熟期普遍会比较久。

目前在校大学生大多处于第二个阶段。在这个阶段，大部分学生心理正逐渐走向成熟，他们的认知能力有了一定提高，自我概念逐渐增强，但这两者在大学生的第二阶段往往又是不一致、不协调的，大学生普遍能够对自身及周围事物具备一定认知，并能形成一定自我概念，但这种自我概念由于受认知能力的影响，有时又不完全和不彻底，这也会影响他们的判断，会影响他们文化价值观的养成，需要外部不断地予以引导和纠正。自我概念的发展与一个人的年龄及其知识水平有关。一个人年龄越大、知识水平越高，自我总结和概括能力越强，自我意识也就越强。大学生所处的年龄阶段和所具备的文化水准，决定了他们正处于这样一个不断认识自我的时期。在这个时期，他们不再像中学生那样急于了解外部世界，而是把认识的注意力转向自己，注重对自己的自我定位、自我概括，并在此基础上探究自己与外部的关系。他们善于从主客体关系、理想与现实的二元分类法中对自己进行区分和定位，注重对自己的内省、体察和塑造，很在乎外部对自己的看法和评价，易受外部对自己评价的影响。这个时期他们对周围关系处于一个敏感判断期，他们很注重对自己的塑造和定位，对自己的未来社会角色会提前进行理想定位，并易受这种定位的影响。

大学校园的封闭性、独立性又为大学生这种性格的塑造和养成提供了环境。完成了高中紧张的学习，压力一下子释放，进入自我安排的生活节奏当中。独特的社会层次、宽松自由的氛围以及他们所具有的较高文化素养，使大学生容易以一种一览众山小的姿态看待社会的人和事，同时过早的、理想化的社会角色定位，也使他们极具抱负和使命感，他们总是会有一种以天下为己任的雄心壮志。他们以置身事外的社会人角色关注这个社会发生的一切，以一种大视角、大无畏的精神，关注着整个社会的发展与进步。他们对社会舆论十分关注，对社会事件有很高的参与度和执行力。同时由于心智上的不成熟和自身认知能力以及生活阅历不足所限，他们很难辨别社会事件和社会舆论的真伪。因此，他们在分析和思考社会问题时，总带着极具理想化的色彩。有时还非常不切合实际，并时常表现出一定程度的片面性和幼稚性。这种认知能力、自身阅历等方面的严重不足与他们极强的自我概念总是不协调、不一致，也极可能会不断困扰着他们。新时代大学生文化自信培育必须从大学生的这一实际出发，以大学生"是什么"为培育工作的逻辑起点，用"是什么"引导"怎么做"。

另一方面，结合大学生成长开展文化自信培育。大学生是社会的重要组成部分，也是一个特殊的社会群体，开展大学生文化自信培育和践行，必须针对大学生的群体特点，这也是决定工作成败的关键。立足于大学生的群体特点，才能激发文化自信培育的内生动力，提高大学生践行的自觉性。具体来说，第一，立足于校情，积极创设文化自信培育和践行的有利环境。学生精神生活与外部环境联系越来越密切，环境的内容已经融入学生的实际生活当中，人的精神生活在同自然界和其他人的相互作用中得到发展和提升。因此，环境因素也是学生精神生活的决定性因素。随着社会的不断发展，社会的开放程度进一步提高，学生与周围世界的联系内容更加丰富多样，环境对人的精神生活的影响更加普遍。因此，自觉创设优良的教育环境是实现文化自信培育的关键一环。大学生文化自信培育和践行，不仅要创设校园物质环境，让学生时时融进良好文化自信培育的自然环境当中，耳濡目染，内化于心。还要创设有利于大学生文化自信培育和践行的校园管理制度和行为规范，使大学生的日常行为始终处于正确的规范当中。校园文化环境格外重要，要通过大学校训、大学精神等凝聚和指引大学生爱校、爱国和爱自然。当然，要将环境教育和理论教育、实践教育有机结合，发挥共同的合力。

第二，将大学生文化自信培育同大学生的心理教育和挫折教育等结合起来。按照大学生阶段的成长特点，大学生虽然身体已经发育成熟，但心理上还未成熟，大学生自我概念的增强与认知能力发展不协调。强烈的认知渴望同较弱的认知能力的不协调，常常会使他们陷入思想认知的死胡同，并会产生较多的心理困惑。而社会实践的缺乏更加剧了这种困惑。因此，更应关注他们在日常生活和学习中存在的各种心理困惑，并积极地加以引导，帮助他们走出心理困惑，使他们健康快乐地成长。还要将文化自信教育与解决学生实际生活和学习中的问题结合起来，例如就业问题、婚恋观念问题、学习动力问题，等等。文化自信培育看起来仿佛和心理教育、实际问题的解决不相干，实际上他们之间存在看不见的千丝万缕的联系，须知一个健康的心理是文化自信的隐性基础和育人目标。因为文化潜润人心，所以培育方式也要从"潜"字出发。

第三，用好文化载体，坚持"三贴近"原则。文化载体的运用要坚持"贴近学生生活实际、贴近学生思想实际、贴近学校教育教学实际"的三贴近原则。要真正把文化自信培育融入学生生活中去，用他们喜欢的风格、听得懂的语言和可接受的方式来进行价值培育，真正做到通俗易懂。文化活动的设计要做到主题鲜明、内容丰富、形式多样、喜闻乐见。文化自信的树立是一个复杂的、长期的过程，运用文化载体也必须持之以恒。此外可发挥专题式教育的育人作用，以党史学习教育开创青年文化自信培育新境界。党史学习教育为培育文化自信赋予新使命。从党的百年伟大奋斗历程中汲取继续前进的智慧和力量，以更加昂扬的精神状态和奋斗姿态建功新时代、奋进新征程，是开展好党史学习教育的重大任务，也是全体共产党人的使命和担当。新时代、新任务，为文化自信培育赋予了新使命，那就是要更加强化爱国主义教育。时代呼唤担当，民族振兴是青年的责任。只要青年都勇挑重担、勇斗风险，中国特色社会主义就能充满活力、充满希望。

党史学习教育为大学生文化自信培育注入新能量。"历史是最好的教科书。对我们共产党人来说，中国革命历史是最好的营养剂"，党的历史是最生动、最有说服力的教科书。习近平总书记多次强调指出，我们要铭记革命历史、传承革命传统，并用以教育广大干部群众，教育一代又一代青少年。无论是成就个人理想，还是担当时代使命，广大青年都要珍惜韶华、不负青春，努力学习掌握马克思主义立场观点方法，努力学习掌握科学文化知识和专业技能，不断提高内在素质、锤炼过硬本领，使自己的思维视野、思想观念、知识水平跟上时代发展的要求。广大青年要自觉树立对中华优秀传统文化、革命文化和社会主义先进文化的自信，从党史学习中汲取力量、激发信仰、获得启发、启迪智慧，自觉提升境界、涵养气概、激励担当、奋发有为，凝聚起勇敢前进的强大精神动力。

党史学习教育为文化自信培育提供新路径。深入党史学习教育，要发扬马克思主义优良学风，开展特色鲜明、形式多样的学习教育。广大青年要牢牢把握党史学习教育的根本要求，坚持践行社会主义核心价值观，勇于创新，内化于心、外化于行，通过重走红色足迹、追溯红色记忆、访谈红色人物、挖掘红色故事、体悟红色文化，感受党的红色精神伟力，广泛开展讲述党的故事、缅怀革命先烈、寻访红色地标、寻访英雄模范等实践活动，准确把握我国新发展阶段的新特征、新要求，深刻认识实现中华民族伟大复兴的使命担当。广大青年通过参加"三下乡""返家乡"、团员向社区（村）报到等社会实践和志愿服务，深入广大农村和经济社会发展主战场，在一线奋斗中摸爬滚打，亲身感受艰辛历程、巨大变化、辉煌成就，深刻理解把握时代潮流和国家需要，全面了解中国经济社会发展成果，从中感受中国特色社会主义文化的魅力和震撼力，从而树立起文化自信。

第四，增强理论的现实解释力。中华优秀传统文化、革命文化和社会主义先进文化是高度凝练的文化，具有十分深刻和丰富的内涵，也具有高度的抽象性。要将其深刻内涵、作用、功能、地位等讲解透彻和明白，没有系统的理论学习是不行的。必须让学生从理论上弄清楚中华优秀传统文化、革命文化和社会主义先进文化以及文化自信的相关理论问题。理论只要彻底就能说服人。"传道者自己首先要明道、信道。"① 学生不爱听，究其原因，不是学生不需要，而是我们没有讲透彻；不是理论我们讲多了，而是我们讲少

---

① 习近平：把思想政治工作贯穿教育教学全过程 开创我国高等教育事业发展新局面 [N]. 人民日报，2016-12-09（01）.

了；不是我们理论内容不丰富，而是我们讲的内容和形式结合不够。作为为学生释疑解惑的老师，首先要想清楚的是自己是否真的理解了、掌握了，是否自己信了。要系统地掌握理论知识，思想政治理论课课堂是主渠道和主阵地，要充分利用好课堂的培育途径，注重内容和形式的精心设计，力求做到内容和形式的完美结合。此外，要加强理论联系实际，用学生能够看得到、听得见、有感知的实践内容进行讲解，增强理论的现实解释能力和理论的说服力。用理论说服力牵引情感认同力。

第五，充分运用新媒体技术，实现现实培育和虚拟引导相结合，"牢牢掌握网络宣传教育的主动权、主导权、话语权"①。新媒体技术的发展，不仅对传统思想教育方法带来了冲击和挑战，同时也为思想教育提供了新的平台和途径。思想政治工作进网络已经不是一个新问题，但效果不佳仍是困扰高校思想政治工作者的大问题。网络已经广泛深入高校大学生生活和学习的方方面面，不仅为他们生活和学习带来实实在在的便利，而且也为他们即时获取海量信息提供了可能。以前教育者和被教育者信息不对称，教育者凭借优势信息居高临下的教育局面被彻底改变。自主性学习、互动式学习正成为网络时代学习的新方式。况且，大学生求知欲望强烈，容易接受新鲜事物，对新媒体技术接受快，技术熟练，对网上事物感知能力强，但分辨力差。随着新媒体技术的发展，媒介融合出现了新变化，诸如社交网络、微博等新兴渠道在开展思想政治教育中的作用得到充分体现，极大地丰富了思想政治工作的网络和手段。但现在思想政治工作手段和方法远远滞后于新媒体技术的发展。据于此，大学生文化自信培育要加强对网络技术尤其是新媒体技术的运用，针对学生特点，提高网络新媒体技术的利用率和利用效率。

---

① 陈宏建，彭凤莲. 论高校辅导员在大学生社会主义核心价值观认同教育中的作用 [J]. 黑龙江高教研究，2015（12）：103-105.

四、做优新时代大学生文化自信培育"供给侧"

（一）文化自信理论认同：加强理论认知教育的牵引作用

第一，着力提高认知的科学性。这里具体指认知的立场、观点与方法，即站在什么样的立场上，使用什么样的观点，运用什么样的方法来进行主体认知，最终形成怎样的认知认同。大学生的身心发展特点决定了他们在面对错综复杂的问题时，容易以偏概全、以点概面，甚至存在脸谱式认知以及认知情绪化的倾向，导致认知偏差。马克思主义是被实践证明了的、科学的、人民的理论，也是认识的理论、实践的理论，是人们认识世界、改造世界锐利的思想武器，为大学生文化自信培育提供了科学的世界观与方法论。目前大学生对于"四个自信"的认同度总体较高，表明大学生们形成了对新中国成立以来70多年的辉煌成就的高度的自信心和自豪感，也强化了其对中国特色社会主义乃至于马克思主义的整体认同。在此基础上，要进一步讲好、讲透马克思主义，尤其是中国化的、时代化的马克思主义的历史逻辑与理论逻辑，使马克思主义的认同彻底在大学生群体的脑海里生根发芽。学生们掌握了马克思主义的立场、观点、方法，学会客观地、全面地、发展地、系统地看问题、处理事情，就能够透过现象看到事物的本质，更好地认识自己、认识社会、认识国家、认识世界，从而避免迷茫、迷失甚至被裹挟。

具体地说，一方面要加强文化自信培育精品建设。"人的价值观总是在特定的环境中形成和发展的，对于置身于具有社会主义核心价值观浓厚氛围的教学场所中的大学生来说，不知不觉中受到心灵的感染、情操的陶冶、哲理的启迪，进而形成正确的价值观念。"① 因此，要多维度建立起大学生文化自信培育的立体化教学体系，倾力打造精品思政课，更好地承担起对大学生进行系统的文化自信培育的任务。课堂要尊重学生的主体性，按照"切点灵

---

① 杨宗兴. 大学生社会主义核心价值观认同教育路径论析［J］. 广西社会科学，2017（05）：205-209.

活、语言用活、素材鲜活、思维激活、内容盘活"① 原则，打破旧有的一味灌输宣讲模式，从主体、方法、载体、模式各方面完善教育教学体系。要坚持政治性和学理性相统一，坚持价值性和知识性相统一，坚持建设性和批判性相统一，坚持理论性和实践性相统一，坚持统一性和多样性相统一，坚持主导性和主体性相统一，坚持灌输性和启发性相统一，坚持显性教育和隐性教育相统一。通过参与式教学、创新教学手段，综合运用多种教育教学方法等，着力提升课堂的教育实效性，将文化自信贯穿始终，突出思想性，使学生"听得懂"，并且"喜欢听""用得上"，真正使广大学生入耳入脑入心。

另一方面要加强高质量教师队伍建设。首先要建设一支政治强、情怀深、思维新、视野广、自律严、人格正的思政课教师队伍是关键，"让有信仰的人讲信仰"才有感染力和信服力，这就要求文化自信培育的专任教师对马克思主义真学、真知、真懂、真信，讲好、讲通、讲透马克思主义的三重逻辑，即历史逻辑、理论逻辑、现实逻辑。教师队伍建设首先要严格选拔标准；其次要建立终身学习的理念，使其真正"强于理论、精于专业、本于学生、先于时代"，真正做到"用真理的力量感召人，用人格的力量感染人，用真挚的情感打动人，用生动的形式吸引人"②。再次，要重视博士后备人才的培养，国家要加大力度向马克思主义理论学科博士培养的倾斜，重点培养一批对马克思主义理论"真学真懂真信真用"的思政课教师后备力量；最后，要发挥教师的个人魅力与团队协作整体优势，注重优势互补，合力打造高、精、尖的教学团队，彰显课程实效。

第二，大力增强认知的全面性。一方面就中华优秀传统文化、革命文化和社会主义先进文化认知的全面性而言，要通过课程的主渠道系统而全面地讲授文化自信的理论逻辑、历史逻辑与现实逻辑，使学生对中华优秀传统文

---

① 吴跃本，朱晓艳. 高校社会主义核心价值观认同教育的需求侧思考 [J]. 黑龙江教育（理论与实践），2020（09）：49-52.

② 姚晓丹. 为青年扣好第一粒扣子——记中国人民大学马克思主义学院教授王向明 [N]. 光明日报，2017-05-27（09）.

化、革命文化和社会主义先进文化建立起全面的、系统的理性认知。以社会主义核心价值观培育为例，教学安排上，教师在准确把握课程内容与教学目标的基础上，紧密地融入社会主义核心价值观，纠正学生对于社会主义核心价值观的误解与曲解，不能把社会主义核心价值观讲浅了，要讲清楚社会主义核心价值观的前世、今生以及未来指向，讲清楚社会主义核心价值观基本内容的内涵与外延、提出的意义、发展的源流、与社会主义核心价值体系的关系、与中国梦的关系、与其他国家核心价值观的比较优势等一系列问题。从社会主义核心价值观的整体性、全面性知识链条中把握社会主义核心价值观，不能将社会主义核心价值观"三个倡导"割裂开，不能将社会主义核心价值观与社会主义核心价值体系割裂开，要把社会主义核心价值观放在马克思主义中国化的历史进程中，放在实现中华民族伟大复兴的中国梦征程里，放在科学社会主义的价值追寻中，坚持理论与实践相联系、历史与现实相贯通、国内与国外相对比，把社会主义核心价值观讲清、讲透、讲深、讲活、讲实。

　　另一方面就大学生主体认知的全面性而言，要重点加强大学生的理想信念教育，以激发大学生的主体觉醒与价值觉醒。新时代中国青年处在中华民族发展的最好时期，既面临着难得的建功立业的人生际遇，也面临着天将降大任于斯人的时代使命。当代大学生是同新时代共同前进的一代，作为知识分子的一员，比其他群体应该对国家、社会承担更多的责任。在"价值的碎片化""多元价值冲突"的今天，如何通过课堂、校园文化、社会实践等诸多方式进行行之有效的理想信念教育，加强大学生的群体情感，强化广大学生的"我们感"，增强其社会主义建设者和接班人的使命感，这样一系列问题变得迫切而重要。理想信念的建立需要真理与价值两个维度的双重构建，是不是真理解决的是"是否具有科学性"的问题，而是否有价值解决的则是"是否值得去做"的问题。在中华优秀传统文化、革命文化和社会主义先进文化基础上建构起来的理想信念兼具真理性和价值性，有利于提升大学生主体认知的全面性，反过来助力于形成文化自信。

讲好理论的同时，也要注重"党史、新中国史、改革开放史、社会主义发展史"教育，明确加强"四史"教育，让学生在大历史中读懂中国发展的脉络，史论结合，在历史的厚重里讲授理论的深度，在铭记历史中审视现在、展望未来，使学生真正读懂、读透中华优秀传统文化、革命文化和社会主义先进文化的理论体系，彰显其理论魅力。同时，理想信念教育在注重"立"的同时，也要敢于"破"，所谓"不破不立"。要敢于对非马克思主义、反马克思主义等的错误思想亮剑，既旗帜鲜明，又有理有据，帮助大学生辨明是非，提高自觉抵制力。要注重弘扬民族精神与时代精神，让一个又一个鲜活的、承载着民族精神与时代精神的人物或人群走进学生的心里，使大学生们从历史的、世界的视野中找到自己的位置，明确自己的责任，为理想、信念奠基活的灵魂。文化生长于斯，文化自信也生长于斯。这项工作必须在深入研究的过程中做出实效。

第三，全力推进认知的连续性。这里的连续性是指认知教育的连续性，认知教育的连续性供给可以形成串联起大学生整个大学生涯的纵贯线，供给的连续性是大学生形成对中华优秀传统文化、革命文化和社会主义先进文化认知认同连续性的保障。认知教育的连续性包含三个基本方面：

首先突出时间上的连续性，从贯穿单门课程教学的全过程，到贯穿大学学习全过程。以新生入学为开端，以毕业离校为收尾，贯穿整个大学生活，体现高校"大思政"在全过程育人中的全员参与、全方位推进。时时、处处地让大学生浸润在社会主义核心价值观的滋养中，发挥"盐"的功效。其次强调课程内容设置的连续性，以保证在为大学生提供持续性的认知供给的同时，还能满足不同年级、不同阶段学生不同层次的需求。这里的连续性不是简单地、机械地重复相同内容，而是注重时间上的不间断，兼顾学生不同阶段需求侧的变化进行不同层次性内容的供给。研究生阶段重在开展探究性学习，本专科阶段重在开展理论性学习。其内容均深深根植于文化自信培育，但侧重点各有不同，呈梯度递进。最后确保多维载体的同向发力，发挥协同效应，消解此消彼长的内耗，增强育人效果的连续性。"三全"育人的关键在于"育",依托于"全",对于文化自信培育工作是将其贯穿起来的红线。无论是课程育人、学科育人，还是教师育人、学生同辈群体育人，抑或是环境育人、网络育人都要同向同行，减少彼此间的弥散与消解，实现课上与课下、网上与网下协同育人的合力，即空间层面的"全域育人"。

课程思政与思政课程的育人连续性是实现大学生对中华优秀传统文化、革命文化和社会主义先进文化认知认同连续性的重要衔接问题。课程思政课程包括专业课、公共基础课以及通识课，三者不像思政课程那样具有明显的意识形态性，把文化自信专题培育与其课程内容深度融合，学生更容易被其影响。高校教师要不断增强理论引导能力、学术研究能力、课程教学能力。首先要高度重视大学生文化自信培育工作的重要性。只有教师对这一项工作发自内心的认同，才能将其融进课程、注入课堂，真正武装学生的头脑，发挥课程思政的育人之效。须明确建设师德高尚、业务精湛的高素质教师队伍十分关键，教师之责乃"传道授业解惑也"，大思政之下每位教师都应守好自己的那段渠，种好责任田，与思政课同向同行、合力育人，同时"身教重于言传"，教师要率先垂范，做中华优秀传统文化、革命文化和社会主义先进文化的坚定信仰者、积极传播者、模范践行者。这就要求学校建立全校教师的育人共同体，既包括思政课教师显性教育与其他教师隐性教育的聚合，也包括文化自信培育专任教师之间的共享、共建与共进。

(二) 文化自信情感认同：提升和谐师生关系的影响效力

第一，自觉实践师生共育的主体融合。"实践是理论之源"[①]，高校大学生文化自信培育与强化必须以实践为逻辑起点，站在"人的高度"来审视自身，从大学生的主体需要出发，马克思强调，人不是抽象概念，而是作为现实的、活生生的、特殊的个人存在的。在高校大学生文化自信培育系统中，教师是教的主体，起主导作用；大学生是学的主体，起主动作用。作为独立个体和自由主体，大学生并非被动的受体，他具有主动性、选择性。大学生

---

① 王伟光. 当代中国马克思主义的最新理论成果——习近平新时代中国特色社会主义思想学习体会 [J]. 中国社会科学，2017（12）：4-30，205.

文化自信培育的过程是"双主体"——教师与学生，也是教与学双向互动的过程，学生主动性的发挥、积极性的调动决定着认同的层次、程度和水平，因此，教师首先要发挥自身的主体性进行教学改革与创新，探索能够激发学生主体性的教学方法与教学模式。

综合运用多种教育教学方法，增加大学生的参与度，满足其主体需要，提升教学的实效性。大学生是一个具有高度主体自觉性的群体，只有让学生真正地参与进来，变被动为主动，引导发挥他们的主观能动性，才能让学生真正地将课程内容入脑、入心，实现教学目的，这就要求"要深入调研、广泛征求学生意见和建议，反复斟酌，用能体现对大学生认同和践行的最根本要求来设计和规范教育内容和各类教育活动，确保教学、教育实践活动的规范化、制度化、常态化、生活化"①。教育过程中要综合运用多种方法，增加学生的参与度，变"旁观者"为"参与者"，提升教学实效性，访谈问答、课堂微辩论、小班讨论、网络互动、主题实践、课前剧、定制作业等丰富多彩的形式对于提升教育教学效果大有裨益。访谈问答、网络互动让学生提出问题、表达感受、确证认识、阐述观点；定制作业使学生发挥专业所长，用语言、刻刀、画笔表达对课程内容的省思；课堂微辩论、小班讨论让学生们各抒己见，在思想的交锋中梳理个人观点；主题实践、课前剧、参加学生讲师团让学生通过亲身经历或角色扮演，生动体会、深切感受。培育是过程，践行是目的，"培育的实效总是以实际行为的践行为验证的"②，所以，文化自信培育要根据课程内容综合运用多种教育教学方法，发挥学生的主体性作用，调动学生的积极性、主动性，进而提升教学实效。

第二，重点激发师生共鸣的情感融合。情感是文化自信中的非理性要素，情感融合既指教师对学生的情感，也指学生对教师的情感，感情是相互

---

① 纪安玲，谢安国．大学生社会主义核心价值观认同教育引导机制的四维构建［J］．西安文理学院学报（社会科学版），2018（03）：66-71.

② 陈庆国，张莹．新时代大学生社会主义核心价值观认知逻辑探究［J］．东北师大学报（哲学社会科学版），2021（06）：186-192.

的，教师爱学生，学生感受到教师的爱，给予情感的回馈，产生亲近感，正所谓"亲其师，信其道"。教育从来都是有温度的，从一定程度上来说教育是一个灵魂唤醒另一个灵魂，因此，非理性要素作用发挥得好，可以推动主体活动水平的提高，由情感产生动机，由动机产生行为，从而促进主体自身的发展。情感非一日之功，更非外力所能强加，而是一个日积月累、自然积累的过程，因此，我们应该着力从引导大学生积极的情感体验与情感共鸣上下功夫，告别生硬的理论宣讲，从大学生主体需要出发，关注其思想动态、精神需求，以满足感的唤起促进情感的累积，打通大学生文化自信的"最后一公里"。

教师要对学生有情感，对课程有情感。先感动自己才能打动别人，以对国家、对社会、对人民、对文化的深情激励学生、感染学生、打动学生的心，才能诠释好"以情动人"。习近平总书记曾经回忆，一位初中政治课老师讲授焦裕禄的事迹时数度哽咽，给同学们带来巨大的心灵震撼，这节课在他一生中留下深刻印记，并对他树立坚定的理想信念产生了很重要的影响①。教育是人点亮人，成功的教育将为学生点亮一盏盏指引前行的明灯，激发潜力与活力，找到努力的方向。上海交通大学的施索华老师用爱与责任讲活了思政课，成为学生心目中"最迷人的课"，她以优美的语言、深厚的家国情怀，将课上得既充满感情又富有哲理，同时，还设立施索华工作室，随时为学生答疑解惑；清华大学的李蕉老师在课时以外每学期会安排读书沙龙、午餐会、助教培训会，她也以自己的身体力行影响着身边的学生，将"人课合一"，全情投入，被学生两度选为"最喜欢的老师"；大连海事大学的曲建武老师从教 38 年，无论是做一名辅导员还是领导干部，始终把学生放在心上，多年来，他以多种方式为学生解决思想之惑，也为学生化解现实之忧，被称为"曲爸爸"。学生在教师的"爱"里学到知识，受到触动，体验愉快，体味平等，感受真诚，获得价值关怀与情感关注，最终达到教师与学生的情感

---

① 一堂特殊而难忘的思政课——习近平总书记主持召开学校思想政治理论课教师座谈会侧记 [N]. 人民日报，2019-03-19 (04).

融合。

　　以上所列举的三位老师以对学生的爱，站好了讲台，赢得了学生，以实践印证了"南风效应"。文化自信培育中实行温情教育，给学生以爱，既满足了学生的情感需要，又激发了学生的情感，更能实现教育的目标。温情教育强调的是在人本教育的基础上，尊重学生，理解学生，从而彰显教育实效。学校也要因时因事，以适当的形式对学生进行情感培养。比如，仪式感就是触动学生情感浓烈度的情感爆发点。以大学录取通知书的设计仪式感为例。南开大学在录取通知书中附送2枚莲子，一枚种在家乡，初心不改，一枚带到校园，见证成长；中央美术学院的通知书是一本尚待书写的空白画册，以416页、一周2页记录大学4年的编年史；陕西师范大学坚持14年由老教授毛笔手写通知书，被称为饱含中华文化的"成人礼"；可以看出，一份录取通知书带给学生的是一份开启崭新世界的仪式感，这份沉甸甸的神圣让学生们对大学乃至人生充满着憧憬。大学应把诸如开学典礼、毕业典礼这样庄严的仪式神圣化、情感化、意义化，用文化仪式感激发学生的身份认同、国家认同，也使学生们间接感受到文化的震撼力、冲击力，助力文化自信的形成。

　　第三，持续深化师生共进的视域融合。哲学中的"视域"，包括"看视的区域"及其步骤规则。因此，大学生文化自信培育体系既包括主体视力所及的范围——物理层面的"看"，也包括思想层面的所指——精神世界的"观"。因此，"视域融合"强调大学生文化自信培育的关注点，应当是与学生密切相关的"真问题"，包括学生关注的社会热点话题、国内外时政问题以及大学生成长过程中关注的学习问题、就业问题、恋爱问题、人际关系问题、心理问题等。情感的产生，往往以需要的满足为基础，正如毛泽东所说："一切群众的实际生活问题，都是我们应当注意的问题，……满足了群众的需要，……群众就会真正围绕在我们的周围，热烈地拥护我们"①。赢得

---

　　①　毛泽东.毛泽东选集（第1卷）[M].北京：人民出版社，1991：137.

学生，就要解决问题，并且解决学生们急难愁盼的问题，这是经过历史证明的，在大学生文化自信培育中也必将适用。在当前及今后大学生文化自信培育中应抓住重点，着力于解决好这一关键问题。

作为主渠道的思政课要将教材体系转换为教学体系，将大学生文化自信培育贯穿始终，突出思想性、价值性，做到"因事而化、因时而进、因势而新"。要将教材与学生的理论关切相融合，从学生的关注点入手，提升其理论思维能力，切合学生实际展开教学。通过随堂反馈、问卷调查、网上互动等多种渠道，针对教材的每一章内容收集学生们广泛关注的热点问题，而后教师对问题进行深入研讨、分析，使之与思政课的教学内容有效对接，进而丰富和延展教学内容。另外，时政问题也理应成为延展内容，对于时政问题的剖析与探讨，能够将理论拉进现实，增加现实指引，也能够及时地解开学生们的思想文化上的扣子。2020年抗击新冠感染的过程中，全国大学生同上一堂疫情防控的思政大课也收到了非常好的效果，四位教师分别从除《形势与政策》课以外四门思政课的角度对疫情的发生、应对、启示等内容进行了教学，既是一次将马克思主义理论应用于实践的生动诠释，又是一堂生动的爱国主义大课，很多学生在留言区纷纷表示很受鼓舞，加深了对于中国的社会主义制度、人类命运共同体以及家国情怀的理解与认识。可以说，文化自信必定悄然产生于焉。

第四，积极促进师生共享的话语融合。话语权即话语表达的权利，大众麦克风时代，人人拥有话语权，对于中华优秀传统文化、革命文化和社会主义先进文化的话语权，主体也是多元的，包括党和政府的权威话语、教师的解读话语、学生的认知话语、大众的理解话语、西方的意识形态话语等。话语是文化价值观认同的先声，大学生对中华优秀传统文化、革命文化和社会主义先进文化认同的关键性前提在于谁的话语具有影响力，形成了真正的话语力。赢得青年才能赢得未来，塑造青年才能塑造未来。马克思主义强调：

"如果从观念上来考察，那么一定的意识形式的解体足以使整个时代覆灭。"① 赢得青年首先要赢在意识形态，塑造青年首先要塑造意识形态。"意识形态所表征和反映的核心价值与精神信仰这两方面的内在统一正是核心价值观的本质，核心价值观蕴涵着建构社会价值认同的同一性要求。"② 西方一些国家依靠先发优势极力进行价值观输出，将其价值观标榜成"普世价值"，打意识形态战争，以此来冲淡青年对本国主流文化的认同，文化自信就是在话语层面应对意识形态较量的有力回应。

有了中国的主流文化话语体系，如何在大学生中形成话语力呢？当前，主流文化话语体系，一定程度上仍旧存在着口号化、标题化、表面化等问题，存在空洞说教、亲和力不够等倾向，造成了在某些领域、某些时刻的失语、失踪，甚至失声。列宁曾指出，最高限度的通俗和简单明了。也就是文化的话语表达方式要大众化、通俗化，使用符合大学生思维方式和解读心理的"亲近性文本"，话语形式接近于大学生的生活习惯，以生活叙事的方式呈现，让理论性的话语接地气，减少与大学生的隔阂与距离感，做到言之有物、言之有理、言之有情。基于此，一方面要以大学生喜闻乐见的语言进行话语体系转换与表达；另一方面要引领话语，形成话语力。这个过程不是一个被动的迎合大学生的语言风格的单一过程，而是在将高高在上的"宏大叙事"实现"简时新"的语言风格转换之后，以新的话语引领新的风尚，形成话语力，直达人心，使之既接地气，又充满温度，更能激励人们。

另外，中华优秀传统文化、革命文化和社会主义先进文化话语的传输方式应是教师与学生之间平等的对话，不应只有教师的话语霸权，要促进学生话语权的回归，告别教师话语的"一言堂"。有效的话语传输不是"我说你听"的单向路径，而应在教师与学生之间建立起畅通的交流与对话机制，实

---

① 中共中央马克思恩格斯列宁斯大林著作编译局. 马克思恩格斯文集（第8卷）[M].
　　北京：人民出版社，2009：170.
② 成长春，张廷干，汤荣光. 意识形态自觉与价值理性认同 [J]. 中国社会科学，
　　2018（02）：4-25，204.

现话语交往。只有在一种具有普遍意义的话语的交往前提下，才能建构起一种较高层次的主体间性，让每个人的视角与所有人的视角相互重合。教师应学会"留白"，如通过读书会、研讨会以及网络平台的留言互动等形式，让学生能够有渠道表达自己的内心话语，以教师的话语与学生的话语的交流、讨论实现有效对话，产生思想与感情的共鸣与共振，进而形成文化认同和文化自信的话语力。

第五，主动强化师生共在的场域融合。场域融合指的是大学生文化自信培育与强化的空间指向，即凡是大学生活跃的场域均是高校大学生文化自信培育的主场，首先要占有场域的一席之地，实现"有位"，继而适当以显性教育与隐性教育结合的方式，做到"有为"。思想文化阵地，马克思主义、无产阶级的思想不去占领，各种非马克思主义、非无产阶级的思想甚至反马克思主义的思想就会去占领。新媒体时代的到来，改变了信息的传播方式，也改变了受众的信息行为，人们既受益于海量信息的丰富、便捷，享受着手握"麦克风"的赋权，又身陷这个眼花缭乱的信息爆炸世界，感到迷茫与无措。尤其在今天这个教育越来越便捷化、网络化、全民化的时代，文化自信培育在一定场域中存在着"失踪""失语""失声"的现象。如何使文化自信培育一直"在场"，自觉走出某种"缺位"的困境，亦成为大学生文化自信培育的重要时空维度。

如何做到"教"与"学"双主体场域的有效融合？首先需要树立"学生在哪儿，阵地就在哪儿"的思想意识，依托"大思政"平台对大学生进行文化自信培育，强调全员、全过程、全方位，突出全域性，着力点在一个"全"字上，要始终"在场"，"有位"进而"有为"。一方面让学生"身在其中"的文化自信培育显性教育场域即思政课堂、党团培训及活动真正发挥教育实效，使其心亦在其中。通过教学改革创新、提升教学质量，使学生不再停留在拿学分的"应付"阶段，或是死记硬背的"应试"阶段，打造学生真心喜欢听、听得进去、听得有收获的金课；党团的培训与活动，在注重接地气的多样化活动形式之外，更要注重内容的深度，要精心设计，包括主要内容在内的系列环节都要精心雕琢，力争在热闹的活动退场之后，让学生们思想受到洗礼、觉悟上有所提高。另一方面要填补一些场域的暂时"缺位"，实现"有位"而"有为"。重点是抓好两个阵地建设，发挥隐性教育之功效，使学生始终沉浸在文化弥漫性存在的场域，"日用而不觉"①。强调所有课，无论是专业课或是通识课均有文化育人之责，尤其是发挥专业课程的文化隐性育人功能。

此外，要高度重视网络阵地的建设问题。网络的泛在化使得今天的社会成为一个无网不在的存在，也正因为此，网络成为一个巨大的公共能量场，在这个能量场里良莠不齐的各种思想并存，纷繁复杂的种种话语交锋。网络化生活已经成为新时代大学生的生活常态。大学生文化自信培育应积极搭乘新媒体的快车，主动融入网络时代，打造高质量"互联网+思政"的教育教学体系，从网络"失声"到形成"强回声"，"线上""线下"共同发力，以春风化雨的亲切感走入大学生内心。其一主动搭建网络平台，传播中国文化好声音，讲好中国文化故事。学习强国学习平台就是其中代表，它以"全党办、大家办"的理念，优化文化学习资源供给，既满足了建设学习型政党的需要，也成为普通大众日常文化学习的供给站。其二精准筛选、重点培养网络意见领袖，作为大学生心中最为活跃、最富有影响力的群体。高校培养网络意见领袖应以教师为主体，同时可以吸纳少数思想先进又有影响力的学生，尤其是教师要主动融入，活跃在不同的网络平台，包括微信公众号、微信群、微博、贴吧、论坛、抖音、B站。其三倾力打造始终"在场"的网络文化精品。鼓励专家学者走上大众传媒，增强权威声音；制作优质微视频等精良文化作品；传播弘扬中华文化，制作富含正能量的电视综艺节目、电视剧、电影及音频，注意要采用大学生喜闻乐见的形式。

（三）文化自信行为认同：发挥实践育人重要功能

知行合一才是文化自信的根本要义所在。马克思说："人的思维是否具

---

① 习近平在文艺工作座谈会上的讲话［N］．人民日报，2015-10-15（02）．

有客观的真理性，这不是一个理论的问题，而是一个实践的问题。"① 人应该在实践中证明自己思维的真理性。大学生文化自信最终是要体现在行动上、落到实处的，这就需要围绕"注重实践"的落脚点，增强对中华优秀传统文化、革命文化和社会主义先进文化认同的践行力，为大学生创设条件、搭建平台解决"具体应该怎么做""去哪儿做"等一系列问题，并通过保障机制强化、固化，最终实现稳定的、深层次的行为认同。

一方面，充分开展文化自信行为认同的生活化实践。文化认同不是一种单纯的知识教育，更大程度上是一个主体自我建构的过程，大学生树立起文化自信需要经历一个从"内化"到"外化"，进而加强"内化"的过程。正如习近平总书记所言："一种价值观要真正发挥作用，必须融入社会生活，让人们在实践中感知它、领悟它"②。大学生的校园生活，一刻也离不开校园文化的浸润。校园文化是学生接受教育的第二课堂，是第一课堂的延伸、补充和完善，是最重要的隐性实践课程资源。因此，高校应着力打造优秀的校园文化，从静态的校园景观、师生员工、典章制度，到党团活动、科技竞赛等动态的文化载体活动，多渠道培育优质的大学校园文化，以突出其在中国特色社会主义文化认同培育中的引领导向功能、陶冶美化功能、凝聚激励功能、约束规范功能以及辐射带动功能。大学生文化自信培育要积极探索在大学校园文化中的表达方式和作用发挥，注重官微、校媒等新媒体的打造，同时制定文化自信培育制度规范，营造风清气正的校园风气，以校园文化建设促进大学生对于中国特色社会主义文化的行为认同，最终使广大学生自发、自觉地提升对中华优秀传统文化、革命文化和社会主义先进文化的认同度，进而树立文化自信。

班会、级队会、团学活动、党建工作等都是学生日常实践的载体，需要我们发掘其中的文化价值要素，在学生们的实践参与中给予其文化价值引

---

① 中共中央马克思恩格斯列宁斯大林著作编译局.马克思恩格斯文集（第1卷）[M].北京：人民出版社，2009：503.
② 习近平.习近平谈治国理政 [M].北京：外文出版社，2014：165.

领，真正发挥"十大育人"体系的合力效应。其中，良好的党建工作与团学工作是重要支点。调研中发现是否为学生干部、中共党员文化自信表现出显著性差异，总体趋势为学生干部、中共党员显著高于普通大学生。这说明高校的学生干部、学生党员的选拔与培养机制是成效显著的，可以在工作中进一步拓展、发扬。可以更好地发挥学生党员、学生干部的模范带头作用，包括党员挂牌制、导生制等，彰显优秀同辈群体的正向影响力；还可以发扬优势，把工作面做大，工作进一步做细。抓好学生党员、团学干部的先进性教育，一以贯之，常抓不懈；拓宽工作思路，把全体大学生均作为其工作对象，要区分不同的对象——党员、入党积极分子以及其他同学；团学干部与其他团员等，分门别类地开展针对性教育，要把工作做细，不能搞"一刀切"。大学生群体的思想成熟程度具有不同步性，要关注不同层次学生的思想动态与现实需要，及时、适时以多样的形式给予引领与疏导。故应将普遍性教育与重点性教育相结合，开展贯穿整个大学阶段的递进式教育。

大学文化日常性的活动，应聚焦大学生思想实际，以恰当的表现形式弘扬正能量，提升校园文化的现实功能。演讲比赛、辩论赛、才艺大赛、研讨会、知识竞赛、主题晚会等常规性活动要通过创新让学生收获不常规的感受，不能流于程式或仅限于完成规定动作，要增加活动的内涵性与思想性。比如清华大学学生自编自演的话剧《马兰花开》就是一个很好的典范，它以我国"两弹元勋"邓稼先为原型，深情讴歌了我国老一辈科学家无私奉献、报效祖国的崇高精神。通过人物的塑造以及台前幕后的大量工作，将邓稼先的精神充分内化，与观众一起产生震撼心灵的情感共鸣，以行为深化了认知、强化了情感。另外，选拔、成立大学生讲师团，与教师一起参与校园文化巡讲，以讲的实践来升华认知，并发挥"赶帮带"的作用，深化青年大学习的效果。学生讲师有别于教师，他们来自学生的身边，与学生同龄，看问题的视角更容易产生共鸣，大多为感同身受的个人经历，也更能发挥同辈群体的示范效应，可以成为教师讲授的有益补充。作为大学生讲师团的成员是一种荣誉更是一种责任，一定要优中选优，不仅是语言的表达能力，还包括理论的运用能力以及个人的思想道德水平、学习成绩等，因为一名讲师团的学生讲师相当于在学生中树立起了一面旗帜、一个标杆。

另一方面，深入推动行为认同的社会化实践。社会实践是大学生实现社会化，在"实践—认识—再实践—再认识"进程中共享、确证、升华文化自信的过程。有效的社会实践活动可以形成感同身受的现场冲击力，直达学生心灵，唤起强烈的认同情感。大学生对中华优秀传统文化、革命文化和社会主义先进文化认同绝不能限于"经院"、止于"经院"，而应走向社会的大课堂，深入社会主义新农村的田间地头，置身于红色基地。高校应为学生搭建平台，通过志愿服务、参观访问、实地调研、爱心支教等方式，以震慑心扉的现实冲击力，增强"要我做"到"我要做"的可行性，打通文化自信培育的"最后一公里"。社会公益类实践能够培养大学生的服务意识、奉献精神和爱国情感，有利于大学生科学把握"小我"与"大我"的相互关系；体验性的实践活动可让大学生感受战火中革命先辈们的信仰与坚守，使其切身感受伟大祖国的发展变化和文化魅力，从而深化思想文化认识。

大学生文化自信培育社会实践工作可从以下几个方面着手：

第一，应配备充足的指导教师，强化指导力量。实践基地的稳定运行与社会实践的有效开展离不开高素质的指导队伍，创建一支由思政课教师、文化自信培育专任教师、辅导员、导师以及有志于此的专业课教师组成的社会实践指导团队，是社会实践工作有序高效运行的组织保证。专业的指导团队可以对社会实践进行精心的设计与安排，过程中给予实时指导，实践结束进行反馈跟踪与提升，达到行为体验、理性提升与情感激发的多重功效。

第二，应加大力度建设稳定的实践基地群，以推动社会实践能够持续深入地推进。高校党委应合理统筹，进行顶层设计与总体规划，建立健全大学生社会实践的长效机制，与社区街道、企业、志愿服务机构、红色教育基地、农村、西部中小学校等积极联系，挂牌建立社会实践基地，将其作为大学生文化自信培育的根据地。加强稳定性长期合作，签订明确双方权利与义务的基地建设合同，实现对实践基地的长效运行与机制化管理。

　　第三，社会实践平台的面铺开以后，高校应对在校生做四年不断线、不重样的社会实践活动规划，覆盖全体学生，如大一学生的实践活动以参加志愿类活动与校内勤工助学岗类工作和参观访问活动为主；大二学生的实践活动尽量结合学生的专业特点以社会调研类为主；大三学生以增强专业技能和实践能力的专业素质拓展为主，参与岗位体验或者见习；大四学生以毕业实习为主，以此达到职业确定与深化认同的目的与效果。与此同时，着力做好寒暑假两个假期的社会实践工作设计与安排，由于持续时间长，大学生们可以更加全面、深入地参与、了解、感悟，可以安排社会调研或者支教等持续性地社会实践活动。

　　第四，应开拓各类实践活动丰富的活动内容，增强学生的自主选择性与积极性。学校要尊重学生的主体性与多样性，精心设计各类社会实践的具体实施方案，包括参观考察类、社会调研类、勤工助学类、专业实习类以及志愿服务类等，各类的内部也应有多种方案，供学生自主选择。

　　第五，应建立考评与验收机制，进行制度性供给。既要鼓励先进，宣传典型人物与事迹，给予表扬与奖励，引领风清气正的校园氛围；也要建立负面清单，稳固底线思维，确保大学生文化自信培育的高质量。

　　总之，大学生在文化生活中，既作为文化生活化、日常化的主体参与其中，又作为受体被影响、被浸润、被熏染，以日用而不觉的方式践于行，形成稳定的情感认同和行为习惯。富有直观感受性与冲击力的社会实践，作为大学生的必修课，成为其完成社会化的前奏，大学生通过各种形式的社会实践，切实感知如今的中国特色社会主义现代化的繁荣，这一过程是接受心灵震撼的过程，也是接受文化潜移默化洗礼的过程。马克思主义认识论认为，实践是认识的"源头活水"，通过生活化与社会化的"两个实践"，大学生实现着文化自信的知行合一，也在"内化—外化—内化"过程的反复践行中锤炼良好的爱国主义情怀、民族国家意识、人格修养、思想道德、理想信念，进而夯实文化自信的现实基础和激活文化自信的内在要素。

主要参考文献

一、著作类

[1] 中共中央马克思恩格斯列宁斯大林著作编译局. 马克思恩格斯选集（第1-4卷）[M]. 北京：人民出版社，2012.

[2] 中共中央马克思恩格斯列宁斯大林著作编译局. 马克思恩格斯文集（第1-10卷）[M]. 北京：人民出版社，2009.

[3] 中共中央马克思恩格斯列宁斯大林著作编译局. 列宁选集（第1-4卷）[M]. 北京：人民出版社，2012.

[4] 毛泽东. 毛泽东选集（第1-4卷）[M]. 北京：人民出版社，1991

[5] 邓小平. 邓小平文选（第1-2卷）[M]. 北京：人民出版社，1994

[6] 邓小平. 邓小平文选（第3卷）[M]. 北京：人民出版社，1993.

[7] 习近平. 习近平谈治国理政 [M]. 北京：外文出版社，2014.

[8] 习近平. 习近平谈治国理政（第2卷）[M]. 北京：外文出版社，2017.

[9] 习近平. 习近平谈治国理政（第3卷）[M]. 北京：外文出版社，2020.

[10] 习近平. 习近平谈治国理政（第4卷）[M]. 北京：外文出版社，2022.

[11] 习近平. 习近平著作选读（第1-2卷）[M]. 北京：人民出版社，

2023.

[12] 中共中央宣传部 . 毛泽东邓小平江泽民论思想政治工作 ［M］. 北京：学习出版社，2000.

[13] 中共中央文献研究室 . 习近平关于实现中华民族伟大复兴的中国梦论述摘编 ［M］. 北京：中央文献出版社，2013.

[14] 中共中央文献研究室 . 习近平关于社会主义文化建设论述摘编 ［M］. 北京：中央文献出版社，2017.

[15] 习近平 . 之江新语 ［M］. 杭州：浙江人民出版社，2007.

[16] 中共中央宣传部 . 习近平总书记系列重要讲话读本 ［M］. 北京：人民出版社，2014.

[17] 中共中央文献研究室 . 十八大以来重要文献选编（下）［M］. 北京：中央文献出版社，2018.

[18] 张耀灿 . 中国共产党思想政治教育史论 ［M］. 北京：高等教育出版社，2006.

[19] 张耀灿，郑永廷，吴潜涛，等 . 现代思想政治教育学 ［M］. 北京：人民出版社，2006.

[20] 张耀灿 . 思想政治教育学科建设研究 ［M］. 北京：中国人民大学出版社，2017.

[21] 佘双好 . 现代德育课程论 ［M］. 北京：中国社会科学出版社，2003.

[22] 张果 . 当代学生意识形态安全教育研究 ［M］. 北京：人民出版社，2015.

[23] 吴温暖 . 高等学校国防教育 ［M］. 厦门：厦门大学出版社，2007.

[24] 谢安邦 . 高等教育学 ［M］. 北京：高等教育出版社，2007.

[25] 鲁洁 . 道德教育的当代论域 ［M］. 北京：人民出版社，2005.

[26] 高德胜 . 生活德育论 ［M］. 北京：人民出版社2005.

[27] 王玄武，等 . 比较德育学 ［M］. 武汉：武汉大学出版社，2003.

[28] 陈万柏，张耀灿 . 思想政治教育学原理 ［M］. 北京：高等教育出

版社，2015.

[29] 黄甫全. 课程与教学论［M］. 北京：高等教育出版社，2006.

[30] 余仰涛. 思想政治工作学研究方法论［M］. 武汉：武汉大学出版社，2006.

[31] 陈智. 不舍昼夜集：高职教育办学理念与人才培养模式探索［M］. 广州：广东教育出版社，2006.

[32] 陈智，陈粟宋. 探索中国特色高等职业技术教育发展之路：顺德职业技术学院的理论创新与实践［M］. 北京：清华大学出版社，2011.

[33] 李进. 新中国高等职业教育发展纪实［M］. 上海：上海教育出版社，2013.

[34] 项久雨. 思想政治教育价值论［M］. 北京：中国社会科学出版社，2003.

[35] 陈万柏，张耀灿. 思想政治教育原理［M］. 北京：高等教育出版社，2007.

[36] 黄荣怀. 混合式学习的理论与实践［M］. 北京：高等教育出版社，2006.

[37] 匡瑛. 比较高等职业教育：发展与变革［M］. 上海：上海教育出版社，2006.

[38] 江潭瑜，徐海波，等. 高校大德育育人模式的探索与创新研究［M］. 北京：人民出版社，2011.

[39] 郭玉成. 全面提升教师素养［M］. 北京：中央民族大学出版社，2004.

[40] 余文森. 核心素养导向的课堂教学［M］. 上海：上海教育出版社，2017.

[41] 南国农. 信息化教育概论［M］. 北京：高等教育出版社，2004.

[42] 姜大源. 职业教育要义［M］. 北京：北京师范大学出版社，2017.

[43] 李腊生，龚萱，闵杰，等. 高校思想政治理论课教学实效性研究

[M]．武汉：武汉大学出版社，2011.

[44] 余文森，洪明，张蓉．有效教学的理论和模式 [M]．福州：福建教育出版社，2011.

[45] 顾建军，邓宏宝．职业教育名著导读 [M]．北京：教育科学出版社，2015.

[46] 郑东辉．教师评价素养发展研究 [M]．杭州：浙江大学出版社，2014.

[47] 袁贵仁．价值观的理论与实践：价值观若干问题的思考 [M]．北京：北京师范大学出版社，2013.

[48] 王冰田．职业素养与职业发展：从校园到职场 [M]．北京：北京师范大学出版社，2010.

[49] 杨九诠．学生发展核心素养三十人谈 [M]．上海：华东师范大学出版社，2017.

[50] 沈壮海．思想政治教育有效性研究 [M]．武汉：武汉大学出版社，2008.

[51] 艾四林．MOOC 与高校思想政治理论课教育教学创新 [M]．北京：北京大学出版社，2014.

[52] 叶澜．教育概论 [M]．北京：人民教育出版社，2006.

[53] 梁枫．职业素养修炼 [M]．上海：同济大学出版社，2012.

[54] 李林英，郭丽萍．新媒体环境下高校思想政治教育教学研究 [M]．北京：人民出版社，2015.

[55] 陈秉公．思想政治教育学基础理论研究 [M]．长春：吉林大学出版社，2007.

[56] 陈秉公．主体人类学原理 [M]．北京：中国社会科学出版社，2012.

[57] 薛喜民．高等职业技术教育理论与实践 [M]．上海：复旦大学出版社，2000.

[58] 郑永廷．思想政治教育方法论 [M]．北京：高等教育出版社，1999.

[59] 岳修峰. 普通高等学校"三全育人"研究 [M]. 北京：社会科学文献出版社，2018.

[60] 王学俭. 思想政治教育理论与实践问题的研究视角 [M]. 北京：中国人民大学出版社，2017.

[61] 徐昊，马斌. 时代的变换：互联网构建新世界 [M]. 北京：机械工业出版社，2015.

[62] 艾四林，吴潜涛. 深化新时代学校思想政治教育改革创新研究 [M]. 北京：人民出版社，2022.

[63] 冯旭芳. 高职院校发展战略规划 [M]. 杭州：浙江大学出版社，2014.

[64] 周建松. 高职院校素质教育研究 [M]. 北京：中国人民大学出版社，2015.

[65] 周君明. 高职院校软实力研究 [M]. 北京：现代教育出版社，2015.

[66] 任永辉. 高职院校大学生思想政治教育研究 [M]. 西安：西安交通大学出版社，2015.

[67] 侯建军. 高职院校课程评价研究 [M]. 长沙：中南大学出版社，2015.

[68] 闵永新. 大学生思想政治教育整体有效性问题研究 [M]. 北京：中国社会科学出版社，2012.

[69] 朱慕菊. 走进新课程：与课程实施者对话 [M]. 北京：北京师范大学出版社，2002.

[70] 陈玉琨，田爱丽. 慕课与翻转课堂导论 [M]. 上海：华东师范大学出版社，2014.

[71] 冯刚. 高校思想政治教育创新发展研究 [M]. 北京：中国人民大学出版社，2009.

[72] 赵国栋. 微课与慕课设计高级教程 [M]. 北京：北京大学出版

社，2014.

　　［73］李秉德. 教学论［M］. 北京：人民教育出版社，1991.

　　［74］白逸仙. 创业教育与专业教育融合研究［M］. 北京：社会科学文献出版社，2015.

　　［75］杨增崇. 思想政治教育生态分析引论［M］. 北京：中国社会科学出版社，2015.

　　［76］冯刚，王东平. 高职院校党建与思想政治工作研究［M］. 北京：中国书籍出版社，2020.

　　［77］张子睿，樊凯. 工匠精神与工匠精神养成引论［M］. 北京：民主与建设出版社，2017.

　　［78］冯刚. 探索思想政治教育发展的内生动力［M］. 北京：人民出版社，2017.

　　［79］冯刚. 改革开放以来高校思想政治教育发展史［M］. 北京：人民出版社，2018.

　　［80］焦建利，王萍. 慕课：互联网+教育时代的学习革命［M］. 北京：机械工业出版社，2015.

　　［81］徐志宏. 思想理论教育教学论［M］. 北京：高等教育出版社，2006.

　　［82］柯清超. 超越与变革：翻转课堂与项目学习［M］. 北京：高等教育出版社，2016.

　　［83］张学新. 对分课堂：中国教育的新智慧［M］. 北京：科学出版社，2016.

　　［84］黄明，梁旭，谷晓琳. 大型开放式网络课程MOOC概论［M］. 北京：电子工业出版社，2015.

　　［85］陶行知. 陶行知文集［M］. 南京：江苏教育出版社，2008.

　　［86］谢树平. 思想政治课教育教学及案例研究［M］. 上海：上海三联书店，2014.

[87] 王义堂，田保军，王硕旺. 新课程理念与教学策略 [M]. 北京：中国言实出版社，2003.

[88] 甘霖. 高校实践育人研究 [M]. 北京：人民出版社，2015.

[89] 霍尔，戴维斯. 道德教育的理论与实践 [M]. 陆有诠，魏贤超，译. 杭州：浙江教育出版社，2003.

[90] 范兆雄. 课程资源概论 [M]. 北京：中国社会科学出版社，2002.

[91] 林崇德. 发展心理学 [M]. 北京：人民教育出版社，2009.

[92] 张骥，等. 中国文化安全与意识形态战略 [M]. 北京：人民出版社，2010.

[93] 郭景扬，练丽娟，陈振国. 课堂教学模式与教学策略 [M]. 上海：学林出版社，2009.

[94] 忻平，吴德勤，等. 高校思想政治理论课改革发展研究 [M]. 上海：上海大学出版社，2015.

[95] 胡钟华. 高校文化育人的研究与探索 [M]. 北京：光明日报出版社，2018.

[96] 马云志. 正本清源：马克思主义原理研究 [M]. 北京：中国社会科学出版社，2013.

[97] 顾海良. 高校思想政治理论课程建设研究 [M]. 北京：中国人民大学出版社，2016.

[98] 李林英，郭丽萍. 新媒体环境下高校思想政治教育教学研究 [M]. 北京：人民出版社，2015.

[99] 杨振斌，吴潜涛. 思想政治教育新探索 [M]. 北京：中国社会科学出版社，2013.

二、期刊

[100] 王栋梁. 大数据时代思想政治教育需要科学构建对象把握机制 [J]. 思想理论教育，2018 (07).

[101] 余文森. 从三维目标走向核心素养 [J]. 华东师范大学学报（教育科学版），2016, 34（01）.

[102] 张耀灿. 推进思想政治教育学科创新发展的若干思考 [J]. 思想理论教育，2017（07）.

[103] 秦在东，王威峰. 以党的建设引领高校思想政治工作的路径思考 [J]. 思想教育研究，2018（09）.

[104] 冯刚. 在遵循规律中提升思想政治工作质量 [J]. 思想教育研究，2017（04）.

[105] 冯刚. 改革开放以来高校思想政治教育质量评价的回顾与思考 [J]. 教学与研究，2018（03）.

[106] 谢守成. 以科学思维引领高校思想政治工作创新发展 [J]. 中国高校社会科学，2017（02）.

[107] 项久雨，张畅. 用"温度"提升高校思想政治教育质量 [J]. 思想理论教育，2018（08）.

[108] 房广顺，李鸿凯. 以大学生获得感为核心提升思想政治理论课教学质量 [J]. 思想理论教育，2018（02）.

[109] 张国启，王靖. "互联网+"时代大学生思想政治教育的质量评价 [J]. 思想政治教育研究，2019, 35（01）.

[110] 严帅. 思想政治教育质量评价研究的新特点与新趋势 [J]. 思想教育研究，2018（02）.

[111] 赵浚，胡晓红. 高校思想政治理论课运用 SPOC 模式的探析 [J]. 思想政治教育研究，2016, 32（04）.

[112] 汪潇潇，聂风华，吴瑕. 清华大学思想政治理论课慕课的建设与实践 [J]. 现代教育技术，2016, 26（08）.

[113] 高静毅. 思想政治教育工作质量评价时代性的实现路径研究 [J]. 学校党建与思想教育，2018（11）.

[114] 李一楠. 以红色社会实践活动推进大学生社会主义核心价值观教

育的理性审视 [J]．思想理论教育导刊，2019（02）．

　　[115] 杜时忠，曹树真．社会主义核心价值观"进教材"的教育教学探索 [J]．教育研究，2015（09）．

　　[116] 李少斐．社会主义核心价值体系引领社会思潮的几个关键点 [J]．理论与现代化，2016（02）．

　　[117] 赵笑蕾．论社会主义核心价值观产生的理论、历史和现实逻辑 [J]．求实，2017（06）．

　　[118] 刘刚，胡树祥．微信新媒介对大学生思想行为双重影响的实证研究 [J]．思想教育研究，2017（05）．

　　[119] 李涛．网络直播传媒对当代大学生价值观的影响原因与对策探析 [J]．思想理论教育导刊，2018（05）．

　　[120] 肖贵清，武传鹏．社会主义核心价值观融入高校思想政治理论课的重要意义及其路径 [J] 思想教育研究，2017（03）．

　　[121] 刘兴华．大学生社会主义核心价值观生成机理与培育机制探究 [J]．思想政治教育研究，2016，32（06）．

　　[122] 左鹏．用核心价值观引领高校社会思潮关键环节 [J]．中国高等教育，2015（05）．

　　[123] 王贤卿，杨晓娟．以社会主义核心价值观引领二次元文化的融合发展 [J]．思想理论教育，2018（05）．

　　[124] 李田伟，王海云．大学生社会主义核心价值观的心理认同培育探讨 [J]．西南林业大学学报（社会科学），2018，2（03）．

　　[125] 何彦新，古帅．基于文化认同的大学生社会主义核心价值观培育 [J]．思想理论教育导刊，2017（07）．

　　[126] 武婷，王常柱．红色文化的本质内涵与当代弘扬 [J]．中北大学学报（社会科学版），2022，38（01）．

　　[127] 郭杰彬，艾立斯，陈立民，等．红色文化的价值向度和实践进路：以邢台市为例 [J]．邢台职业技术学院学报（社会科学版），2023，40

（02）．

[128] 郭国祥，涂业婷．建党百年红色文化的生成逻辑、内在意蕴与赓续发展 [J]．学习论坛，2022（02）．

[129] 宋静静．红色文化资源数字化保护与创新发展路径 [J]．文化学刊，2022（08）．

[130] 白松宸，朱明莉．红色文化助力青少年精神素养提升的价值意义及实践路径 [J]．通化师范学院学报，2023，44（05）．

[131] 李娟．用红色文化铸魂育人的五维思考 [J]．中共石家庄市委党校学报，2023，25（05）．

[132] 高晗雯，林伟．和合文化视阈下提升高校思想政治教育亲和力探析 [J]．广西社会科学，2020（04）．

[133] 柴素芳，刘培．以微信为载体增强高校思想政治教育的亲和力与实效性 [J]．河北大学学报（哲学社会科学版），2017，42（02）．

[134] 潘丽芬．论红色文化与高校思想政治教育融通的辩证关系 [J]．教育理论与实践，2022，42（36）．

[135] 张蓉．"五红育人"：红色文化资源融入高校思想政治教育的重要理路 [J]．浙江理工大学学报（社会科学版），2021，41（05）．

[136] 王春．红色电影融入思政课实践教学的时代价值及优化路径 [J]．长春师范大学学报，2022，41（09）．

[137] 周翔．大学生红色文化教育：价值、困境与对策 [J]．闽南师范大学学报（哲学社会科学版），2021，35（04）．

[138] 韩喜平，杨威．文化功能的经济学解析 [J]．理论月刊，2013（02）．

[139] 骆郁廷，魏强．文化发展视域下的大学生思想政治教育 [J]．思想理论教育，2012（05）．

[140] 齐卫平．基于文化自觉和文化自信的大学生思想政治教育反省 [J]．思想理论教育，2012（01）．

[141] 江畅. 主流文化存在的三种样态及我们的战略选择 [J]. 湖北大学学报（哲学社会科学版），2014，41（01）.

[142] 王文锋. 论大学生文化自觉和文化自信的培养 [J]. 山东理工大学学报（社会科学版），2013（02）.

[143] 陈先达. 厚植文化自信 增强战略定力 [J]. 红旗文稿，2019（17）.

[144] 崔丽娜. 文化自信的生成逻辑 [J]. 教学与研究，2018（09）.

[145] 赵爱玲. 深刻把握文化自信的科学内涵与时代特征 [J]. 学习论坛，2018（02）.

[146] 文丰安. 增强文化自信 促进文化创新 [J]. 重庆社会科学，2018（09）.

[147] 王岳川. 世界视域下的中国文化自信 [J]. 前线，2017（01）.

[148] 郑继海. 新媒体时代大学生文化自信问题探究 [J]. 黑龙江高教研究，2014（07）.

[149] 麻丽. 高校思想政治教育涵养大学生文化自信的路径探赜 [J]. 学校党建与思想教育，2018（02）.

[150] 曹群. 论文化自信与高校思想政治理论课教育的价值认同 [J]. 思想教育研究，2017（04）.

[151] 项久雨，吴海燕. 培育文化自信与价值观自信：当前大学生思想政治教育的着力点 [J]. 思想理论教育，2016（10）.

[152] 荣开明. "四个自信"的形成过程及其辩证关系 [J]. 学习论坛，2017，33（11）.

[153] 卢雷，袁久红. 论高校思想政治教育中的文化自信培育 [J]. 思想理论教育导刊，2017（11）.

[154] 马超. 高校思想政治理论课增强大学生文化自信的教学着力点 [J]. 思想理论教育导刊，2020（03）.

[155] 何洪兵. 文化需要的历史变迁、内在逻辑与新趋向 [J]. 人民论

坛，2020（23）.

[156] 陈淑一，邢光晟. 培养大学生文化自信的三维路径 [J]. 江苏高教，2020（07）.

[157] 傅才武，齐千里. 坚定文化自信，是对当代中国文化现代化道路问题的科学回应 [J]. 华中师范大学学报（人文社会科学版），2020，59（01）.

[158] 胡阿祥. 坚定"文化自信"：历史的昭示与地理的依据 [J]. 湖南社会科学，2020（01）.

[159] 刘丽敏. 高校思想政治工作中的文化自信教育探析 [J]. 思想教育研究，2018（01）.

[160] 姜茹茹. 思想政治教育推动文化自信培育问题探究 [J]. 思想教育研究，2017（10）.

[161] 曲青山. 关于文化自信的几个问题 [J]. 中共党史研究，2016（09）.

[162] 黄小惠. 在文化自信的历史坐标中夯实意识形态教育文化根基 [J]. 北京教育（高教版），2019（07）.

三、论文类

[163] 彭常明. 大规模开放式网络课程一般结构与学习案例研究 [D]. 武汉：华中师范大学，2014.

[164] 顾鑫. 高校"三全育人"资助育人模式及其运行机制研究 [D]. 长春：东北师范大学，2017.

[165] 冯东东. 高校立德树人的现实问题及对策研究 [D]. 兰州：兰州大学，2018.

[166] 詹丽萍. 社会主义核心价值体系与社会主义核心价值观引领大学生思想道德建设研究 [D]. 长春：东北师范大学，2016.

[167] 徐园媛. 大学生社会主义核心价值观教育"四位一体"课程实施

路径研究［D］.重庆：西南大学，2018.

　　［168］张振兴.新媒体境遇下大学生社会主义核心价值观教育研究［D］.武汉：华中师范大学，2019.

　　［169］安莉.大学生文化自信教育研究［D］.哈尔滨：哈尔滨师范大学，2021.

　　［170］罗绪春.中国文化自信论［D］.北京：中共中央党校，2019.